옛그림
인문학

옛그림

 —— 오늘, 우리를 위한 동양사상의 지혜 ——

인문학

 —— 박홍순 지음 ——

마로니에북스

옛그림과 떠나는 동양사상 산책

현재 한국인들에게 가장 익숙한 미술 작품은 인상주의를 비롯한 서양의 근현대 미술일 것이다. 미술관의 인기 있는 대형 전시회도 유명한 서양화가로 편중되어 있다. 특별히 관심을 둔 사람을 제외하고는 우리 옛그림에 대해 상대적으로 더 낯설어한다. 김홍도, 신윤복, 정선 등을 포함한 몇몇 주요 화가의 대표작은 학창 시절부터 접했기에 익숙하지만 조금만 넓히면 흥미를 잃는다. 그저 사군자를 묘사한 비슷비슷한 수묵화 정도를 떠올린다. 중국 회화의 아류 정도로 치부하기 일쑤다.

하지만 낯섦이나 편견을 잠시 내려놓고 다양한 옛그림을 접하고 관련 화가의 삶에 관심을 기울이는 순간 흥미로운 이야기가 꼬리를 문다. 나아가서는 세상을 바라보는 눈이나 자신의 삶에 대한 참신한 문제의식을 자극한다. 동양이든 서양이든 미술 작품은 단순히 형태나 색과 관련하여 솜씨를 부리는 기술을 넘어선다. 화가가 의식하든 못하든 그림 안에 시대적인 고민은 물론이고 화가 개인의 정신세계가 일정하게 담긴다.

작품을 감상하는 과정에는 정신이 꿈틀거리기 마련이지만 우리 옛그림은 더욱 특별하다. 서양은 어려서부터 도제 시스템에 의해 기술적으로 숙달된 직업화가인 경우가 대부분이다. 물론 예외적인 사람이 있기는 하지만 대체로 학문이나 정치 활동을 직접 접할 기회가 거의 없이 집중적인 기술 연마에 몰두해야 했다. 따라서 작품에 시대정신과 철학이 담기더라도 화가가 의도하여 그린 결과이기보다는 통념 혹은 무의식을 통해 그림에 녹아들어간 경우가 적지 않다.

이에 비해 조선의 회화는 사대부 문인에 의해 그려진 작품이 많다. 평생을 학문적 탐구와 논쟁 속에 살아가거나, 더 적극적으로는 문신으로서 직접 정치 활동에 몸담았던 이들이다. 설사 그림 그리는 일을 담당하던 관청인 도화서의 화원을 비롯한 직업화가라 하더라도 그림과 시서詩書가 분리되지 않는 조선의 문화적 전통 속에서 학문과의 친근성이 상당히 높다. 그러한 의미에서 조선의 회화에서는 그 어느 나라 미술보다 깊은 정신성이 묻어난다. 외적인 아름다움에 머물지 않는 긴 여운을 남긴다.

그래 봐야 천편일률적으로 공자·맹자 중심의 유가 사상을 회화적으로 구현한 정도가 아니겠냐며 따분해할지 모른다. 동양사상을 유가로 제한하여 이해하거나 적어도 사대부가 막강하게 위세를 부리던 조선에는 다른 사상이 숨을 쉴 수 없었다고 단정하기도 한다. 하지만 섬세하고 조심스럽게 접근하면 제자백가는 물론이고 이후 확장된 다양한 동양사상의 흐름과 만난다. 종교적으로도 여전히 불교가 상당한 영향을 미치고 있었고, 선불교의 특성상 도가적인 문제의식이 적지 않게 배어든다. 심지어 민간을 기반으로 무속신앙도 단절 없이 도도한 흐름을 형성한다.

동양사상의 다채로운 발상과 만나려 할 때 옛그림은 훌륭한 출발이 된다. 화가가 목적을 갖고 특정 문제의식을 드러내려 의도한 경우가 적지 않고, 설령 그렇지 않다 하더라도 자신도 모르게 당시의 정서를 반영하곤 한다. 혹은 그림을 구성하는 형식적 요소에서 자극을 받아 각 사상의 문을 여는 계기를 마련한다. 이 책이 옛그림의 매력을 재발견하고 동양사상의 깊은 울림을 만나는 데 안내자가 되었으면 하는 바람이다.

박홍순

차례

2부

| 인 생 의 지 혜 |

다채로운 우리 삶을 향한 관점

3부
| 정치의 지혜 |
더 나은 세상을 위한 고전 속 문제의식

배움, 달빛 언덕에서
시를 논하는 행복

배우고 때때로 익히다

학창 시절에 공부를 하면서 지겨웠던 기억을 가진 사람이 많을 것이다. 단순히 청소년 시기에 한정된 이야기가 아니다. 대학을 가더라도 크게 다르지 않다. 취업을 위한 학점 관리에 여념이 없다 보니 부담감이 가득하다. 대학 강의실이든 도서관이든 학문 자체에 대한 기대나 즐거움에 들뜬 모습을 발견하고자 한다면 실망이 기다리지 않을까 싶다. 책에 눈길을 고정하고 몰두하는 모습이야 흔히 볼 수 있지만 기쁨과는 거리가 멀다.

누군가 학문의 즐거움에 대해 역설하면 겉으로야 조용히 듣더라도 속으로는 씨도 먹히지 않을 황당한 이야기로 치부하기 십상이다. 자기나 주변의 경험을 기준으로 생각할 때 그저 입 발린 소리나 가당치 않은 설교 정도로 다가온다. 잘해 봐야 의미 없는 '공자님 말씀'으로 취급하고, 심하게는 고리타분한 '꼰대의 설교'에 불과하다고 무시한다. 현실은 그저 마지못해 해야만 하는 의무의 무게에 허둥대야 한다.

문제는 그렇게 지겨워하고 인내하며 보내야 하는 기간이 너무나 길다는 점이다. 사회교육 혹은 평생교육을 제외하고, 초등학교에서 대학교까지 학교라는 공간에서 집중적으로 공부를 하는 기간만 따지더라도 15년 내외를 책과 살아간다. 자그마치 무려 15년을 말이다. 그냥 전체 인생의 몇 분의 일로만 계산해도 한 손의 손가락 하나 정도는 차지한다. 그런데 단순히 산술적으로 비교될 수 있는 기간이 아니다. 육체적·정신적으로 성장하는 기간으로서 사고방식이나 습관이 형성되기에 인생에서 가장 중요한 때에 해당한다.

여기에 더해 학문 활동을 직업으로 삼는 사람이 아니라, 평범한 직장 생활을 하는 사람이라 하더라도 배움은 늘 따라다녀야 하는 것이기에 공부는 사실상 평생에 걸쳐 우리와 관계를 맺는다. 그럼에도 불구하고 배움이 어쩔 수 없이 감당해야 하는 부담으로만 다가온다면 너무나 불행한 일이다. 가뜩이나 일에 쫓기며 사는데, 여기에 배움까지 어깨를 짓누르는 역할을 하니 말이다. 그렇다면 이제 우리는 인생의 행복을 위해서라도 진지하게 고민해야만 한다. 정말 공부가 즐거울 수 있는 길은 없는가?

조선 화가 정선鄭歚의 〈독서여가도讀書餘暇圖〉는 책을 읽다 잠시 쉬는 자기 모습을 담았다. 평소에 어지간히 독서에 빠져 살았는지 책장에 책이 가득하다. 조금의 흐트러짐도 허용하지 않겠다는 듯 가지런히 정돈된 상태다. 진경산수화 대가답게 현실적 화면 설정과 사실적 묘사가 두드러진다. 그의 산수화가 중국이 아닌, 조선의 산천을 있는 그대로 화폭에 담아내듯이 독서하는 선비도 이상적인 모습과는 거리가 멀다. 보통 독서 관련 그림이면 유가의 통념상 의관을 정제하고 정자세로 앉아 공부에 몰두하는 선비의 모습이기 십상이다.

하지만 정선의 그림에서 선비는 책을 읽다가 쉬는 중이다. 책상에서 벗어나 한가한 기분으로 툇마루에 앉아 있다. 한쪽 팔에 기대어 비스듬히 풀어진 모습으로 마당의 화초에 눈길을 준다. 마루를 짚은 왼쪽 어깨가 삐죽 올라가 있어서 이완 상태를 더욱 생생하게 느끼도록 해준다. 아무리 공부에 열중하는 선비라 하더라도 어찌 진지하고 긴장된 모습으로만 살았겠는가. 정선은 툇마루 아래에 놓인 신발도 약간 엇갈리도록 배치하여 자유로운 분위기가 느껴지도록 세심한 신경을 쓴다.

사실적 묘사도 치열하다. 화분에 핀 모란 꽃잎 한 장도 허투루 그리지 않는다. 이파리 중간을 가로지르는 세부 잎맥 묘사도 놓치지 않는다. 화분을 장식하는 문양도 정교하다. 툇마루와 기둥의 나뭇결, 방 안 장판과 책장의 무늬를 살리느라 그가 얼마나 공을 들였을지 짐작이 갈 정도다. 오른손에 펼쳐든 부채에도 조선의 산과 강이 펼쳐진다.

정선 〈독서여가도〉《경교명승첩》 1727년경

학문에 대해 일반적으로 느끼는 무거운 감정이라고는 찾아보기 어렵다. 보통은 사회가 요구하거나 스스로 설정한 목표에 도달하기 위해 다그치는 데서 오는 부담감이 지배한다. 학생이든 직장인이든 독서나 학문이라는 말만 들어도 머리가 지끈거리는 느낌을 받는다. 초·중등교육에서 대학을 거쳐 사회교육에 이르기까지 워낙 학문은 재미없는 것, 어떤 목적을 실현하기 위한 수단으로서 힘들어도 감수해야 할 의무의 시간으로 여겨왔기 때문이다.

하지만 정선의 그림에서 독서는 편안한 시선으로 화초를 응시하는 시간, 부채로 더위를 달래며 여유 있게 쉬는 시간과 일맥상통한다. 공부와 휴식 시간이 기계적으로 분리되어 있지 않다. 자연스럽게 공자가 『논어論語』의 「학이學而」 편에서 학문에 대해 언급한 구절이 떠오른다.

배우고 때때로 익히면 매우 기쁘지 않겠는가? 벗이 먼 곳에서 찾아온다면 매우 즐겁지 않겠는가? 사람들이 알아주지 않는다 하더라도 성내지 않는다면 매우 군자다운 것이 아니겠는가?

공자라고는 조선 선비들이 '공자 왈, 맹자 왈'에 몰두했다는 이야기 정도만 알고, 아예 『논어』 근처에도 가보지 않은 사람이라도 어디선가 들어봤음직한 구절이다. 보통 중학교나 고등학교 시절 교과서에서 공자를 언급할 때 단골로 등장하는 대목이기 때문이다. 하지만 전혀 공감을 할 수 없는 낯선 느낌으로 기억된다. 당장 부담스럽기만 한 공부에 대해 매우 기쁘다고 하니 이 무슨 말인가 싶었으리라.

공자처럼 성인에 도달한 사람, 조금 넓혀봐야 특별한 극소수에 해당되는 경지로 치부해 버린다. 주변에서 공부의 즐거움을 예찬하면 가증스러운 거짓말이나 백보 양보해봐야 과도한 과장 정도로 다가온다. 이 해괴해 보이는 구절에 대해 공자의 말을 신주단지처럼 여기며 살았던 조선의 선비들은 어떻게 이해했을까? 조선의 유가를 주자 성리학이라 했을 정도로 조선 사대부들은 공자에 대한 주자朱子의 해석에 절대적 권위를 부여했다. 주자는 『논어집주論語集註』에서 다음과 같은 해설을 붙인다.

'습習'은 새가 자주 나는 것인데, 새가 자주 나는 것처럼 학문을 그치지 않는 것을 말한다. '열說'은 기뻐한다는 뜻이니, 이미 배우고 또 때때로 익히면 배운 것이 익숙해져서 마음에 희열을 느껴 전진하는 것을 스스로 멈출 수 없다.

주자의 주석을 따르지 않으면 사문난적斯文亂賊, 즉 교리에 어긋나는 언행으로 유교의 질서와 학문을 어지럽히는 사람 취급을 받던 시대였으니 대부분의 사대부가 이 해석에 절대적으로 의존했다. 일단 주자가 왜 학문이 기쁨이라고 하는지 살펴보자.

익힌다는 뜻을 갖는 습習이라는 말은 어원으로 찾아 들어가면 새가 자주 나는 것이라고 한다. 새는 쉴 새 없이 먹이를 찾아 날아다닌다. 특히 어미 새는 새끼를 위해 부지런히 둥지로 먹이를 실어 나른다. 그렇게 게으름 피지 않고 배운 바를 익히고 또 익히면 어느 순간 내용이 익숙해져서 제대로

김명국 〈인하독서도〉 부분. 17세기

이해하게 되므로 기쁨의 희열을 맛보게 된다는 설명이다. 주자는 "다시 생각하고 연역해서 마음속에 젖어들면 기쁘게 되는 것"이라는 정자程子의 해설을 덧붙인다. 주자의 설명과 비슷한 내용이다. 마음속에 젖어든다는 것은 그만큼 익숙해져서 해답에 도달한다는 의미일 테니 말이다.

조선을 대표하는 유학자 중 한 사람인 이이李珥 역시 『격몽요결擊蒙要訣』에서 경건한 자세로 학문에 임하라고 한다. "반드시 손을 모아 단정하게 무릎을 꿇고 바르게 앉아서, 삼가 공경하는 마음으로" 책을 대하라고 한다. 특히 주자의 해석을 접하는 데 게을리하지 말 것을 주문한다.

오서와 오경을 읽어 익힘으로써 사리를 깨달으면 의리義理가 매일 밝아질 것이요, 송의 선현이 지은 『근사록』, 『심경』, 『주자대전』, 『주

자어류』 등과 그 밖에 성리학설을 정밀하게 읽어 의리가 언제나 내 마음을 적셔주고 끊임없이 흘러들도록 해야 한다.

이이에 의하면 사람이 이 세상에 나서 학문이 아니면 사람이 될 수 없다. 학문하지 않는 사람은 마음이 궁색하고 식견이 좁으므로 반드시 글을 읽고 이치를 궁구해야 한다. 공자와 맹자를 비롯하여 춘추전국 시대의 주요 유학 서적에 정통해야 한다. 단순히 읽는 데 머물지 말고 끊임없이 익혀 본래 말하고자 했던 바를 깨우쳐야 한다. 무엇보다도 주자의 성리학에 집중하여 이단이나 잡되고 옳지 못한 사상에 물들지 말아야 한다.

선비의 학문을 상징하는 공간이 사랑채의 서가다. 사대부들은 워낙 학문과 교육을 중시하는 유가 문화 속에서 성장하기에 일상생활과 구분된 사랑채에 서가를 마련하고 공부를 하거나 지인들과 토론하기를 즐겼다. 정선의 〈독서여가도〉에는 방 뒤편 배경으로 서가의 일부가 보인다. 조선의 화가들은 선비에게 가장 익숙한 공간인 서가를 종종 그림으로 담았다. 보통 이를 '책가도冊架圖'라고 부른다. 큰 규모의 경우 8폭이나 10폭 병풍을 서가 모습으로 가득 채운다.

조선 후기 도화서 화원 이형록李亨祿은『조선왕조실록』에 가문 대대로 책가도를 잘 그렸다고 이름이 날 정도로 서가 소재 그림으로는 가장 유명하다. 다음의 〈책가도〉는 그의 그림으로 전해지는데, 책장과 책 묘사에 서양식 원근법인 투시도법을 사용해서 입체감이 잘

이형록 〈책가도〉 19세기

살아난다. 책만이 아니라 곳곳에 도자기와 청나라를 통해 들어온 각종 진기한 물건도 함께 보관되어 있다. 이 정도면 상당한 지위와 재산을 가진 사대부의 서가일 듯하다.

책을 가지런히 정돈된 상태로만 그리지 않고 곳곳에 들쭉날쭉 쌓아서 단지 장식용이 아니라 수시로 책을 뽑아 보는 선비의 서가라는 점을 드러낸다. 서가의 중심에는 흔히 '사서四書'라고 부르는 책이 자리를 차지한다. 유가에서 가장 중요한 책으로 꼽는『논어』,『맹자』,『중용』,『대학』을 말한다. 중요한 유가 서적과 해설서들은 한두 번 읽고 책장에 보관해두는 게 아니라 항상 곁에 두고 평생에 걸쳐 수시로 꺼내보며 되새긴다. 공자의 말대로 배우고 때때로 익히는 과정을 반복한다. 박지원은『열하일기』에서 중국인과의 대화를 통해 '익히는' 과정의 중요성을 강조한다.

"글을 읽었는가?"하고 묻자 사서는 읽었으나 아직 강의講義는 못했다고 한다. 글을 배우는 데는 '송서誦書'와 '강의' 두 가지가 있어서 우리나라와는 아주 딴판이다. 우리나라에서는 처음부터 음과 뜻을 한 목으로 배우지만 중국에서는 초학자가 먼저 사서의 문장을 입으로 읽기만 하고, 읽는 것이 숙달된 뒤에야 다시 선생에게 뜻을 배운다.

성리학의 기초가 되는 몇몇 책은 거듭 읽어서 중요한 대목을 암송할 정도다. 먼저 머리와 입에 익숙하도록 만들어놓고, 이후 두고두고 뜻을 새기는 방식으로 독서를 한다. 박지원에 의하면 중국의 독서가들은 대체로 이 방법을 따랐던 듯하다. 조선의 유학자 중에서도 공부에 열심인 사람들은 거듭 읽기를 중시한다.

이이도 반복해 읽기를 즐겼다. 한번은 친구가 "금년에 책을 얼마나 읽었는가?" 하고 묻자, "올해는 『논어』, 『맹자』, 『중용』, 『대학』을 아홉 번씩 읽었네."라고 답했다고 한다. 배우고 익히는 방식으로 학문에 매진하여 사리를 깨달으면 세상이 움직이는 이치를 알게 되고, 또한 넓은 식견을 갖게 됨으로써 어떻게 인생을 살아야 하는지 지혜를 얻게 된다. 철학적인 명제가 지니는 진정한 의미에 도달하거나 혹은 불교식 화두를 붙잡고 장시간의 숙고 속에서 깨달음에 도달하게 될 때 희열을 느낀다. 학문의 결과로 얻게 되는 즐거움이다.

대단한 사람만 얻는 감정은 아니다. 적지 않은 사람이 종종 경험했던 바이기도 하다. 어렵게 느껴지는 내용을 붙들고 거듭 공부에 몰두하여 답을 얻게 될 때 느끼는 즐거움이다. 학창 시절 공부하는 과정에서 이런 종류의 희열을 경험한 사람이 적지 않다. 늦은 새벽까지 풀리지 않는 수학 문제나 영어 문장과 씨름하다가 어느 순간 답을 발견하고 통쾌했던 기억 말이다.

하지만 이 모든 기쁨은 공부로 인해 진리를 얻게 됨으로써 생기는 부산물이다. 공부하는 과정 자체가 주는 기쁨과는 거리가 먼 설명이다. 간혹 학문 과정에 연관하여 즐거움을 설명하기도 한다. "학문은 기쁨의 세계로 나아가는 것이므로 학문하는 과정 또한 기쁘지 않을 수 없다."(이기동, 『논어강설』) 학문의 목적을 근거로 과정의 즐거움으로 해석한다. 도를 터득하는 것이 학문의 목표이고, 이를 통해 천명天命을 인식하게 된다는 것이다. 학문을 통해 죽음조차도 하늘의 뜻이어서 기쁘게 받아들일 수 있음을 깨우치게 된다. 죽음도 그러할진대 세상에 기쁘지 않은 것이 어디 있겠느냐고 한다. 학문은 모든 것을 자연의 조화로 이해하여 기쁨으로 받아들이는 목적을 추구하기 때문에 학문의 과정도 기쁘다는 논리다.

하지만 이조차도 과정을 언급하고 있지만 결국은 학문을 통해 도달하게 되는 결과에 학문 과정의 즐거움을 억지로 끼워 맞추는 느낌에서 벗어나기 어렵다. 공부로 인해 얻게 될 열매가 대단하다는 점을 잘 생각하면 공부하는 과정이 어찌 즐겁지 않을 수 있겠느냐는 훈계가 되어 버린다. 논리적 형식만 보자면 요즘 부모들이 자녀들에게 훈계하는 내용과 크게 다를 바가 없어진다. 나중에 큰 보상이 주어질 테니 당장의 공부를 즐거운 마음으로 하라는 충고 말이다.

인내는 쓰지만 그 열매는 달다는 속담, 혹은 고생 끝에 낙이 찾아온다는 뜻으로 사용되는 '고진감래苦盡甘來'를 듣기 좋게 풀어놓은 정도에 머문다. 나중에 충분한 성과를 얻게 되기에 당장의 곤란이나 고통은 잘 참고, 좀 더 나아가서는 즐거움으로 생각하면 좋지 않겠냐는 충고다. 이를 두고 학문의 즐거움이라고 말한다면 억지에 가깝다. 학문은 힘든 것일 수밖에 없지만, 그 결과를 생각해서 좋게 생각하라는 식이니 실질적인 학문의 즐거움과는 거리가 멀다. 오히려 학문은 어쩔 수 없이 싫은 과정임을 실토하는 측면도 있다. 자신의 솔직한 감정을 속이는 심리적 처방전일 뿐이다.

이러한 해석대로라면 정선의 〈독서여가도〉는 지겨운 책읽기에서 벗어나 쉬는 시간을 즐기는 모습이 된다. 그림 속 선비에게 즐거움을 주는 시간은 독서가 아니라 휴식이다. 잠시의 여가를 즐기기 위해 지겨운 공부 시간을 참는 과정이다. 일정한 여가를 즐겼으니 다시 하기 싫은 공부로 돌아가야 하는 부담을 갖고 있는 장면이 되어 버린다.

공자가 말하는 학문의 기쁨이 고작 고통을 기쁨으로 생각하도록 자신에게 주문을 거는 군색한 심리적 처방에 불과할까? 만약 그러하다면 공자의 특별함은 사라져 버린다. 그저 세상에 떠도는 그럴싸한 교훈을 나열해놓은 지루한 도덕 교과서에 머문다. 공자가 아니어도 그 시대의 누구라도 할 수 있는 평범한 논의로 전락한다.

학문은 먼 곳에서 찾아온 벗처럼 즐겁다

공자가 전하고자 한 진정한 의미를 알기 위해서는 학문의 기쁨을 논하는 문장 전체를 보아야 한다. "배우고 때때로 익히면 매우 기쁘지 않겠는가?"라는 말은 세 문장 가운데 첫 문장이다. 곧바로 다음 문장이 이어진다.

벗이 먼 곳에서 찾아온다면 매우 즐겁지 않겠는가?

흔히 학문의 즐거움과 별개로 다루어지는 내용이다. 이 문장만 떼어놓고 보면 전혀 어려울 게 없다. 말 그대로 친근한 벗이 주는 즐거움이니 말이다. 워낙 유명한 대목이어서 중국이나 조선의 그림에는 먼 곳에서 찾아온 벗을 반갑게 맞이하는 그림이 상당히 많다. 조선 후기의 문인 화가로 정선, 심사정과 함께 삼재로 불린 조영석趙榮祏의 〈설중방우도雪中訪友圖〉도 『논어』의 이 구절을 회화적으로 구현한 것이 아닌가 싶다.

눈길을 뚫고 벗이 산속 초당까지 찾아와 정담을 나누는 중이다. 뒤로 눈 덮인 큰 산이 우뚝 서 있다. 골짜기나 골이 깊은 바위 이외에는 흰 눈이 가득하다. 왼편의 나무에도 아직 눈꽃이 한창이다. 바로 뒤로 산이 보이고 옆으로 계곡물이 흐르는 것으로 봐서 마을의 사랑방이 아니라 산자락에 지어 놓은 초당임을 알 수 있다. 책장에 책이

조영석 〈설중방우도〉 18세기

빼곡해서 공부를 위해 은거하며 지내는 선비인 듯하다.

눈까지 내려 외부와의 접촉이 어려운 나날을 보내던 중이었으리라. 문 앞에서는 동자가 선비를 태우고 온 소를 묶어 두고 여물을 먹일 수 있는가를 묻는 중인 듯하다. 동자 두 명이 어색하지 않은 분위기로 이야기를 나누고 있어서 종종 찾아오던 사이이지 않을까 싶다. 동자와 소를 그림의 전면부에 넣어서 자칫 밋밋하기 쉬운 그림에 재미를 불어넣고 상상력을 자극한다.

아직 몸의 한기가 가시지 않았는지 초당을 찾은 친구는 갓 아래 두건을 쓴 차림이다. 뒤로 책을 두고 두 선비 모두 정좌하고 대화를 나눈다. 분위기로 봐서는 서로 읽었던 책의 구절이나 학문상의 의문점을 놓고 토론하는 중일 듯싶다.

요즘 같이 교통이 발달하여 언제든지 약속을 잡고 서로 얼굴을 보거나 하다못해 수시로 전화나 문자로 연락을 주고받을 수 있는 여건이 아니어서 친구의 방문이 자주 있기 어려웠을 시대다. 게다가 눈 내린 산중에, 전혀 예상하지 못하던 때에 불쑥 찾아왔다면 그 반가움이야말로 표현할 길이 없다. 이 그림처럼 특별한 만남이 아니라도 친한 친구와의 만남은 언제나 즐겁다.

공자는 왜 학문의 기쁨을 논한 문장에 바로 이어서 벗을 만나는 즐거움을 언급했을까? 대부분의 해석은 공자가 자연스럽게 이어서 말한 이 대목을 따로 떼어놓는다. 『논어』에 대한 정통 해석이라 할 수 있는 주자도 『논어집주』에서 정자의 해석을 근거로 이 둘을 분리한다.

정자는 "기쁨은 내 마음에 있는 것이고, 즐거움을 주로 발산하는 것이므로 밖에 있는 것이다."라고 한다. 학문의 기쁨은 내적인 것이고, 벗의 즐거움은 외적인 것이라는 논리다. 서로 다른 게 되어 버리고, 심지어 정신적 가치를 중시하는 유가의 특성을 고려할 때 학문의 기쁨은 더욱 고귀하게, 이에 비해 벗과의 관계에서 오는 즐거움은 이보다는 낮은 수준이 되어 버린다.

심지어 친구에게서 느끼는 즐거움을 학문 추구의 결과로 해석한다. 정자가 말하기를 "선으로 남에게 미쳐서 믿고 따르는 자들이 많기 때문에 즐거울 수 있는 것이다."라고 한다. 친구라고 해서 다 즐거운 것이 아니다. 선을 스스로 체현하고 타인을 선으로 이끌기 때문에 그 사람 주변에 사람이 많이 모여들어 즐겁게 된다. 우리가 상식적으로 알 수 있는 편한 친구와의 관계에서 생기는 자연스러운 감정과는 상당히 다르다. 도덕적인 태도와 연관된 고차원적인 즐거움이다.

하지만 학문의 기쁨과 벗의 즐거움을 분리하면 전체 내용을 제대로 이해하기 어려워진다. 별개의 내용이라면 『논어』에서 한 호흡으로, 마치 한 문장 안에 이어지는 구절 느낌으로 말할 리가 없다. 맥락으로 보면 첫 문장의 이해를 돕기 위해 뒤따르는 내용이다. 공자 역시 학문의 기쁨을 논하면 일반적으로 사람들이 가질 의문을 염두에 두었던 듯하다. 대부분의 사람이 상식적인 견지에서 '학문이 어떻게 기쁨일 수 있어?'라며 의아해할 것이 당연하다. 쉽게 이해할 수 있도록 구체적인 예를 들어 설명하는 방식이다. 그런데 더 어려운 내용을 덧붙일 리 만무하다.

공자는 사람들이 누구라도 단번에 이해할 수 있는 사례를 든다. 멀리서 찾아온 친구가 즐거움을 주듯이 학문도 마찬가지로 기쁨을 제공한다. 학문의 기쁨은 멀리서 찾아온 벗을 맞이할 때 생기는 즐거움과 같은 종류라는 의미다. 즐거운 감정이 찾아오는 이유는 조금도 어려울 게 없다. 친한 벗이기 때문이다. 아무리 먼 곳에서 찾아왔어도 반갑지 않은 사람이라면 즐겁기는커녕 짜증이 날 일이다.

친구와의 만남에서 오는 즐거움은 친구 자체로부터 온다. 그냥 그 친구가 좋아서 생기는 감정이다. 주자가 받아들인 정자의 해석대로 "선으로 남에게 미쳐서 믿고 따르는 자들이 많기 때문에" 생기는 즐거움이라면 매우 어색한 설정이 되어 버린다. 선이라는 내용적 매개가 있지만 어쨌든 주위 사람들에게 인정을 받기 때문에 생기는 뿌듯한 감정을 의미한다.

자기 마음을 통해 내적으로 우러나는 감정이 아니라 타인의 인정에 의존하는 감정이다. 벗에게서 오는 즐거움을 "밖에 있는 것"이라고 말한 이유가 여기에 있는 듯하다. 조금 심하게 표현하면 오만한 태도에 해당할 수도 있다. 벗에게서 오는 즐거움은 어떤 조건이나 상황에서 오는 것이 아니다. 벗 자체에서, 그리고 벗을 그리는 내 마음에서 온다. 내부와 외부로 구분할 수도 없다. 이 모두에 동시에 근거하여 생겨난다.

내가 인정받아서가 아니고, 어떤 좋은 결과가 생겨서도 아니다.

즐거움은 서로의 마음에서 온다. 있어서 좋고, 찾아와서 좋고, 대화를 나눠서 좋다. 공자는 학문도 마찬가지라고 한다. 어려운 말을 한 게 아니다. 그냥 있어서 좋은 친구처럼 기쁨을 주는 게 학문이라는 이야기다. 학문의 결과로 나중에 어떤 성과가 나타날 테니 당장의 고통을 즐겁게 생각하라는 심리적 처방이 아니다.

또 다른 의문이 당연히 제기된다. "정말 학문 과정이 즐거울 수 있는가?"라는 의문 말이다. 대부분 자신이 살아오면서 겪은 경험으로 볼 때 도무지 두 가지가 연결되지 않기 때문이다. 아무리 성인으로 불리는 공자가 한 말이라 해도 여전히 피부로 다가오지 않는다.

일단 학문하는 기쁨을 담은 우리 옛그림에서 실마리를 잡아보자. 조선 대표 풍속화가 김홍도金弘道의 〈송석원시사야연도松石園詩社夜宴圖〉는 학문을 즐기는 사람들의 모습을 담고 있다. 송석원은 천수경이라는 이름을 가진 서당 훈장의 집으로 인왕산 자락에 위치했다. 때로 달 밝은 밤, 사람들은 이곳에 모여 시를 짓고 학문과 예술을 논하곤 했다. 이 그림은 1791년 음력 유월 보름날의 야간 모임을 담았다.

은은한 달빛이 비춘다. 집 앞으로 개울이 흐른다. 개울을 따라 물안개가 피어올라 산을 향해 서 있는 나무와 숲이 흐려 보인다. 개울 옆 작은 언덕배기에 제법 울창한 숲이 있다. 숲 한편으로 난 사립문을 열고 들어서면 크지도 작지도 않은 집이 들어서 있다. 야트막한 언덕 위 평평한 곳에서 모임이 한창이다.

가운데 촛불 하나와 술상을 두고 아홉 명이 둘러 앉아 있다. 음력

김홍도 〈송석원시사야연도〉 1791년

유월이니 초여름이어서 밤이면 아직 선선한 기운이 있고, 옆으로 개울이 흐르는 산자락이니 시원한 바람이 불어 야외 모임을 즐기기에 안성맞춤이었으리라. 당연히 술도 마셔가며 시를 지어 서로 대거리를 하고, 밤이 깊어가는 줄 모르고 학문에 대한 토론을 이어가는 중이리라.

정좌하고 있는 사람도 있고 비스듬히 누워서 편한 자세를 취하는 사람도 있다. 술병과 술상이 있지만 진탕 마시고 노는 분위기는 전혀 아니다. 먹고 마시기만 하는 술자리에 자주 등장하는 기생도 보이지 않고 술상도 조촐하다. 달랑 소박한 술상 하나여서 시를 읊거나 학문을 논하는 분위기를 돋우는 정도다. 조선 후기에는 선비만이 아니라 중인 계층에 이르기까지 이러한 모임이 꽤 폭넓게 형성되었다. 송석원의 주인인 서당 훈장도 중인 출신 시인이었다. 이들은 시와 학문, 흥이 어우러지는 모임을 통해 삶의 즐거움을 누렸다.

그림을 보면 여름날 밤 모임에 참석한 사람들이 누리는 흥이 느껴지는 듯하다. 모임이 있는 날을 손꼽아 기다리며 기대감에 차 있었을 것 같다. 그만큼 시와 학문을 논하는 시간이 기쁨을 안겨 주었으리라. 단지 만남이 주는 즐거움이기만 하다면 놀기만 하면 될 일이다. 밤새 술판을 벌이고 육체적 욕구를 충족시키는 데 몰두하면 그만이었으리라. 하지만 이와 다르게, 뜻이 맞는 지인들을 만나는 자리이기에 즐겁고, 그들과 학문을 논하는 시간이기에 더욱 즐겁다.

과거 시험 준비의 일환으로 하기 싫은 공부를 어쩔 수 없이 하는 사람들도 아니다. 미래의 성공을 위하여 고진감래의 각오로 학문에 임하는 자리가 아니다. 과거 시험 준비라면 혼자 골방에 처박혀 사서삼경이든 오서오경이든 『대학』, 『논어』, 『맹자』, 『중용』, 『시경』, 『서경』, 『주역』 등을 중심으로 하고 『주자대전』, 『주자어류』 등의 성리학 해설서를 암송하고 뜻을 익히는 데 몰두하는 장면이 더 적합하다.

달빛 비추는 언덕에 모인 이들에게는 시와 학문을 논하는 이 시간이 곧 행복이다. 학문의 기쁨이라는 말이 그저 입에 발린 소리는 아니다. 그림은 학문이 얼마든지 기대와 설렘을 갖고 맞이하는 시간일 수 있음을 보여준다.

사람들이 알아주지 않아도 만족스럽다

지겨워 보이기만 하는 학문에 어떻게 마음으로부터 끌릴 수 있는가? 흥겨움을 앗아갈 듯한 그 시간에 어떻게 자기도 모르게 매료될 수 있을까? 어떻게 친한 벗이 이유 없이 반갑듯이 학문이 편하고 가슴 뛰는 흥분을 줄 수 있는가? 공자가 『논어』의 첫 대목에서 언급한 내용 속에 열쇠가 있다. 앞에서 보았듯이 첫 대목은 이어지는 세 개의 문장으로 되어 있다. "배우고 때때로 익히면 매우 기쁘지 않겠는가? 벗이 먼 곳에서 찾아온다면 매우 즐겁지 않겠는가?"라는 두 문장에 이어서 다음 내용이 나온다.

사람들이 알아주지 않는다 하더라도 성내지 않는다면 매우 군자다운 것이 아니겠는가?

이 역시 앞의 두 문장과 무관한 내용이 아니다. 반대로 학문의 기쁨이라는 주제를 풀어나가기 위한 핵심 근거다. 공자가 한 호흡으로 말한 이 세 문장을 별개의 내용으로 다루는 것은 난센스이고 억지다. 특히 이 마지막 문장은 학문과의 연관성에서 접근해야 제대로 이해할 수 있다.

어떨 때 학문이 벗과 같을 수 있을까? 오랜 벗은 굳이 설명을 하지 않아도 반갑고 마음이 끌린다. 학문도 마찬가지다. 벗처럼 자연스럽게 마음이 끌리는 분야나 주제를 공부해야 기쁠 수 있다. "사람들이 알아주지 않는다 하더라도" 성내지 않는다는 것은 타인의 인정을 목표로 하는 학문이어서는 안 된다는 의미다. 여기에서 '사람들'이란 다수의 통념이고, 사회적으로 요구되는 기준이기도 하다.

대부분의 사람은 타인의 인정, 사회적 인정을 목표로 공부한다. 당장 우리 주변, 아니 자신의 경우를 비추어 봐도 그러하다. 초등학교에서 대학교에 이르기까지 학창 시절에 겪는 공부는 타인과의 경쟁을 통해 자신의 우월성을 입증하는 데 초점을 맞춘다. 첫출발부터 타인의 인정만이 의미 있는 공부의 기준이라고 온몸으로 받아들인다. 무엇보다도 향후의 직업과 연관된 사회적 쓸모에 중심을 둔다.

반대로 타인의 인정과 무관한 내용이라면 쓸데없는 시간 낭비라는 인식을 주입 받는다. 타인과의 성적 경쟁에 직접 연관되지 않은 분야나 주제에 관심을 갖는 것은 게으른 짓이 되어 버린다. 심지어 학교 도서관에서 교양과 관련된 책을 빌려 보는 일조차 기피 대상이 된다. 예술이나 문화에 대한 관심도 한가한 일로 치부된다.

성인이라고 해서 별로 다를 바가 없다. 대학을 졸업하고도 취업이나 승진에 연관된 내용으로 관심이 좁아진다. 취업 수험서, 조금 더 넓혀도 사회적 지위 상승이라는 의미에서 성공하는 인생을 위한 조언들로 가득한 책을 찾는다. 서점에서 가장 쉽게 눈에 띄는 책이 자기계발서다. 노골적으로 성공하는 사람이 되기 위한 요령을 나열한 책은 물론이고, 언뜻 인문학 분야인 듯하지만 얄팍한 가면일 뿐 실제로는

옛그림
인문학

성공 방법론을 훈계하는 자기계발서가 판친다. 더 많은 부를 쌓고 주도적 위치에 오르는 데 관심을 기울인다는 점에서 결국 타인의 인정에 목을 맨다.

타인에 의한 평가에 좌지우지되는 공부가 기쁨을 줄 리 만무하다. 자신의 취향과는 무관하게 의무적으로 해야 하는 시간이기에 인내만이 실질적으로 요구되는 덕목이다. 일정한 기간 내에 밀어내야만 하는 강제된 과제다. 이러한 공부는 먼 곳에서 찾아온 오랜 친구는커녕 우리 일상을 옥죄는 감시자로 다가온다. 학문의 기쁨은 멀리 사라져버리고 학문은 본질적으로 지겨울 수밖에 없다는 지독한 혐오만 키운다.

공자는 타인의 인정이 아니라 진정한 자신의 취향과 동기에서 출발하라고 한다. 『논어』의 「헌문憲問」 편에도 비슷한 맥락의 내용이 나온다.

> 옛날의 공부하는 사람들은 자기를 위해 하였으나, 지금의 공부하는 사람들은 남에게 인정받기 위해 한다.

과거에는 진정한 의미의 학문을 했으나 지금은 왜곡된 상태라고 한다. 자기를 위해 공부한다는 '위기爲己'는 자신에게 충실함을 의미한다. 하지만 자기를 위한다는 말이 결과적으로 나중에 이익이 된다는 뜻은 아니다. 보통 통념적으로는 자기를 위한 공부라고 하면 지위 상승이나 사회적 성공으로 생각하기 쉽다. 하지만 공자가 문장 안에

'남에게 인정'을 받기 위한 공부와 대조적인 구별을 하고 있음에 유념해야 한다.

그럼 자기를 위해 공부를 하지 남을 위해 공부하느냐며, 당연한 말을 왜 하느냐고 반문할지 모르겠다. 학창 시절에 공부하라며 부모님이 쏟아낸 잔소리, "다 너 잘되라고 하는 거야!"라는 말을 수도 없이 들었던 기억이 있다. 하지만 이때 자기가 잘된다는 것은 타인의 인정, 더 높은 지위, 더 많은 연봉을 의미한다. 결국 남에게 인정을 받기 위한 공부다.

자신을 위한 공부는 무엇보다도 자기 마음에 충실함을 전제로 한다. 자신의 마음에서 기대감이 꿈틀거리는 분야나 주제에 대해 알고자 할 때 누가 시키지 않아도, 다른 사람이 보고 있지 않아도 스스로 열중한다. 밤에 자는 시간이 아깝고, 빨리 다음 날이 찾아오길 바랄 정도로 공부가 설렘으로 다가온다. 자기 취향을 그대로 반영하는 공부, 본래 흥미를 느끼는 주제나 쟁점을 부여잡고 심화해 나아가는 방식이라면 희열에 가득한 시간일 수 있다.

모든 학문이 기쁨을 준다는 주장이 아니다. 자신에게 충실한 학문, 자기 흥미와 동기가 부여된 학문, 스스로에게 기쁨을 주는 학문을 강조한 내용이다. 그러므로 학문과 연관된 기쁨이 모든 사람에게 동일한 내용과 양상으로 나타나지는 않는다. 엄밀하게 보자면 학문이 무조건 저절로 기쁨을 만들어낸다는 데 있지 않고, 자신에게 기쁨을 주는 학문을 하자는 데 방점이 찍힌다.

이는 철학을 뜻하는 '필로소피Philosophy'의 의미를 이해하는 데도 연결된다. 그리스어 필로소피아philosophia에서 온 말이다. 두 단어의 합성어인데, 필로philo는 사랑이라는 뜻이고, 소피아sophia는 지智라는 뜻이다. 그래서 흔히 필로소피를 '지혜에 대한 사랑'으로 해석한다. 지혜와 사랑의 관계도 공자가 말한 학문과 기쁨의 관계를 고려해야 실질적인 접근이 가능하지 않을까?

극소수 지식인이라면 모를까 대다수 사람이 모든 종류의 지혜에 대한 사랑을 자연스럽게 느끼지는 않는다. 지혜가 삶의 과정에서 경험적으로 얻는 생활의 지혜에 머물지 않는 이상, '철학'을 규정하는 말이라는 점을 고려할 때 학문적 지혜라는 성격이 강한 이상, 공부를 지겨워하는 것과 마찬가지의 반응을 보인다. 구체적 대상이나 관계가 아닌, 지혜라는 막연한 상대에 대해 절절한 사랑 감정을 갖는다는 해석 자체가 선뜻 다가오지 않는다.

지혜와 사랑의 관계를 다른 시선으로, 즉 '사랑'에 강조점을 두고 지혜를 바라보면 현실적인 의미가 살아난다. 사랑하는 마음을 갖는 대상에 대해 우리는 지혜를 얻게 된다. 만약 누군가를 사랑하면 우리는 그 사람에 대해 수많은 궁금증이 생긴다. 자연스럽게 상대방에게 많은 것을 물어보고, 그를 둘러싼 여러 상황과 조건을 생각한다. 그결과 그에 대해 많은 사항을 알게 된다.

주제나 쟁점도 마찬가지다. 자신이 깊은 관심과 흥미를 갖고 있는 분야라면 누가 시키지 않아도 탐구욕이 자라난다. 자발적으로 관련 지식과 정보를 찾고, 즐거운 마음으로 체계화나 분석 작업에 몰두한다. 그렇게 관련 분야를 집중적으로 상당 기간 파고들 때 누구보다도 풍부한 지혜를 얻게 된다.

학문의 기쁨을 누리고 싶은가? 그러면 먼저 경쟁을 통한 타인의 인정이나 외적 필요에 사로잡혀 전전긍긍하는 학문관에서 벗어나야 한다. 자신을 정면으로 마주하고 진정한 자기 욕구를 관찰하고 찾아내는 과정이 우선되어야 한다. 스스로 무엇에 관심이 있고 좋아하는지를 분명히 해야 한다. 오랜 친구처럼 자신에게 자연스럽게 설렘을 주는 것이 무엇인지를 찾아내야 한다.

내 안의 서로 다른 나:
김홍도의 다중자아?

흐트러짐을 허용하지 않는 선비로서의 자화상

누구나 자신을 가장 잘 아는 사람이 바로 자기라고 생각한다. 반은 맞고 반은 틀린 생각이다. 먼저 맞는 반을 보면, '열 길 물속은 알아도 한 길 사람 속은 모른다'고 하지 않는가. 상대의 마음은 겉으로 드러나는 말이나 육체적 반응을 통해 접한다. 그런데 표정, 행동, 말을 다 합해도 속마음을 온전히 알기는 어렵다. 몇십 년을 같이 살고 있는 부부조차 상대의 마음을 알다가도 모르겠다고 한다. 문득 낯선 사람이라는 느낌도 생긴다. 이에 비해 자기 마음은 비교적 쉽게 구분이 간다. 특히 지금 기분이 좋은지 나쁜지, 기쁜지 슬픈지, 재미있는지 지루한지 등을 비롯한 감정 영역이라면 금방 판단이 선다.

다음으로 틀린 반을 보면, 의외로 우리는 자신에 대해 생각을 잘 하지 않는다. 스스로의 내면을 정면으로 마주하며 관찰한 적이 얼마나 있는지 돌아보면 흐릿하다. 가장 쉽게 확인이 되리라 생각했던 감정조차도 진지하게 정말 그러한가를 떠올리면 자신이 없어진다. 예를 들어 사랑과 미움이 동시에 나타나기도 하고, 기대와 실망이 뒤죽박죽 섞이기도 한다. 게다가 감정 영역을 넘어서는 순간 문제는 더 복잡해진다. 인생에서 진정 자신이 원하는 게 무엇인지, 자신의 마음속에 옳고 그름이나 선악의 판단 기준이 무엇인지 등으로 들어가면 내가 알고 있던 내가 정말 나인지 불확실해진다.

'나는 누구인가'라는 자아 인식, 이른바 자아 정체성이라고 하는 인식과 관련하여 자신을 잘 알고 있다고 말할 사람이 많지는 않을 것이다. 판단하고 행동하는 기준이 뚜렷하게 하나로 모이고 있는지조차 의심스러울 적이 많다. 심지어 어떨 때 자기 안에 있는 지킬박사에게 신뢰를 보내다가도 불현듯 자기도 모르는 사이에 마음을 점령하고 있는 하이드의 모습을 발견하기도 한다. 어느 순간 내가 과연 '하나'인가에 대해서조차 의문을 품는다.

학문이 중시하는 세계관이든 인생관이든 '나'에 대한 인식이 결여되어 있다면 사실 허공을 더듬거릴 수밖에 없다. 그렇기 때문에 동양과 서양을 막론하고 학문이 도달하고자 하는 핵심 목표 가운데 하나로 빠지지 않는 것이 자신에 대한 인식이다. 그만큼 자기를 안다는 게 어려운 과제임을 알게 한다. 미술에서는 자화상이 인간 내면의 자아와 관련하여 고민할 계기를 마련해 준다.

조선을 대표하는 화가 중 한 사람으로 손꼽히는 단원檀園 김홍도의 〈자화상〉은 전형적인 유가 선비의 모습을 보여준다. 산수화, 풍속화, 화조도 등 분야와 주제를 가리지 않고 다양하게 그렸지만 정작 자화상은 분명하지 않아서 추정으로 짐작할 수 있을 뿐이다. 이 자화상은 대략 30대 초반, 늘잡아도 중반 즈음의 모습으로 보인다.

대체로 자화상은 외형을 비슷하게 묘사하는 데 머물지 않는다. 화가가 의도하든 의도하지 않든 일정하게 성격이나 내면을 드러낸다. 먼저 주변 사물 묘사에서 성격의 일단을 만난다. 서탁 위에는 조선 후기 사대부 사이에 크게 유행한 중국 골동품에 대한 애호 분위기를 반영하듯, 비록 소품이지만 몇 개의 중국산 물품이 보인다. 흐트러진 구석 하나 없이 잘 정돈된 상태다. 자로 잰 듯 가지런해서 꼼꼼한 성격을 짐작케 한다.

꼿꼿하게 정좌한 화가의 모습은 사고방식을 알아볼 수 있는 단서도 제공한다. 시원하게 뻗은 대나무처럼 곧게 편 허리, 정면을 응시하는 눈, 좀처럼 열리지 않을 듯 굳게 닫은 입에서 자신에 대한 자부심이 뚝뚝 묻어난다. 그도 그럴 것이 김홍도는 이미 이른 나이에 화가로서 크게 성공했다. 21세에 궁중의 행사 그림을 그릴 만큼 솜씨를 인정받았다. 29세에는 국왕인 영조英祖와 왕세손의 초상화를 그릴 만큼 정상에 우뚝 섰기에 자부심이 남달랐으리라 예상할 수 있다.

자부심과는 다른 측면에서 당시 김홍도의 신념도 비친다. 도포까

김홍도 〈사인초상(자화상)〉 18세기

지 제대로 차려 입고, 긴장감이 흐를 정도로 틈을 보이지 않는 모습에서 유가 사상의 생활 자세를 배우고 습득한 선비의 분위기를 만난다. 마치 비 오는 날에도 뛰지 않고 사대부의 체통을 지킬 자세다. 정면을 뚫어질 듯 응시하는 날카로운 눈매는 자신뿐 아니라 상대의 흐트러짐도 용납하지 않겠다는 의지를 보이는 듯하다.

김홍도는 비록 중인 출신이었으나 유학 공부에 갈증을 느꼈다. 스승인 강세황姜世晃은 김홍도에 대해 쓴 「단원기檀園記」에서 "시와 문장도 그 묘를 다하여 풍류가 호탕하였다."라고 한다. 사대부나 다름없이 유학 공부에 상당히 노력을 기울였기에 받은 평이리라. 집안의 기대나 스스로의 지향도 그러했다. 김홍도의 이름이나 자字, 혹은 호號를 보더라도 부모나 집안, 주변 사람들의 기대나 자신의 다짐이 어느 정도 드러난다. 홍도라는 이름만 해도 공자의 『논어』「위령공衛靈公」편의 다음 대목에서 가져온 것이다.

사람이 도를 넓히는 것이지, 도가 사람을 넓히는 것이 아니다.

이 가운데 '도를 넓힌다'는 '홍도弘道'를 이름으로 삼았다. 주자는 『논어집주』에서 공자의 말에 다음처럼 해석을 붙인다. "'홍弘'은 넓혀서 크게 하는 것이다. 사람 밖에 도가 없고, 도 밖에 사람이 없다. 그러나 사람의 마음에는 지각이 있고, 도의 본체는 하는 것이 없다. 그러므로 사람이 도를 크게 할 수 있는 것이지, 도가 사람을 크게 할 수는 없다."

유가의 인본주의적인 가치관이 잘 드러나는 내용이다. 하늘이나 자연의 도를 인간이 일방적으로 따르는 것이 아니다. 도는 원리이긴 하지만 이 세상에 자기 모습을 스스로 드러내지는 못한다. 적어도 도가 인간 세상과 관계를 맺는 한에는 사람과 유기적으로 연결된다. 그런데 도 자체는 무언가를 실행하는 데 필요한 의지나 에너지를 직접 갖고 있지 않다. 결국 도는 사람이 이해하고 체화한 만큼 넓어지고, 사람이 구체적인 실천을 통해 객관화한 만큼 실현될 뿐이다.

'홍도'는 유가의 핵심 가치를 체득하여 도를 넓히는 군자가 되라는 부모의 바람이 담긴 이름이다. 공자의 제자가 되어 도를 도모하도록 권한다. 공자는 『논어』 「위령공」 편의 다른 대목에서 "도가 같지 않으면 서로 도모하지 않는다."라고 한다. 도가 같은 사람이 아니라면 세상을 안정시키고 바꾸는 일에 함께 나서지 말라는 충고다. 공자의 권고대로 김홍도가 유가의 가치를 받아들이는 데 조금의 부족함이 없어야 한다는 점을 강조한 듯하다.

부모만이 아니다. 유학을 공부하고 실천에 옮기는 사대부로서의 삶을 중시하는 주위의 분위기 속에서 살아갔다. 친구나 스승이 성년이 된 선비를 존중하여, 본인의 덕을 고려하여 부르는 '자'를 봐도 유가의 생각이 짙게 배어난다. 김홍도의 자는 '사능士能'이다. 이 역시 『논어』 다음으로 유가의 가장 중요한 경전에 속하는 맹자의 『맹자』 「양혜왕梁惠王」 편에 나오는 다음 대목에 근거한다.

옛그림
인문학

일정한 생업이 없으면서도 일정한 마음을 지니는 일은 오직 선비만
이 가능합니다. 백성들로 말하면 일정한 생업이 없으면 일정한 마음
도 없습니다. 진실로 일정한 마음이 없다면 방탕하고 그릇된 일과 악
하고 사치스런 일들을 하지 않는 게 없게 될 것입니다.

백성의 경우 먹고 사는 것이 안정적이지 않으면 마음의 안정도
없다고 한다. 백성의 마음이 타락하고 죄를 짓게 되는 주요 이유도 먹
고 사는 문제가 제대로 해결되지 않았기 때문이다. 하지만 선비는 비
록 생업이 곤란하여 가난하더라도 마음의 중심을 지킬 수 있다. 유가
의 가르침을 전적으로 소화하여 확고한 도덕률로 삼았기 때문이다.
이 가운데 '선비만이 가능하다'는 '사능士能'을 자로 삼은 것이다. 주
위에서도 그를 물질에 좌우되지 않는 참다운 선비가 되라는 공자의
가르침에 어울리는 사람으로 삼은 것이리라.

한결 자유롭게 붙이고 남들이 부르도록 하는 '호'는 더 말할 나위
도 없다. 아예 유가의 덕목을 스스로의 사상과 삶 속에 녹여낸 앞선
시대의 인물에 자신을 투영한다. 이름만큼이나 익숙한 '단원'이라는
호는 그가 평소 존경하던 중국 명나라의 선비 화가 이유방李流芳의
호를 그대로 가져온 것이다. 그만큼 스스로에게 부여하는 삶의 방향
을 담았다고 봐야 한다.

이유방은 사대부 출신으로 시인이자 서화가로 명성을 떨쳤다. 그
의 글은 중국은 물론이고 조선에서도 선비들 사이에서 최고로 평가받

왔다. 산수화도 뛰어나서 당대의 손꼽히는 화가 대열에 들었다. 강세황이 보기에 이미 단원은 그의 경지에 도달했던 듯하다. 「단원기」에서 김홍도가 이룩한 경지를 논하면서 "이유방 같은 사람에게 비할 수 있을 것이다. 그런데 이미 고원하여 그만 못할 것이 없다."라고 했으니 말이다.

자화상은 곧 자신이다. 서른 즈음의 이 〈자화상〉은 그의 정체성을 일정하게 반영하는 이름이나 자, 호와 참으로 많이 닮았다. 의관을 정제하고 한 치의 흐트러짐도 보이지 않는 자세에는 가족이나 주위의 기대, 나아가 스스로에 대한 기대가 녹아든 느낌이다. 어떤 경우에도 원칙을 저버리지 않아야 한다고 믿는, 현실과 타협하지 않으려는 꼬장꼬장한 사대부의 정신이 어른거린다.

사서삼경을 비롯하여 유가 경전 연구에 몰두하고, 입신양명을 통해 세상에 나아가 뜻을 실현하는 군자의 열망을 만나게 된다. 단지 타고난 그림 재주가 있어서 외부 사물을 똑같이 묘사하는 데만 솜씨를 발휘하는 '환쟁이'와 스스로를 엄격히 구분하려는 의도가 보인다. 중인 출신이지만 사대부 출신과 다름없이 지조와 결기를 지닌 선비로, 성리학의 가치를 표현하는 화가로 살고자 하는 김홍도의 굳은 의지가 담겨 있는 듯하다.

워낙 표정과 자세에서 풍기는 치열함이 짙게 묻어나서 평생에 걸쳐 홍도와 사능, 그리고 단원이 담고 있는 유학 정신을 견고하게 유지할 기세다. 유가의 전통은 인의예지仁義禮智 덕목을 시대의 변화에도 불구하고 변하지 않는 절대적 가치로 삼고, 군자는 죽는 순간까지 이를 가슴에 품고 살아야 한다고 믿었다.

그러한 의미에서 유가에서 바라보는 인간은 정신적으로나 육체적으로 고정된 정체성을 갖고 살아가야 하는 존재다. 공자나 맹자를 비롯한 유가 선인의 가르침을 정신 구석구석 흡수하여 행실의 확고한 기준으로 받아들이도록 요구한다. 바람직한 군자의 상을 정립하고 모든 사대부가 따라야 하는 모범으로 여긴다. 유가 가치관을 통해 완성된 존재를 단일한 정체성으로 받아들인 채 살아야 한다.

아마 서른 즈음의 김홍도는 이 자화상에 묘사된, 고결한 선비의 모습을 한순간도 흔들림 없이 견지하며 살아가리라고 스스로 다짐하고 있었는지도 모른다. 그래서 일부러 어떤 면에서는 상당히 경직되어 보이기조차 하는 분위기로 자신을 묘사한 게 아닌가 싶다. 어떤 경우에도 흔들리지 않도록 '나는 이렇게 사대부의 정신을 갖고 살아갈 거야!'라는 다짐을 하듯이 말이다.

여러 명의 자신이 들어 있는 자화상

또 하나의 자화상 〈포의풍류도布衣風流圖〉는 전혀 다른 모습을 보여준다. 여기에서는 그림의 분위기로 볼 때 대략 40~50대의 모습인 듯하다. 묘하게도 선비로서의 긴장감과 한껏 이완된 편한 분위기, 나

김홍도 〈포의풍류도(자화상)〉 18세기

아가서는 자기만족과 과시에 가까운 모습이 공존한다. 무언가 하나로 규정하기 어려운, 뒤죽박죽 섞인 모습이다.

먼저 선비로서의 여전한 긴장이 아직 스친다. 실내임에도 불구하고 사대부의 예에 맞게 사방관四方冠을 쓰고 있다. 사방관은 네모가 반듯한 관이어서 붙여진 이름이다. 조선 시대 사대부들이 평상시에 실내에 있는 경우라 하더라도 의관을 바르게 하여 예의를 갖추기 위해 망건 위에 쓰는 관이다. 옆으로 자신의 앉은키만큼이나 높게 쌓아 올린 책도 학문에 몰두하는 선비의 이미지를 자랑한다. 또한 종이, 붓,

벼루, 먹 등 학문에 열중하는 이가 늘 곁에 두고 다루는 네 가지 물건 인 문방사우도 있다. 그만큼 젊은 시절부터 자신의 가장 중요한 정체 성으로 간직해 온 선비의 풍모를 보여준다.

다른 한편으로는 자신을 과시하는 자만심도 언뜻 비친다. 방 안에 늘어놓은 물건들을 보면 당시 조선 땅에서는 보기 어려운, 진귀한 중 국산 골동품이 꽤 많다. 마치 사슴뿔처럼 뻗은 산호초가 꽂혀 있고, 소 박한 조선백자나 청자와 달리 화려한 모양을 자랑하는 꽃병이 한눈에 이국적 분위기를 풍긴다. 긴 목에 손잡이가 달려 있는 병도 색다르다. 그 뒤로 고개를 내밀고 있는 향로로도 한껏 멋을 부렸다. 그의 앞에 놓 인 가늘고 긴 검도 상대적으로 넓은 면을 지닌 조선의 검과 다르다.

자화상이라는 그림의 성격을 고려할 때 뚜렷한 맥락 없이 굳이 값비싼 중국산 골동품을 방 안에 죽 늘어놓은 것은 과시욕 말고는 달 리 설명할 방법이 없다. 게다가 20대 후반에 왕과 세손의 초상화를 그 렸을 뿐만 아니라 이후 왕의 총애를 받으며 활동했기에 스스로에 대 한 만족이 상당히 컸으리라는 점도 어렵지 않게 짐작이 간다.

세손 시기에 김홍도가 초상화를 그렸던 정조가 즉위하면서 화가 로서의 지위도 한층 확고해진다. 정조는 "그림에 관한 일은 모두 홍도 에게 주관하게 하였다."라고 할 정도로 전폭적인 신뢰를 보낸다. 국가 행사와 관련된 그림을 거의 도맡게 된다. 나아가서 40세에는 안동의 한 지역에서 종6품의 관직을 맡기도 한다. 중인 출신이고 화원이라는 낮은 신분을 고려할 때 이례적인 대우다.

〈포의풍류도〉에는 이렇듯 왕의 총애를 누리고, 대부분의 화원이 꿈도 꾸지 못했던 관직까지 진출한 자부심과 과시가 묻어난다. 진중함과 겸손을 중시하는 유가 도덕률을 따르고, 사적인 이해보다 공적인 자세를 견지하는 군자의 정신을 흠모하던 선비로서의 김홍도 모습과는 상당한 거리가 느껴진다.

그런데 다른 한편으로 정신적 긴장이나 과시에서 벗어나 자유분방하게 풍류를 즐기려는 자유인의 모습도 이 자화상에서 빼놓을 수 없는 중요한 부분이다. 머리에는 점잖게 관을 쓰고 있지만 엉뚱하게도 맨발 차림이다. 가슴에 품고 연주하는 악기는 당비파라는 현악기다. 조선의 선비들은 거문고만큼이나 당비파를 즐겨 연주했다. 옆에 호리병도 있어서 이미 한잔 거나하게 술을 걸치고 흥에 겨워 연주를 하는 중인 듯하다. 그림에 덧붙여 적어 놓은 글귀도 마음의 부담을 내려놓고 삶을 즐기고 싶어 하는 김홍도의 마음을 전한다.

흙벽에 아름다운 창을 내고
여생은 관직에 나가지 않고 시나 읊조리며 살리라.

흙벽에 창을 낸다는 것은 청빈한 삶을 즐기겠단 마음의 소리다. 귀신같이 그림을 잘 그려 조선에서 첫손에 꼽히는 화가라 찬사를 보내는 세상의 평가도 개의치 않겠다는 취지다. 왕의 깊은 신뢰나 관직 진출을 통한 입신양명도 연연하지 않겠다고 한다. 앞으로의 삶은 속세의 성공에 목을 매지 않고 풍류를 즐기겠다고 한다. 술에 취하고 음악에 빠져 세월을 낚으며 살겠다고 한다.

주변 사람들도 김홍도의 풍류 기질을 잘 알고 있었던 듯하다. 그의 퉁소 부는 솜씨를 높이 평가하거나 신선에 비유한 이들이 많았다. 서책과 문방사우가 보여주는 선비의 정신적 긴장, 값비싼 골동품을 사람들이 모두 볼 수 있도록 늘어놓은 성공한 화가의 과시욕과는 전혀 다른 이미지다. 하나의 장면 안에 서로 상이하고 심지어 상반되어 보이기조차 하는 여러 정체성이 공존한다.

일단 서른 즈음의 자화상과 다르다는 점은 분명하다. 공자와 맹자를 비롯한 유가 성현의 가르침과 선비의 단정한 몸가짐에서 벗어난 일체의 것을, 허용해서는 안 될 잡된 일탈로 여기며 조금의 틈도 보이지 않던 모습과는 판이하게 다르다. 그런 모습이 남아 있기는 하지만 여러 가지 가운데 하나일 뿐 전부는 아니다. 아마 서른 즈음의 김홍도가 나타나 〈포의풍류도〉 속의 인물을 보면 타락한 인간의 표상 정도로 여기리라 예상될 정도다.

무엇이 진정한 나인가?

어느 날 우연히 생긴 충동적 감정을 담은 게 아니다. 김홍도 자신의 모습으로 보이는 〈월하취생도〉에서는 자유분방하게 풍류를 즐기는 일상만 가득하다. '달빛 아래에서 생황을 분다'는 뜻을 가진 그림이다. 여기에서는 단지 발이 보이는 정도가 아니다. 아예 다리는 허벅지까지 옷을 올리고, 팔도 걷어붙여서 점잔 빼는 구석이 어디 한 군데도 없다.

　생황은 둥근 울림통에 대나무 관을 붙여 만든 악기다. 단원은 평소에 현악기는 거문고나 당비파, 관악기는 생황을 즐겨 연주했던 듯하다. 서로 다른 음색을 지닌 악기여서 기분에 따라 다른 악기를 집어 들지 않았을까 싶다. 생황의 음색에 대한 그의 인상은 〈송하선인취생도松下仙人吹笙圖〉라는 그림에서 만나볼 수 있다. 제목 그대로 신선이 소나무 아래에서 생황을 부는 모습인데 우측 상단에 다음과 같은 글을 덧붙여 놓았다. "길고 짧은 대나무 통, 봉황의 날개인가. 달빛 가득한 마루에 생황 소리, 용의 울음보다 더 처절하구나."

　둥근 울림통과 대나무 관이 붙어 있는 생황에서 봉황을 떠올리고 가는 대나무 관을 뚫고 나오는 격한 소리를 용의 울음에 비유한다. 신선이 불던 생황을 〈월하취생도月下吹笙圖〉에서는 자신이 분다. 자신을 신선으로 여기는 마음을 슬쩍 비춘다. 깔고 앉아 있는 파초 잎도 풍류를 한껏 더 느끼게 한다. 옛 시인이 시를 썼다가 그냥 개울물에 띄워 버렸다는 이야기를 담고 있는 잎이니 말이다.

　술병도 작은 호리병에서 커다란 항아리로 바뀌어서 단지 흥을 돋우는 정도가 아니라 코가 비뚤어질 때까지 마시려는 마음을 보여준다. 더욱 풀어진 옷차림도 그 연장선상에 있다. 김홍도 스스로가 붙인

김홍도 〈월하취생도(자화상)〉 18세기

몇 가지 호에도 술과 관련한 내용이 두드러진다. 취화사醉畵史라는 호는 '술 취한 환쟁이', 접취옹輒醉翁이라는 호는 '곧 취하는 늙은이'라는 뜻을 지닌다. 주변 사람들의 전하는 바에 따르면 평소에 술을 무척 즐겼으며, 때로는 취중에 빠르게 붓을 놀려 순식간에 그림을 그리기도 했다.

다분히 정신적 긴장의 틈새에서 일시적으로 풍류를 찾다가 다시 격식을 준수하는 일상으로 돌아가는 유가식 풍류를 넘어, 일상에서 유유자적의 삶을 중심에 놓고 즐기는 도가의 문제의식이 짙게 묻어난다. 신선이 동자를 데리고 서왕모의 잔치에 가는 모습을 그린 〈군선도〉를 비롯하여 종종 도가를 상징하는 이미지를 즐겨 묘사한 것도 같은 맥락이다.

자화상 속에 섞여 나타나는 여러 모습, 다양한 정체성 가운데 무엇이 진짜 김홍도일까? 우문일 수 있다. 이 모든 것이 진정한 자신일 수 있으니 말이다. 아무리 조선에서 성리학에 기초한 유가 전통이 강력했다 하더라도 모든 사람을 다 이 틀 안에 가둘 수는 없는 노릇이다. 특별한 극소수에게만 해당되는 사정도 아니다.

만약 조선에 철저하게 하나의 사고방식만이 존재했다면 오랜 기간 영향을 미친, 사단칠정론四七論爭論을 비롯한 치열한 논쟁이 벌어질 일도 없었을 것이다. 이기론理氣論 논쟁이 조선 이전에 이미 송대 유가가 도가와 불가의 영향을 받으면서 활성화된 면을 보더라도 다양한 문제의식과 사상, 삶의 방식이 영향을 끼쳤다고 봐야 한다. 세계관과 인생관이 어떤 사람의 정체성을 구성하는 주요 부분이라고 할 때 어떤 면에서 서로 달라 보이는 요소 모두가 그 사람의 정체성에 포함된다.

물론 조선의 정통 유가 흐름에서는 이러한 문제의식을 위험스럽게 여겼다. 조선을 통틀어 유가 전통에 가장 충실하다고 평가받는 이황李滉도 『퇴계집』에서 불교나 도교는 물론이고 심지어 유가의 한 갈래라 여기는 양명학조차도 이학異學으로 규정한다. 이학이란 올바르지 못한, 따라서 받아들일 수 없고 배척해야 하는 학문을 말한다. 조선의 선비에게 불교나 도교는 억제 대상이었고, 양명학도 말하거나 듣는 것을 금기로 삼아야 했다.

하지만 김홍도의 내면에는 다른 사람보다 상대적으로 이질적 요소들이 더욱 강렬하게 충돌하거나 오랜 기간 공존한 게 아닌가 싶다. 중국 명나라 때 양명학을 정립한 사상가로 잘 알려진 왕양명王陽明이 그러했듯이 말이다. 양명도 젊은 시절에 주자 성리학을 중심으로 유가에 흠뻑 빠져든다. 주자학을 통해 성인이 되겠다는 각오로 공부에 몰두한다. 공자의 수많은 제자 가운데 가장 보잘 것 없는 끝자리에 서게 되더라도 만족할 것이라 여긴다. 또한 공자의 가르침대로 뜻을 세우고 입신양명을 통해 세상에 나아가 이를 실현하는 데서 자기 인생의 의미를 찾는다.

그즈음 양명은 유가 선비라면 마땅히 실천해야 할 왕을 향한 직언 때문에 고초를 겪는다. 바른 뜻을 가진 관리들이 황제의 눈을 가리는 간신배 환관을 쫓아내라고 요구하다가 옥에 갇히자 양명은 이를 비판하는 상소를 올린다. 이로 인해 여러 관리들 앞에서 곤장 40대를 맞은 후에 유배당한다. 관직에 나아가 유가의 뜻을 펼치려던 희망이 관료주의적 경쟁 속에서 좌절당한 것이다. 양명은 관리로서의 성공과 이를 통해 세상을 변화시키려는 기존 유가의 사고방식에 회의를 느끼고 새로운 전망을 고민한다.

이 시기 양명은 도가와 불가 사상을 통해 새로운 정신적 자양분을 흡수한다. 은신처를 만들어 기거하면서 진지하게 도가 수행에 몰두한다. 도인술을 탐구하고 실행하는 데도 큰 관심을 갖는다. 양명의 사상을 담은 『전습록傳習錄』에는 도가에서 중시하는 기氣에 대한 적극적 수용이 나타난다.

> 누군가 "뜻이 나타나면 기가 그 뒤를 따른다."라는 말에 대해 물었다. 선생께서 대답하셨다. "그것은 뜻이 가는 데는 기도 간다는 의미지. 뜻이 으뜸이고 기가 그 아래라는 의미는 아니다. '그 뜻을 갖고 있으면' 기는 그 속에 있고, '그 기를 손상시키지 않으면' 그 뜻도 보존된다는 뜻이다."

이理와 기氣를 둘러싼 논쟁에 대한 태도다. 여기에서 뜻은 곧 이를 의미한다. 전통적으로 유가 사상은 절대적인 정신의 근거로서 이를 모든 것의 출발과 중심에 놓는 경향이 강했다. 기는 그 결과로 따라 나오는 현상에 불과하고, 지엽적이고 부차적인 지위에 속한다고 여겼다. 이에 비해 도가는 자연과 인간에 속하는 기를 출발점으로 삼는다. 양명은 그 정도는 아니라 해도 적어도 이와 기의 선후나 주요·부차를 구분하는 사고방식은 잘못이라고 한다. 이와 기는 서로가 서로에게 속해 있기에 뗄 수 없는 유기적 관계라고 한다.

기와 직접 연관성을 갖고 나타나는 감정에 대해서도 상당히 적극적인 태도를 보인다. 보통 유가에서는 희喜·노怒·애哀·구懼·애愛·

악惡·욕慾으로 대표되는 감정, 즉 칠정七情이 뜻을 흐트러뜨리거나 혼란스럽게 한다고 보고, 심한 경우에는 뜻을 가로막기에 경계해야 할 대상으로 여긴다. 정신적 긴장을 유지하며 억눌러야 할 대상으로 규정하곤 한다. 하지만 양명이 보기에 기가 부차적 현상이 아니듯이 여기에 직결된 칠정도 배척하거나 외면해야 할 대상이 아니다.

> "칠정은 사람에게 응당 있어야 할 것이다. (…) 구름이 해를 가린다고 해서 하늘에 구름이 생기지 말라고는 할 수 없다. 칠정이 스스로 흘러나오는 것은 모두 양지의 역할이며 그것으로는 선악을 구분할 수 없다."

양명에 의하면 기가 그러하듯이 칠정도 자연스럽게 인간에 속한다. 누른다고 해서 눌러질 수 있는 것이 아니다. 구름이 해를 가리듯이 충동적 감정이 일정하게 맑은 마음을 가리는 적이 있기는 하지만 억눌러서 해결할 수는 없다. 또한 감정을 마치 악한 현상인 것처럼 치부해서도 안 된다. 양지, 즉 인간이 본래 가지고 있는 본성에서 자연스럽게 흘러나오는 것이므로 여기에 선과 악의 잣대를 들이밀 필요는 없다.

물론 양명이 모든 충동을 무조건 모두 풀어놓자고 주장한 것은 아니다. 감정이 자연스럽게 흘러나오는 상태를 넘어서 과도하게 쏠리는 집착 상태로 들어가서는 안 된다. 만약 집착으로의 격화를 경계하고 통제할 수만 있다면 오히려 감정은 정신적 통찰과 올바른 행위를 이끌어내는 데 도움을 준다.

이는 양명이 『전습록』에서 소개한, 공자의 제자 증석의 사례를 통해 한결 풍부한 이해가 가능하다. 『논어』에서 제자들이 공자에게 향후 자기의 전망을 말할 때, 자로子路와 염구冉求는 정사에 참여할 뜻을 밝힌다. 공서적公西赤이라는 제자가 예악을 맡아보고 싶다고 한다. 마지막으로 증석曾晳이 그동안 배운 바와 상당히 거리가 있어 보이는 어릿광대 일을 하고 싶다고 한다. 당연히 그간 공자의 가르침대로 하자면 정사에의 참여를 가장 높이 평가하고, 다음으로 예악을 두둔했어야 한다. 어릿광대 일은 인의예지와 같은 유가의 정신적 가치보다는 출렁이는 감정에 더 많이 의존하는 활동이어서 보잘 것 없다고 야단치고 반대했어야 마땅하다. 그런데 의외로 공자는 증석의 뜻에 공감을 표한다.

양명의 제자가 공자의 허락이 갖는 의미를 묻자 다음과 같이 대답한다.

자로, 염구, 공서적 세 사람은 근거 없이 억측하고 절대적으로 긍정하는 생각을 갖고 있었다. 이런 두 가지 경향을 지니고 있으면 결국 한쪽으로 치우칠 우려가 있다. 그러면 이 일을 생각하다가 다른 일을 놓치게 된다. 증석의 뜻은 비교적 실질적이다.

옛그림
인문학

양명에 의하면 관직에 진출하거나 예악을 담당하는 일 자체를 중요하다고 볼 수 없다. 앞의 세 제자는 평소에 고집이 세고 독선적이어서 일방적인 결정과 행동을 하는 경향이 있다. 만약 자신의 그릇을 뛰어넘어 공적인 직책을 맡고 극단으로 치우친 판단을 한다면 오히려 일을 그르치고 사람들에게 해를 끼친다. 이에 비해 증석은 과도하게 고집을 부리지도 않고 자신이 무엇을 좋아하고 또한 잘할 수 있는지를 안다. 그러므로 자기의 위치에 합당한 일을 하고 집착이나 과도함 때문에 문제를 일으키지도 않기에 적절한 선택일 수 있다고 공자가 본 것이라는 해석이다.

양명의 해석에 따르면 신중함과 경건함, 예의와 법도 등 유가에서 강조하는 가치 자체가 절대적인 것은 아니다. 변화가 심하고 사람을 들었다 놓았다 하는 충동적 감정이라고 다 부정적으로 볼 것도 아니다. 증석처럼 감정에 휩싸여 사는 어릿광대 일을 하더라도 자신에게 맞고 그 안에서 치우침을 경계한다면 바람직하다. 그래서 양명은 증석의 선택이 『중용』에서 말하는, "군자는 평소에 처한 처지에 따라 행하고 다른 것을 탐하지 말아야 한다. 오랑캐들 사이에서는 오랑캐에 알맞게 행동하고, 환란에 처해 있으면 환란에 맞게 행동하니 군자는 들어가는 곳마다 스스로 얻지 않는 것이 없다."라는 말에 딱 들어맞는다고 한다.

상반되어 보이는 요소들이 한 사람의 생각이나 행동에 뒤섞여 나타난다고 해서 잘못이라고 탓할 일이 아니다. 오히려 너무 하나에만 집착하는 경향이 문제다. 유가 가치에만 해당하는 문제가 아니다. 양명은 불교가 그토록 강조하는 무선무악無善無惡도 치우치게 되면 문제를 일으킨다고 한다. "불교는 무선무악에만 집착하면서 다른 것에는 전혀 관심을 두지 않는데 그러면 천하를 다스릴 수 없다."

비록 현상적으로 충돌하는 요소들이 서로를 보완하고 나아가 조화를 이룰 수 있다면 이보다 더 좋을 게 없다. 유가의 합리적 정신에 반대되는 사고방식처럼 보이는, 앞날의 운수·길흉·화복 따위를 보는 점占조차도 학문의 한 부분으로, 자신을 구성하는 정신의 한 부분으로 받아들여야 한다.

> 점치는 것이 곧 이理고 이가 곧 점치는 것이다. 천하를 점치는 것보다 더 큰 이가 어디 있겠느냐? (…) 점을 치는 일은 의혹을 풀어 사람의 마음을 밝게 하기 위한 것이다.

이러한 논리에 따르면 항상 유가 경전을 붙잡고 달달 외우거나 관직에 진출하여 성공하는 것, 왕에게 직언을 통해 정치를 바로잡는 것만이 올바른 선택이라고 볼 수 없다. 마찬가지로 개인적 차원에서는 이에 적합한 성격이나 정체성만을 바람직하다고 볼 이유도 없다. 나아가서는 한 가지로 고정된 정체성만을 절대적인 것으로 여길 필요도 없다.

김홍도가 즐겨 사용한, 유가적 경건성을 지니고 선비의 모범을 상징하는 '단원'이라는 호와, 술에 취해 붓을 잡는 '취화사'라는 호를 서로 배척 관계에 있는 정체성으로 보는 것은 단편적 사고다. 둘 중 하나는 선하고 다른 하나는 악하다고 규정한다면 김홍도의 입장에서는 더욱 어처구니없는 태도다. 처음에는 '단원'의 정체성을 갖고 살다가, 나중에 심경의 변화가 찾아와서 '취화사'로 살았다고 진단하는 것도 무리다.

그의 삶에서 도가적 요소가 점차 짙어지는 것이 중장년 시기임은 분명하지만 하나가 다른 하나를 대체하는 방식이라고는 보기 어렵다. 중장년 시기의 그림에도 '단원'이라는 호를 주로 사용했다는 점을 보더라도 하나의 경향이 다른 경향으로 대체되었다고 할 근거는 별로 없다. 나이가 들어가면서 새로운 삶의 국면을 더욱 빈번하게 접하게 되고, 또한 젊은 시절에 미처 접하지 못했던 또 다른 학문과 만나면서 다양한 가치를 흡수하는 과정으로 봐야 한다. 때로는 서로 다른 정체성끼리 충돌하기도 하고 때로는 보완하기도 하면서 삐걱대며 살아가는 일상이 대부분의 사람에게 나타나는 일반적 현상이다.

거대하고 복잡한 현대 사회는 물론이고 자아를 안정되게 유지할 것으로 예측되는 전통 사회에서조차 사실 정체성이 오직 하나라고 믿는 것은 신화에 가깝다. 성장하는 과정에서 단일한 성격과 지향을 가진 요소만이 영향을 미치지는 않기 때문이다. 스스로의 기억 이상으로 다양한 경향이 스며들어 왔다고 봐야 한다.

예를 들어 어떤 사람이 꼼꼼하다거나 덜렁댄다고 말할 때도 상당 부분은 오해에 기초한 경우가 많다. 공부나 일에서 진중하고 치밀하다고 평가받는 사람이더라도 생활상의 다른 면에서는 지극히 덤벙대는 경우가 흔하다. 정치적으로 진보적인 생각을 가진 사람이더라도 가정생활을 비롯하여 다른 영역에서 보수적인 측면이 나타나기도 한다. 경제 분야에서는 근대적 사고방식을 갖고 있지만 인간관계에서는 전통적 관성이 지배하기도 한다.

결국 나를 규정하는 정체성은 하나가 아닌 여럿일 가능성이 크다. 이 모두가 진정한 나다. 사람에 따라 갈등이나 충돌이 나타나는 정도가 다를 뿐이다. 결합이 강해서 갈등 강도가 약한 상태를 '하나'로 착각하는 경우가 많을 뿐이다. 그러므로 날이 선 모습으로 선비의 풍모를 지닌 김홍도, 자신이 이룩한 화가로서의 지위와 세상의 평가를 과시하려는 김홍도, 나아가 술에 취해 세월을 낚으려는 태도를 보이는 김홍도에 이르기까지 모두 김홍도다.

나를 여럿으로 보는 시선은 현대를 살아가는 우리에게 더욱 절실하다. 과거 어느 시대보다도 더욱 다양한 요소와 관계가 동시에 스며드는 상황이기 때문이다. 이 모두를 오직 선택과 배제의 문제로 이해할 때 오히려 내적 혼란이나 분열이 찾아온다. 진정 나를 사랑하기 위해서는 내 안에 있는 여럿을 인정해야 한다.

옛그림
인문학

하늘과 사람을 알다

하늘이란 무엇인가?

조선 후기 도화서 화원 김두량金斗樑의 〈월야산수도月夜山水圖〉는 밤 풍경에 관한 우리 옛그림 가운데 최고봉이 아닐까 싶다. 대대로 명성을 날리던 화원 가문에서 태어났고, 일찍부터 솜씨를 인정받아 도화서 화원이 된 후 임금으로부터 '남리南里'라는 호도 받았다. 윤두서에게 그림을 배웠는데, 세심하고 정교한 묘사력은 아마 그 영향일 것이다.

그림 위에 '중추仲秋'라고 적혀 있어서 가을 한가위 즈음의 밤경치임을 알 수 있게 한다. 하늘에는 보름달이 휘영청 떠 있다. 달을 날카로운 선이 아니라 밤의 어둠을 나타내는 먹으로 두르고 있어서 사

김두량 〈월야산수도〉 1744년

실적인 느낌을 더욱 살린다. 달을 중심으로 농담을 달리하며 먹이 스며들어서 은은하게 달빛이 퍼지는 효과를 준다.

교교한 달빛이 산중의 숲과 길을 비추자 밤의 어둠을 뚫고 나무들이 깨어난다. 봄과 여름 내내 울창했던 이파리를 모두 떨어뜨리고 앙상한 가지만을 남긴 나무들이 모습을 드러낸다. 무질서하게 사방으로 뻗은 잔가지들이 어지러워서 스산한 분위기를 끌어올린다. 전면의 나무 하나는 하늘을 향해 곧게, 다른 하나는 기울어서 지루함을 없앤다. 투박한 붓질로 표현한 바위의 거친 표면과 어우러지면서 다듬어지지 않은 자연 그대로의 멋을 보여준다.

건너편 숲은 나무가 빼곡한 데다 점차 먹을 옅게 하여 멀어지는 인상을 줘서 깊은 산골짜기가 뒤로 이어지리라는 느낌을 갖게 한다. 나무들의 허리쯤으로 밤안개가 퍼지고 있어서, 단지 깊숙한 원근감만이 아니라 꿈틀거리며 살아 있는 역동적인 공간감을 구사한다. 정적을 깨며 잔잔하게 들리는 시냇물 소리까지 더해 오감을 건드린다.

감상자가 계곡의 어느 한 지점에 서서 풍경을 보는 착각이 들 정도다. 게다가 우리의 감정에도 영향을 미친다. 먹먹한 기분을 느끼며 끄트머리에 혼자 서 있어야 적합할 것 같다. 어지러운 세상사를 잊고, 내면의 복잡한 상념도 떨치고 스스로 외로운 감정에 빠져들도록 자극한다. 쓸쓸하게 발소리를 죽여 걸으며 그동안 억제하며 살았던 내밀한 목소리에 귀를 기울이게 만든다.

이렇듯 우리 옛그림을 비롯하여 동양 산수화 속 하늘과 땅의 산·

나무·물, 그리고 인간은 별개로 분리되지 않는다. 그림 안에 인간이 있든 없든 깊숙한 교감이 가득하다. 인간에게 단지 외부 관찰의 대상이거나 그저 이용과 개조의 대상으로만 다가오지 않는다. 하늘을 인간과 무관한 외부 사물로 여기지 않고 우리의 운명이나 삶과 긴밀하게 연관되어 있다고 생각한다.

제가백가를 비롯한 동양사상의 여러 갈래는 하늘과 인간이 어떤 관계를 맺는가에 대한 시각 차이를 포함한다. 하늘을 어떻게 보는가는 곧바로 자연을 어떻게 보는가와 직결된다. 그리고 이는 궁극적으로 인간 존재에 대한 이해 차이를 반영한다. 세계관과 인생관의 중심을 차지한다는 점에서 동양사상의 핵심 영역인 것이다.

조선 시대에 하늘과 인간의 관계에 대한 생각은 지배계급인 양반과 일반 백성 사이에 뚜렷한 차이를 보였다. 백성에게는 고대로부터 내려오는 우리 특유의 무속 신앙이 품고 있는 사고방식이 여전히 상당한 영향을 발휘하고 있었다. 하지만 조선의 지배계급이자 지식인이라 할 수 있는 사대부들은 중국 유가의 영향에 강력하게 결박되어 있었다. 조선 선비의 대표 격이라 할 수 있는 이황李滉의 글을 모은 『퇴계집』 가운데 「요산요수를 논함」에서 그 문제의식의 일단을 만나볼 수 있다.

요산요수라는 성인의 말은 산이 인仁이 되고 물이 지智가 된다는 말이 아니며, 사람과 산수가 같은 성性이라는 말도 아닙니다. 다만 어진 자는 산과 같으므로 산을 즐기고, 지혜로운 자는 물과 같으므로 물을 즐긴다고 말한 것뿐입니다. 이른바 같다는 것은 특히 어진 자와 지혜로운 자의 기상과 생각을 가리켜 말한 것입니다. (…) 진실로 내 마음에 인과 지의 실이 있어서 속에서 충만하여 밖으로 드러나면 요산요수는 애써서 구할 것 없이 저절로 그 즐거움이 있게 될 것입니다.

'요산요수樂山樂水'는 글자 그대로는 산과 물을 좋아한다는 뜻이다. 조선의 선비들이 가장 즐겨 사용하던 말 중 하나다. 김두량의 〈월야산수도〉를 비롯하여 조선의 화가나 선비들이 가장 즐겨 그렸던 산수화도 요산요수라는 생각의 적극적 반영이다. 이황이 '성인의 말'이라고 언급하듯이 원래는 공자의 『논어』에 나오는 내용을 압축한 표현이다. 「옹야雍也」 편에서 공자는 제자들에게 "지혜로운 사람은 물을 좋아하고, 인한 사람은 산을 좋아하며, 지혜로운 사람은 동적이고 인한 사람은 정적이며, 지혜로운 사람은 즐겁게 살고 인한 사람은 장수한다."라고 한다.

여기에서 인·지가 산·물과 맺는 관계와 관련하여 공자의 말을 어떻게 해석할 것인가를 놓고 이견이 생긴다. 한쪽에서는 둘이 서로 같은 성격을 지닌다는 적극적 해석이 제기된다. 다른 쪽에서는 둘을 분리시키고 선후와 우열관계를 분명히 한다. 당연히 인간의 어진 마음과 지혜로움이 우선하고 중요하다는 입장이다. 어질고 지혜로운 마음을 갖고 있으면 산과 물을 좋아하는 마음이 자연스럽게 생긴다. 인간이 있기에 비로소 산과 물에도 의미가 생긴다. 즐거움과 장수는 그 결과일 뿐이다.

이황의 글이 이러한 태도의 연장선상에 있다. 진실로 내 마음에 실질적으로 인과 지를 길러 충만하게 하여 밖으로 드러나면 하늘과 자연의 이치는 저절로 실현된다. 어질고 지혜로운 사람의 마음과 판단이 곧바로 하늘이고 자연의 원리인 것이다.

사실 이황의 입장이 그다지 독창적이지는 않다. 주자가 『논어집주』에서 해석한 다음 내용과 의미는 물론 표현에 이르기까지 거의 흡사하기 때문이다. "지혜로운 사람은 사리에 통달하고 두루 흘러서 막힘이 없는 것이 물과 같기 때문에 물을 좋아하는 것이고, 어진 사람은 의리에 편안하고 후중함을 옮기지 않는 것이 산과 같기 때문에 산을 좋아하는 것이다." 흔히 조선의 유가를 '주자 성리학'이라고 할 정도로 주자의 영향력이 절대적이었으니 어찌 보면 당연한 일일지도 모른다.

하늘에 빌고 하늘에 따르다

조선 시대 일반 백성은 이황을 비롯한 사대부들과 상당히 다른 견해를 갖고 있었다. 앞서 잠시 언급했듯이 고대로부터 내려오는 무속 신앙의 하늘관이 일상생활과 생각에 깊이 뿌리내리고 있었다. 중국 길림성에 있는 고구려 고분인 오회분 4호묘의 벽화 〈해신과 달신〉

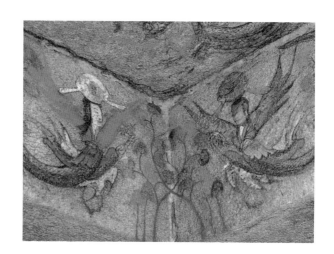

고구려 벽화
〈해신과 달신〉
7세기

에서 어떤 발상인지 만날 수 있다.

하늘의 해신과 달신은 남자와 여자로 묘사되어 있는데, 각각 머리 위로 해와 달을 들고 있다. 몸은 전설 속의 동물인 용의 모습이다. 해에는 해의 전령인 세 발 까마귀가 그려져 있다. 고구려 신화에 따르면 세 발 까마귀가 시조인 주몽의 주위를 맴돌곤 했다는 이야기가 있어, 주몽이 해신과 연관이 깊다는 점을 알 수 있다.

이러한 관점에서 하늘은 인간이 좋아하고 감상하는 대상이 아니다. 인간의 생과 사, 일상생활을 주관하는 신들의 다른 이름이다. 당연히 인간이 무엇을 생각하고 어떻게 행동해야 하는가를 제시하는 기준 역할을 한다. 인간의 삶이 신의 뜻, 즉 하늘의 뜻에 일치할 때 비로소 안위를 보장받고 발전의 길을 걷는다. 하늘의 역할을 담은 고대 신화는 고조선으로 거슬러 올라간다. 일연一然은 『삼국유사三國遺事』에서 고조선의 출발을 다음과 같이 기록한다.

옛날 환인의 서자 환웅이 자주 천하에 뜻을 두고 인간 세상을 탐내어 구했다. 아버지가 아들의 뜻을 알고는 삼위태백을 내려다보니 인간을 널리 이롭게 할 만하여 환웅에게 천부인天符印 세 개를 주어 즉시 내려보내 인간 세상을 다스리게 했다.

하늘이 인간을 만든 것은 아니다. 인간을 비롯하여 산과 물, 나아가서는 그 산물에 이르기까지 일체의 세상 만물을 창조하는 서구의 신과는 상당히 다른 개념이다. 하늘과 별개로 본래 인간 세상은 굴러가던 중이다. 하늘의 역할은 이미 나름의 생활 방식으로 살아가고 있던 인간을 이롭게 하는 데 있다. 하늘이 인간사에 개입하고 다스리는 데 나서 더 발전하도록 이끈다. 더 직접적으로는, 원래 자연발생적인 공동체 생활을 하던 인간 세상에 하늘의 아들인 환웅이 내려와 고조선이라는 국가를 만들고 문명 생활을 가능케 한다.

고구려의 출발이라 할 수 있는 북부여 신화도 유사하다. "천제天帝가 오룡거를 타고 흘승골성으로 내려와 도읍을 세우고 왕이라 하며 국호를 북부여라고 했다." 이번에는 아들이 아니라 하늘의 신이 직접 내려와 인간을 이끌어 나라를 세운다. 북부여가 지속되다가 동명제가 새로운 도읍을 세우고 졸본부여라 했는데 고구려가 여기에서 시작된다.

주몽의 어머니 유화도 하늘과 연관을 갖는다. 유화는 본래 물의 신 하백의 딸이다. 북부여의 왕 금와가 그녀를 괴이하게 여겨 방 안에 가둔다. 그녀의 몸이 움직이는 대로 햇빛이 계속 따라와 비춘 후 임 산하여 알을 하나 낳았는데, 그가 바로 주몽이다. 고구려를 세운 주몽 역시 햇빛, 즉 하늘의 자손인 것이다.

고구려 신화에서 자연과 동물은 하늘의 뜻을 인간에게 펴는 매개 다. 주몽의 주위에는 늘 동물들이 있어서 어려움에 처할 때마다 도와 준다. 나중에 고구려를 상징하게 되는 세 발 까마귀도 주몽에게 하늘 의 뜻을 전한다. 어느 날 세 발 까마귀가 주몽의 주위를 맴돌다가 '남 南'이라는 글자가 적힌 쪽지 하나를 떨어뜨린다. 천제의 아들인 해모 수가 보낸 전령이고, 핍박을 피해 남쪽으로 가라는 메시지다. 도망가 는 도중에는 강의 물고기와 자라들이 다리를 놓아 도와주기도 한다.

하늘이나 해신·달신은 고구려만의 제한된 신화가 아니다. 『삼국 유사』의 신라 제8대 아달라왕 편에 나오는 연오랑과 세오녀 부부 이 야기 역시 해신과 달신이 인간 생활을 좌우하는 내용을 담고 있다. 연 오랑이 바다에 있는데 갑자기 바위 하나가 그를 태우고 일본으로 간 다. 예사로운 인물이 아니라고 생각하여 왕으로 삼는다. 돌아오지 않 는 남편을 찾으러 바다로 간 세오녀도 바위가 일본으로 데려가고, 왕 이 된 남편을 만나 귀비가 된다. 그 후 신라에서 해와 달이 빛을 잃자 하늘에의 제사를 담당하는 관리가 왕께 아뢴다.

"해와 달의 정기가 우리나라에 내렸었는데, 이제 일본으로 가버렸기 때문에 이런 변괴가 생긴 것입니다."

왕이 사신을 보내 두 사람에게 돌아오기를 청하자 연오랑이 말했다.

"내가 이 나라에 오게 된 것은 하늘의 뜻인데 지금 어떻게 돌아가겠습니까? 그러나 짐의 비가 짜놓은 비단이 있으니, 이것을 가지고 하늘에 제사를 지내면 될 것입니다."

사신이 비단을 받아 돌아와 제사를 지내니 해와 달이 예전처럼 빛을 되찾았다는 이야기다. 연오랑과 세오녀는 해신과 달신의 정령이라고 볼 수 있다. 이들이 없으면 세계는 암흑으로 변한다. 하늘의 힘이 없으면 인간의 일상은 상당한 불편을 겪는다. 하늘은 범상치 않은 아이를 갖게 하는 힘도 갖는다. 주몽 신화에서 해가 유화를 따라다니며 비추면서 잉태하도록 만들 듯이 말이다. 앞의 벽화에 나오는 해신과 달신은 고구려만이 아니라 신라나 백제에 이르기까지 인간사를 관장하면서 인간의 삶이나 공동체가 지향해야 하는 방향을 안내한다.

무속신앙에서 시작되어 각종 신화로 이어지는 경천敬天 사상에 따라 제천의식을 중시했다. 제천의식은 백성들을 단합하는 중대한 의미를 지닌다는 점에서 우리 고대 사회에서 가장 중요한 종교 행사였다. 그러므로 단군을 비롯하여 고대 사회의 통치자는 하늘에의 제사를 담당하는 제사장과의 연관성이 깊다는 생각이 허무맹랑한 발상이라고 보기 어렵다.

하늘을 섬기는 사상은 고대에서 조선 시대에 이르기까지 오랜 세월 동안 우리 마음속 깊이 뿌리를 내려왔다. 하늘을 이루는 해와 달을 신성시했다. 일월성신日月星辰은 고유의 민속신앙에서 가장 중요하게 여기는 신령이었다. 태양의 광명을 받은 사람들이라는 자부심을 갖고 살아왔다. 그 연장선상에서 산과 물, 나무에도 신성한 의미를 부여했다. 그렇기 때문에 인간은 하늘을 따라야 하고, 하늘이 내리는 천벌을 가장 두려워해야 할 것으로 여겼다. 하늘의 뜻을 인간으로서 지녀야 할 양심과 행동의 원천으로 삼았다.

중국의 제자백가에서는 하늘의 뜻을 중시하는 도가의 문제의식이 상대적으로 강하다. 노자는 『도덕경』에서 사람과 하늘을 도道와의 관계 속에서 다음과 같이 설명한다. "사람은 땅을 본받고, 땅은 하늘을 본받고, 하늘은 도를 본받고, 도는 '스스로 그러함'을 본받는다." 가장 상위에 스스로 그러함, 즉 무위자연無爲自然이 있다. 여기에서 도의 원리가 나오고 하늘은 그 원리를 담고 있다. 인간이 하늘의 뜻을 따라야 하는 것은 도를 실현하는 길이기 때문이다.

노자에게 하늘의 도는 우리의 무속신앙과는 달리 인간에게 직접 길흉을 가져다주지는 않는다. 만물을 고르게 하는 원리로 작용할 뿐이다. "천도는 활시위를 끌어당기는 것과 같다. 높은 곳은 눌러주고 낮은 데는 올려주며, 남는 곳은 덜어주고 모자란 데는 보태준다. 천도는 남는 데서 덜어다가 모자란 데를 보태준다." 이에 비해 인위적으로 이루어지는 인간의 작용은 천도와는 상반되게 나타난다. "인도는 부족한 자에게서 덜어다가 남는 자를 받는다." 부족한 사람을 더 부족하게 만들기에 인위적인 작용은 분별과 차별을 낳는다. 그러므로 인위를 벗어나 만물을 고르게 하는 하늘의 뜻을 따라야 한다.

묵자가 보기에 하늘은 인간에 대한 구속력을 훨씬 강하게 갖는다. 『묵자』의 「천지天志」 편에서 하늘과 인간의 관계를 다음과 같이 비유를 통해 규정한다.

"우리에게 하늘의 뜻이 있음은 마치 수레바퀴 공인에게 그림쇠가 있고, 목수에게 굽은 자가 있는 것과 같다. 수레바퀴 공인과 목수는 그림쇠와 굽은 자로 천하의 네모꼴과 원을 재면서 '들어맞는 것은 바른 것이고 들어맞지 않는 것은 그릇된 것이다.'라고 한다."

공인의 도구는 정확하게 폭과 길이를 재고 이에 따라 필요한 물건을 만들어낸다. 그만큼 하늘의 인간에의 작용은 법칙적 성격을 지닌다는 의미다. 만약 하늘의 명을 어긴다면 엉뚱한 결과, 심하게는 자신과 많은 사람에게 피해를 주는 결과를 만들어낸다. "임금의 뜻에는 따르면서도 하늘의 뜻에는 따르지 않는다면 곧 하늘의 재앙이 끊이지 않을 것이다."(「상동尚同」) 임금이 어느 정도 백성을 편안케 한다 하더라도 하늘의 뜻에 따르지 않는다면 재앙을 초래한다. 하늘의 뜻이 인간의 뜻에 우선한다.

하늘의 뜻이 중심이고 우선이긴 하지만 무조건적이지는 않다.

"내가 하늘이 바라는 일을 하면 하늘 역시 내가 바라는 일을 해준다."(「천지」) 인간은 무작정 하늘의 뜻을 기다리는 존재가 아니다. 그저 모든 것을 스스로 그러함에 맡기고 유유자적에 빠져서는 하늘의 뜻조차 세상에 실현되기 어렵다. 중요한 것은 모든 것을 고르게 하는 하늘의 뜻을 사람이, 더 직접적으로는 내가 실천하는 일이다. 그러면 하늘은 원하는 바를 실현해 준다. 하늘과 인간이 서로 감응한다.

하늘의 길과 인간의 길을 구분하다

조선 후기 도화서 화원 김희겸金喜謙의 〈적성래귀笛聲來歸〉는 하늘과 자연, 그리고 여기에 어우러져 살아가는 인간의 모습을 담는다. 하늘에는 보름달이 떠 있고 수면의 잔잔한 물에 온전하게 자신의 모습을 드리운다. 환한 달빛에 건너편의 산과 나무, 그리고 물가를 걷고 있는 사람들이 뚜렷하게 보인다.

밤길을 재촉하던 선비는 물에 비친 달에 마음을 빼앗긴 듯 발걸음을 멈춘다. '산과 물이 함께 있고, 여기에 둥근 달까지 품고 있으니 이보다 더한 요산요수가 어디 있는가?' 하는 마음일 듯하다. 저편으로는 산모퉁이를 돌며 두 명의 동자가 소의 등에 탄 채 피리를 불며 오는 중이다. 그림 제목인 '적성래귀'는 '피리 불며 돌아온다'는 뜻이다. 남송南宋의 유학자 나대경羅大經이 수필집 『학림옥로鶴林玉露』에서

김희겸 〈적성래귀〉 1754년

"쇠등에서 피리 불며 짝지어 돌아올 때면 달빛은 앞 시내에 뚜렷이 떠오르네."라고 노래한 대목에서 가져온 제목이다. 그림의 장면도 이 내용을 충실하게 반영한다.

상당히 자연 친화적인 분위기이기는 하지만 하늘이나 자연을 따르는 분위기와는 거리가 멀다. 쇠등에 타고 해가 진 산길을 여유롭게 돌아 집으로 가는 모습에서 자연과 어우러져 살아가는 생활이 느껴지지만, 자연을 인간에게 이롭도록 이용하며 공존하는 삶의 반영이라고 봐야 한다. 발길을 멈추고 물에 비친 달을 보는 선비에게 하늘, 그리고 산이나 물은 시상을 떠올리거나 흥취를 돋우는 감상의 대상이다. 하늘과 인간의 관계에 대한 유가 문제의식의 틀에서 벗어나지 않는다.

유가의 대부 격인 공자는 사람의 역할을 한층 강조한다. 하늘이나 그 원리와 맞닿아 있는 도道가 곧바로 인간의 길을 제시하지 않는다. 『논어』에서 "사람이 도를 크게 할 수 있는 것이지, 도가 사람을 크게 하는 것은 아니다."(「위령공衛靈公」)라고 한다. 인간의 능동적 역할을 강조한다. 하늘의 뜻이 저절로 사람을 깨우치게 하거나 성장시키는 것이 아니다. 결국은 사람이 규명하고 넓게 펼치는 역할을 한다.

맹자에 와서 인간의 능동적 역할을 더욱 분명하게 규정한다. 맹자는 『맹자』에서 어떻게 하는 것이 하늘의 뜻을 알고 받드는 일인지가 인간 자신에게 주어진다는 점을 강조한다. "그의 마음을 다하는 사람은 본성을 아는 것이다. 그의 본성을 알면 곧 하늘에 대하여도 알게된다. 마음을 잘 간수하고 본성을 잘 기르는 것이 하늘을 섬기는 방법이다."(「진심盡心」) 스스로 마음을 잘 간수하고 닦을 때 하늘의 뜻에 다가선다. 결국 모든 것은 자신에게 갖춰져 있다.

유가에서는 순자荀子가 가장 단호하게 하늘과 인간을 구분하고 인간의 역할을 중시한다. 하늘과 인간이 서로 감응한다는 견해에 명확히 반대한다. 즉 하늘에 감화되어 반응을 일으키거나 마음이 따라 움직이는 게 아니다. 『순자』의 「천론天論」 편에서 비장한 어조로 다음과 같이 강조한다.

> 하늘에는 시정의 변화가 있고, 땅에는 재물의 저장이 있고, 사람에게는 정치하는 능력이 있다. 이를 가리켜 인간이 천지의 조화에 참여할 수 있다고 말한다. 인간이 자연에 참여할 수 있는 제 능력을 버리고 자연의 참여 능력만 흠모한다면 정신 나간 짓이다. (…) 오직 성인은 자기 수양에 힘쓸 뿐 억지로 하늘을 알려고 들지 않는다.

하늘의 일이 인간의 일에 직접 영향을 줄 수 없다는 입장을 밝힌다. 하늘은 단지 음양이 변화하고 사계절이 교차하는 현상에만 관여한다. 하늘이 인간에게 직접 은혜를 베풀거나 어디로 나아가야 하는지를 가르쳐주지 않는다. 하늘의 원리로부터 인간이 마땅히 지켜야 하는 양심의 기준이 마련되지도 않는다. 하물며 나라를 다스리는 뜻을 하늘에 묻는 것은 더욱 우매한 짓이다. 도덕적 수양이나 통치의 원리는 하늘과 무관하게 인간 스스로의 직분으로 여겨야 한다.

옛그림
인문학

그러므로 하늘의 뜻을 알려고 노력하기보다는 자기 수양에 몰두하라고 한다. 실질적으로든 아니면 최소한 명목적·수사적으로든 하늘의 뜻을 알고 따라야 한다는 전통적 입장과 결별한다. 구태여 하늘의 뜻이 무엇인지 알 필요가 없다. "하늘의 일과 인간의 일을 분명히 구분하면 지극한 사람이라 부를 수 있다." 하늘에 집착하는 사람은 소인에 불과하다.

> 군자가 날마다 진보하는 까닭과 소인이 날마다 퇴보하는 까닭은 한가지다. 군자와 소인의 거리가 갈수록 멀어지는 이유는 여기에 있다. 별이 떨어지고 바람에 나무가 울면 나라 안 사람들이 모두 두려워하면서, "이는 무엇 때문인가?"라고 한다. 이는 무엇 때문이 아니고, 천지와 음양의 변화 때문에 사물에 드물게 일어나는 현상이다.

순자에 의하면 군자는 자기에게 있는 것에 열중할 뿐 하늘에 있는 것을 흠모하지 않는다. 하지만 소인은 자기에게 있는 것을 등지고 하늘에 있는 것을 흠모한다. 군자는 인간과 자신에게만 집중하고 스스로를 계발시키기에 진보한다. 하지만 하늘에 집착하는 사람은 자신과 현실에서 떨어져 있으므로 오히려 퇴보한다는 입장이다.

하늘과 인간의 구분을 명확히 한 다음, 사람이 무엇을 해야 하는지를 분명히 하는 것이면 된다. 또한 하늘을 추상적 원리나 궁극적인 도로 이해하는 사고방식에도 반대한다. 하늘을 물질적인 자연으로 이해할 때 인간에게 유용할 수 있다.

> 하늘을 위대하게 여겨 그것을 사모하기만 한다면 어떻게 더불어 물
> 질로 취급하여 기르고 통제하겠는가! 하늘에 순종하여 그것을 칭송
> 하기만 한다면 어떻게 더불어 천명을 제어하고 이용하겠는가!

순자가 보기에 자연의 변화로 나타나는 천명을 오히려 인간이 제
어하고 이용해야 한다. 사람이 할 바를 알고, 하지 말아야 할 바를 아
는 것이 무엇보다도 중요하다. 사람의 할 바를 명확히 함으로써 비로
소 모든 만물은 사람에게 부림을 받게 된다. 더 이상 하늘은 따라야
할 대상이 아닌 인간에게 유용하도록 통제해야 할 대상이다.

순자의 견해는 하늘과 인간, 자연과 인간을 분리하고, 하늘과 자
연을 단지 인간의 관찰·이용·개조 대상으로 제한한다는 점에서 협
소한 이해에 머무는 면이 있다. 하늘이나 자연과 무관하게 인간의 일
에 힘쓴다는 발상은 앎과 자기 수양조차 왜곡할 우려가 있다. 그러한
점에서 하늘과 인간의 관계에 대해 장자가 『장자』의 「대종사大宗師」
편에서 제기한 문제의식은 경청할 만하다.

> 하늘이 하는 일을 알고 사람이 하는 일을 아는 사람은 지극한 사람
> 이다. 하늘이 하는 일을 아는 사람은 타고난 대로 살아간다. 사람이
> 하는 일을 아는 사람은 그의 지각이 아는 일을 가지고 그의 지각이

알지 못하는 것을 길러 나간다. (…) 그럼에도 불구하고 걱정이 있다.
앎이란 것은 의거하는 데가 있은 연후에야 판단이 서게 되는 것이다.
그런데 그 의거하는 데가 전혀 불안정한 것이다.

하늘의 뜻만이 아니라 사람이 하는 일도 알아야 한다. 이는 두 가지 편향 모두에 대한 극복을 향한다. 한편으로 주로 하늘의 뜻을 아는 데 몰두하여 하늘이 하는 일을 아는 사람은 타고난 대로 살아갈 뿐이다. 명목상으로는 사람에 대해 논하더라도 실질적으로 그의 시선은 하늘로 향한다.

다른 한편으로 유가는 명목상으로는 하늘에 대해 논하지만 실질적으로 문제의식의 출발과 관심은 사람의 일로 향한다. 주로 의지하는 바가 자신의 지각이다. 사람의 지각으로 알 수 있는 범위의 일을 통해 점차 확장하여 지각으로 접근할 수 없는 것, 최종적으로는 하늘의 일까지 알고 행할 수 있다는 관점이다.

그런데 장자가 보기에 유가의 사고방식에는 맹점이 있다. 인간의 지각을 통해 도달하려는 앎이 의거하는 바가 불안정하다는 점이다. 세상의 사물이나 현상은 고정되어 있지 않고 항상 변화의 한가운데 있다. 내적인 감각도 감정과 연관되어 유동성을 지닌다. 그러므로 지각만으로 정확한 판단에 도달하기 어렵다.

우리의 시야는 하늘과 사람이 하는 일 모두로 향해야 한다. 하늘에 의한 객관적인 필연 영역과 인간에 의한 주관적인 우연 영역이 하늘과 인간의 관계 안에 뗄 수 없는 관계로 결합되어 있다. 이를 분리하는 접근은 하늘과 인간 모두를 기형으로 만든다. "하늘이 하는 일을 알고 사람이 하는 일을 아는 사람은 지극한 사람이다." 하늘, 즉 세상 본연의 상태와 원리를 깨닫는 일과 사람, 즉 의식적·계획적 활동이나 행위를 이해하는 일을 모두 알 때 장자가 가장 중시하는 지인至人의 경지에 도달할 수 있다.

옛 지식인의 현실 고뇌

한국 개그맨의 원조로 불리는 어느 방송인이 인사동에 냈던 카페에 걸린 "공부해서 남 주자!"란 표어가 참 기발하다는 생각을 했다. 짤막한 한마디로 한국의 교육관이나 학문관에 일침을 가하는 내용이기 때문이다. 대부분의 사람이 성장 과정에서 "공부해서 남 주냐!"라는 말을 수도 없이 들었을 것이다. 공부를 하는 목적이 재정적으로든 사회적 지위로든 자신의 이익에 있다는 믿음을 갖고 살아간다. 현실에서도 신분 상승을 위한 가장 중요한 계단을 공부에서 마련한다.

누군가 학문을 하는 이유를 타인들의 삶을 개선하고, 사회 공동체를 구성원들의 뜻에 맞게 혁신하는 데 둔다면 철없는 발상이거나

김정 〈숙조도〉 16세기 초반

한때의 의협심 정도로 치부할 것이다. 학문을 통해 얻게 되는 합리적 사고를 자신을 위해 사용할 때 비로소 주변으로부터 생산성과 효율성을 인정받는다. 공부는 본래 사적인 영역에 해당한다는 생각이 상식으로 자리 잡는다.

조선 시대 선비라고 해서 실질적인 면에서 크게 다르지 않았다. 대체로 개인적 성공이라는 차원에서의 입신양명을 꿈꾸었다. 고작 넓혀봐야 가문을 비롯하여 자신이 속한 사적 집단의 이익을 우선하는 경우가 많았다. 하지만 원래 공부는 자기를 위한 것이라는 현재의 상식과 달리, 적어도 공식적으로는 학문을 사익으로 연결하는 태도가 천박한 사고방식이라는 비판을 피하기 어려웠다.

조선의 학문을 지배했던 유가의 성리학이든, 일정 부분 그 틈새를 파고들어 와 일부 선비들의 마음을 사로잡았던 도가나 양명학이든 공통적으로 공부를 통한 사회공동체에의 기여를 중시했다. 권세와 금전적 이익을 좇는 데 몰두한다면 선비로서의 자격을 의심받았다. 설사 개인 안위에 해를 입는다 해도 올바른 말을 아끼지 말도록 가르침을 받았다. 심지어 왕을 비롯한 권력자에게 직언하여 비위를 거슬러 불이익을 당하거나, 유배를 당하고 목숨을 잃게 되더라도 선비로서 마땅히 해야 할 일로 권유되었다.

비록 다수 사대부 개인의 속내는 자기 이익으로 향할지언정 교육을 통한 가르침이나 공식적인 도덕률로는 사회적 태도를 강조했다. 실제로 권력자를 향한 직언이나 공적인 마음가짐 때문에 고초를 겪은 선비들의 사례를 종종 접할 수 있다. 조선 전기의 문신이자 화가인 충암沖菴 김정金淨의 〈숙조도宿鳥圖〉는 그러한 선비 정신을 만나게 한다.

숙조도는 조선의 화가나 선비들이 즐겨 그린 소재다. 보통은 나뭇가지 위에 한두 마리의 새가 졸고 있는 모습이다. 대체로 새가 자고 있는 모습을 통해 한적하고 여유로운 분위기를 풍긴다. 아무런 방해도 받지 않고 자기만의 감정에 충실한 시간을 만든다. 많은 이들이 숙조도를 그린 것은 나무와 새가 자아내는 평화로운 느낌에서 유유자적에 취한 기분을 얻고 다른 사람에게도 권하고자 했던 게 아닐까 싶다.

김정의 〈숙조도〉는 전혀 다르다. 가는 나뭇가지에 새가 앉아 있는 모습은 마찬가지다. 그렇지만 유유자적은커녕 팽팽한 긴장감을 만들어낸다. 몇 가지 작은 장치가 순간적으로 전혀 다른 분위기를 연출한다. 먼저 다른 화가들의 숙조도와 달리 가시나무가 등장한다. 가시가 돋아 있고 양방향으로 촘촘하게 열을 지어 길게 뻗은 잎의 모양으로 볼 때 아카시아 나무인 듯하다. 워낙 끝이 뾰족해서 조금이라도 발을 헛디디거나 몸을 돌리면 가시에 찔릴 것 같은 상황이 감상자로 하여금 순간적으로 긴장감을 갖게 한다.

다분히 의도적인 설정이라고 봐야 한다. 대부분 화가의 숙조도에는 거의 예외 없이 일반 나뭇가지가 등장한다. 매화나무가 가장 많이 이용된다. 휘어지고 옹이가 진 모습이 먹과 붓의 효과와 어우러지며 멋스러움을 만들어낸다. 간혹 대나무나 소나무를 이용하기도 한다. 산수도나 화조도를 비롯하여 우리 옛그림에 워낙 단골로 등장하는 나무이기도 하다. 적어도 가시나무 위에 새를 올려놓지는 않는다. 상식적으로 편하게 자는 새와 잔뜩 독이 오른 듯한 가시가 어울리지 않기 때문이리라.

여기에 더해 화가는 두 마리 새 사이에서 묘한 긴장감을 만들어낸다. 아래의 새는 일반적인 숙조도와 마찬가지로 머리와 부리를 몸에 파묻고 자는 중이다. 위에 있는 새가 고개를 내려 지켜보는 중이다. 나뭇가지의 가시만큼이나 날카로운 부리도 아래를 향한다. 거꾸로 매달린 모습이어서 한편으로는 위태로운 기분을 들게 하지만, 꼭 이 모습 때문에 긴장감이 생기는 것만은 아니다. 위의 새가 마치 자고 있는 새를 깨우려는 듯한 느낌을 준다. 잠으로 빠져드는 새와 초롱초롱한 눈으로 경계하는 새 사이의 대조로 팽팽한 기운을 만든다.

이 평범하지 않은 숙조도에는 다분히 김정 자신의 마음을 담겨 있으리라. 그의 짧은 인생은 학문을 통해 획득한 유가 가치관에 따라 세상을 개혁하려다 가시밭길을 걷는 과정이었다. 늘 팽팽한 긴장 속에서 깨어 있어야 했던 나날이었다. 나아가서는 〈숙조도〉에서 잠든 새를 향하는 또 다른 새의 눈길처럼 모든 지식인들에게 언제나 기개 있는 선비 정신으로 깨어 있도록 자극을 주었다.

그는 10세에 사서四書를 독파했고, 14세에 향시에 장원급제를 했으며 23세의 나이로 문과에 장원급제 한 후 도승지, 이조참판·홍문관 제학·대사헌 등을 거쳐 형조판서가 됐을 정도로 학문과 지도력에서 발군의 능력을 발휘한다. 개인의 이익과 안위로만 보자면 더 이상

빠른 신분 상승이 없을 정도로 성공한 인생의 표본이다. 하지만 그의 관심은 개인의 권세와 이익보다는 유가 학문의 가르침대로 덕치를 중심으로 한 왕도 정치 실현으로 향한다.

그는 조광조와 함께 왕도 정치의 실현을 위한 개혁 정치로 나선다. 미신 타파와 향약 보급, 집안 배경보다는 학문적인 역량 위주로 인재로 선발하도록 과거제도를 보완한 현향과에 이르기까지 다방면으로 개혁을 추구하며 신진 사림파를 대표하는 문신으로 자리 잡는다. 직언을 아끼지 않는 선비의 역할 그대로 상소했다가 왕의 노여움을 사 충청도 보은으로 유배당하기도 한다.

다시 관직에 복귀한 후에, 연산군을 몰아내고 중종을 옹립한 정국공신의 공을 가려내는 정책을 추진하는 과정에서 훈구파의 공격을 받아 1519년 기묘사화 때 다시 진도를 거쳐 제주도로 유배된다. 김정이 제주도로 유배 가는 중에 지은 「노방송路傍松」, 즉 '길가의 소나무'라는 시는 당시의 심정을 잘 전해 준다.

불같이 뜨거운 길, 더위 먹은 백성을 덮어 주려고
멀리 바위 골짜기를 사양하고 긴 몸을 굽혔구나.
마을 도끼는 날마다 찾아오고, 장사꾼은 불 질러 태우나니
세상 다스림과도 같은 그 공로를 알아주는 이가 없구나.

바닷바람 불어오니 소나무도 소리 내어 울고

산등성이 달 외로이 비치니 여윈 그림자 성기어라.

곧은 뿌리 땅속 깊이 내리고 있기에

눈과 서리도 그 당당한 기개를 죽이지는 못하리.

가지는 꺾이고 잎은 헝클어져 내려와

도끼는 남은 몸을 모래 위에 눕히려 하네.

기둥과 서까래의 꿈이 사라진 자신을 한탄하겠지만

비쩍 말라 뼈만 남은 몸뚱이, 바다 신선의 뗏목은 되겠구나.

　　해남의 어느 바닷가에 있는 한 그루 노송을 바라보며 심경을 담는다. 자신의 처지나 마음을 바닷가에 홀로 서 있는 해송에 비유한다. 개혁 정책이나 직언은 더위를 피하게 해주는 나무 그늘처럼 백성에게 도움을 주려는 목적을 가질 뿐이다. 다른 나무들처럼 물이 많고 서로 의지가 되는 골짜기에서 자란다면, 그저 지위를 지키며 높은 직위에 안주하는 관리의 안락한 삶을 살 수 있었으리라.

　　하지만 사적인 이익에 스스로를 맡기지 않는다. 당시 판서 송인수宋麟壽가 김정에 대해 설명한 글을 보면 "살림을 돌보지 않았고 청탁은 통하지 않았다. 추종하는 자를 문에 들이지 않았고 녹봉은 친척에게 고루 나눠 줬다."라고 한다. 외롭게 광야에 서는 심정으로 개혁에 나섰고, 훈구파의 공격은 도끼나 불로 다가와 결국 유배를 당하는 처지가 된다.

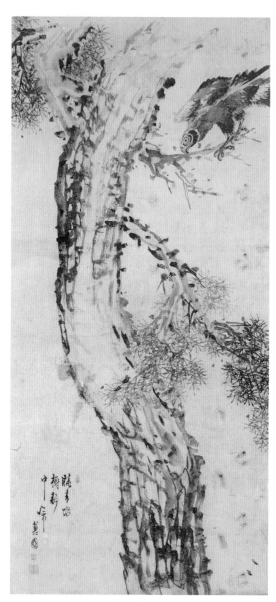

신윤복 〈소나무와 매〉 19세기 초반

연이어 당하는 고초가 슬프고 힘들지만 개혁에의 의지는 일시적인 심정이 아니다. 태풍이 불고 눈보라가 들이쳐도 꿋꿋하게 자리를 지키는 뿌리 깊은 소나무처럼 자신도 곧은 의지를 지키겠다고 한다. 덜렁 달 하나와 그림자뿐인 외로운 소나무 같은 처지고, 이미 두 번째 유배를 떠나는 길이지만 선비로서의 기개를 꺾지는 못한다는 것이다. 비록 겉보기에는 초라한 행색일지 모르고 또한 제주도에 갇혀 개혁 정치의 큰 꿈을 직접 펴지는 못하지만 변절 않고 세월을 낚겠단다.

　김정의 시를 보고 있으면 김홍도와 함께 조선을 대표하는 화가로 꼽히는 신윤복申潤福의 〈소나무와 매〉가 떠오른다. 신윤복이라고 하면 정교하게 다듬어진 선으로 인물 세부를 맛깔나게 묘사한 풍속화가 떠오른다. 하지만 대가 반열에 오른 대부분의 화가가 그러하듯이 어느 한 분야에만 탁월한 능력을 발휘하는 게 아니다. 그 역시 산수화를 비롯하여 화조도에서도 발군의 실력을 나타낸다. 언뜻 보면 그가 그린 게 맞는가 싶을 정도로 상당히 다른 분위기를 보여준다.

　소나무 한 그루가 외로이 서 있다. 그의 풍속화를 화려하게 장식하는 색은 보이지 않고 검은 먹 빛깔만이 가득하다. 가늘고 매끄러운 선도 찾아볼 데가 없다. 오히려 투박할 정도로 거친 선이어서 가는 세필을 던져두고 큰 붓으로 툭툭 찍은 느낌이다. 무심한 듯 긋고 찍은 붓질에서 껍질이 온통 갈라진 소나무의 특성이 살아난다. 일정한 방향 없이 얽히고설킨 솔잎까지 더해 바람이라도 잠시 불면 솔 향이 번질 듯 생생하다.

주변에 의지할 나무도 없이 늙은 소나무 홀로 화면을 가득 채운다. 숲을 이루고 있으면 서로 바람이라도 막아주련만 뚝 떨어져 혼자 버텨왔는지 큰 줄기든 가는 가지든 굽어진 모습이다. 무리에서 떨어져 나온 듯 매 한 마리가 가지에 앉는다. 날개를 아직 반쯤은 펴고 있어서 이제 막 날아와 고단한 하루를 마무리하려는 듯하다.

소나무 중간쯤 걸린 달이 있는 듯 없는 듯 어렴풋하게 보인다. 풍성한 가지와 잎을 늘어뜨린 활엽수가 아니어서, 김정이 본 소나무처럼 외로이 비추는 달에 여윈 그림자만 성기게 어른거려 차갑고 스산한 기운이 가득하다. 하지만 깊은 뿌리를 내리고 있기에 척박한 땅과 요란한 바람이 괴롭혀도 꿋꿋하게 오랜 세월을 견디는 중이리라.

소나무는 겨울이 와도 잎을 떨어뜨리지 않고 푸름을 유지한다는 점에서 시나 회화에서 절개를 지키는 선비의 상징으로 많이 쓰인다. 김정이 제주도로의 유배 길에 홀로 서 있는 소나무에 특별한 감정을 가졌던 것도 같은 이유다. 소나무처럼 선비가 가져야 할 유가의 덕목을 변치 않고 견지하겠다는 의지의 표현이다. 조선 회화에서 매도 비슷한 역할을 한다. 어떠한 환경에 처해도 매처럼 용맹성을 잃지 않고 학문적 기상과 지조를 지키라는 뜻에서 선비가 가져야 할 덕목의 상징이다. 그래서 조선의 문인이나 화가는 매를 소재로 한 그림을 자주 그렸고, 왕이 신하들에게 하사하는 그림으로도 종종 사용되었다.

김정은 학문적 양심과 정치적 이상이 현실에서 좌절된 상태에서 피를 토하는 심정으로 시를 남겼을 것이다. 하지만 시련은 최악의 상황으로 그를 끌고 간다. 제주도에서 유배 생활을 하던 중 결국 사약을 받는다. 나이 고작 서른여섯일 때다. 사약을 받고 호쾌하게 웃었다고 한다. 술을 한 잔 마신 뒤 다음의 「절명사」를 읊고 사약 잔을 든다.

외딴 곳에 던져져 외로운 혼이 되겠구나.
어머니를 남겨두었으니 천륜이 막혔도다.
이 세상을 흐르다 내 육신 죽으니
흐르는 구름 타고 하늘의 문지기나 되랴.
굴원屈原을 따라 높이 산책이나 할까.
긴 밤 어두워라 언제 아침이 오리.
붉은 가슴은 빛났건만 풀 속에 묻힌다.
당당하고 굳센 뜻이 중도에 꺾여
슬프다, 천년만년 내 슬픔에 응답하라.

자신에게 닥친 운명에 대한 슬픔과 개혁 정치를 향한 의지가 섞여 더 절절한 기운을 뿜는다. 곧 세상을 하직해야 하는 순간임에도 나라의 어둠이 언제 걷힐지를 걱정한다. 덕치의 꿈을 실현하려는 자신의 실천은 죽음으로 막을 내려 애달프지만, 새날을 향한 희망을 접지는 않는다. 저 세상에서 다시 굴원과 만나 벗하며 지내겠다고 하니 말이다.

굴원은 전국戰國 시대 초楚나라의 정치가이자 문인이다. 여러 면에서 비슷한 처지와 심정을 지녔기에 깊이 공감한 듯하다. 전한 시대의 역사가 사마천司馬遷은 『사기史記』의 「굴원가생열전」에서 꽤 애정을 담아 기록한다. 굴원은 왕이 한쪽 말만 듣고 시비를 가리지 못하는 것, 아첨하는 무리들이 총명을 가로막는 것, 사악하고 비뚤어진 무리가 공명정대한 사람을 해치는 것, 단정하고 정직한 사람을 받아들이지 않는 것을 애통하게 생각하여 직언을 아끼지 않았다.

결국 아첨하는 무리의 질시와 왕의 노여움으로 인해 멀리 유배의 길을 떠난다. 어떤 어부가 그에게 "온 세상이 혼탁하다면, 왜 그 흐름을 따라 그 물결을 차지 않으십니까? (⋯) 어찌하여 미련한 자존심만 움켜잡고 추방을 자초하셨습니까?"라고 하자, 굴원이 이렇게 대답한다. "내 차라리 흐르는 강물에 몸을 던져 물고기의 뱃속에서 장사를 지낼지라도, 어찌 희디흰 결백함으로서 세속의 더러운 먼지를 뒤집어쓰겠소!"

추방당한 굴원은 초나라가 처한 상황을 한탄하고, 더 이상은 아무것도 할 수 없는 자신의 처지에 절망한다. 죽어서 이 세상의 모범이 되고, 자살로 직언을 대신하겠다며 바위를 품고 강에 몸을 던져 죽는다. 죽기 직전에 일종의 절명시로 지은 「회사부懷沙賦」를 남긴다.

봉황이 새장 속에 갇히고, 닭과 꿩은 날갯짓을 하네.
옥과 돌을 뒤섞어서, 하나의 저울로 재는구나.
대저 저들의 더러운 마음이 나의 좋은 바를 알지 못하는 바로다.

(…)

혼란의 시절을 만났어도 변절하지 말고,

이 의지가 후세의 모범이 되기를 바라노라.

북으로 걸음을 옮기려 하니, 해는 뉘엿뉘엿 저물어가는구나.

시름도 풀고 슬픔도 버리고, 이제 죽음에 임하노라.

세상은 봉황과 닭, 옥과 돌, 즉 옳고 그름이 뒤섞여 있다고 한다. 구별하려 아무리 직언을 해도 이미 썩은 마음을 가진 관리들로 둘러싸여 있고 왕도 어리석어 왕도 정치의 실현은 불가능해 보인다. 세상이 타락하고 정치가 혼란스러워도 뜻을 꺾지 않고 올곧은 길을 걷겠다는 다짐이다. 당장은 희망을 걸기 어려운 상황이지만 죽음으로써 후세에라도 뜻이 이어지기를 바라는 마음이다.

굴원의 파면과 추방에 대해 사마천은 안타까워하며 평을 단다. "나라와 가정을 파괴하는 자가 계속 나오고, 성은으로 나라를 다스리는 임금이 대를 잇는 경우를 찾기 어려운 것은, 소위 충신은 충성을 다하지 않음이고, 소위 현명하다는 자가 현명하지 않기 때문이다. (…) 이것은 임금이 사람을 제대로 알아보지 못하여 화를 입은 것이다." 임금이 옳고 그름보다는 오직 충성심만을 추구하기에 현명한 자가 제대로 뜻을 펴지 못한다. 그 결과 조정에 충신은 사라지고, 정치는 부패한다.

사실은 사마천 자신이 왕에게 직언을 하다가 지독한 화를 당한 경우다. 사마천은 『사기』 뒷부분에 「태사공자서」를 두어 스스로에 대해 설명한다. 그가 사관이 된 데는 아버지의 유언이 큰 역할을 한다. 사관이었던 아버지가 죽기 직전에 "400여 년 동안 제후들은 서로 겸병에만 몰두하여 역사를 기록하는 일은 단절되고 말았다."라고 한탄하며 아들에게 자신의 심정을 잘 헤아려 과업을 이어주길 권한다.

이후 유언대로 사관이 되어 7년째가 되던 해, 기원 전 99년이자 한무제漢武帝 2년이 되던 해에 큰 화를 당한다. 이릉이 흉노를 토벌하러 나갔다가 중과부적으로 도리어 포위당하여 투항하고 만다. 조정에서 많은 대신이 이릉의 죄를 추궁할 때, 사마천은 주객관적 상황 자체로 볼 때 투항이 불가피했음을 역설한다. 왕과 아첨하는 무리들의 눈 밖에 날 것이 분명한데도 직언을 하다 결국 무제의 노여움을 산다. 옥에 갇혀 성기가 잘려 나가는 궁형을 받는다.

처음에는 치욕스러운 형벌을 당한 후에 "이것이 내 죄란 말인가! 몸은 망가져 쓸모가 없어졌구나!"라며 깊이 탄식한다. 실의에 빠진 나날을 보내다 다음과 같이 생각하여 마음을 고쳐먹는다. 그리하여 중국 역사를 통틀어 가장 찬탄을 받는 역사서를 집필한다.

옛날 서백은 유리에 억류되어 있었기 때문에 『주역』을 풀이했고, 공자는 진과 채에서 액난을 겪고 나서 『춘추』를 지었으며, 굴원은 추방된 뒤에 「이소」를 지었으며, 좌구명은 실명하고 나서 『국어』를 편찬했고, 손빈은 다리를 잘리고 나서 병법을 논찬했다. (…) 모두 마음속

김정희 〈세한도〉 부분, 1844년

에 울분이 맺혀 있으되 그것을 시원하게 풀어 버릴 방법이 따로 없어서 이에 지난날을 서술하여 미래에다 희망을 걸어본 것이다.

직언을 하고 권력과 이익을 멀리하다

조선 말기의 문신이자 서화가이며 추사체로 잘 알려진 추사秋史 김정희金正喜도 오랜 유배 생활을 겪었다. 〈세한도歲寒圖〉는 유배 중에 그린 대표적인 작품이다. 그림 자체로는 그다지 볼품이 없다. 오른쪽 소나무는 불쑥 튀어나온 밑동과 전혀 어울리지 않는 두 가닥의 가지가 지나치게 짧고 가늘어 우스꽝스러워 보인다. 옆으로 길게 묘사되어 있는 집도 서툰 선으로 흔들리는 듯 그렸고, 지붕과 벽면을 보면 원근법에 전혀 맞지가 않아서 오히려 뒤쪽이 더 높고 커 보여서 어색하다.

이 그림은 제주도 유배 당시, 자신이 지위와 권력을 잃어버렸는데도 사제 간의 의리를 저버리지 않고 두 번씩이나 북경에서 귀한 책을 구해 보내주며 그를 잊지 않은 제자인 이상적에게 감사의 정을 담아 그려준 그림이다.

김정희의 유배는 윤상도가 올렸던 상소문의 초안을 잡았다는 이유 때문이었다. 윤상도는 1830년에 호조판서 박종훈, 유수 신위, 어영대장 유상량 등을 탐관오리로 규정해 탄핵하는 상소문을 올린다. 『헌종실록』에 기록된 상소문 내용의 일부를 보면, "권력에 붙어 파리처럼 부지런히 은총과 이익을 챙기면서 권세 탐하기를 집안의 계책으로 삼아, 종기를 빨아 주고 치질을 핥아 주는 등 극도로 아첨하는 것을 잘하는 일로 여기며 겉으로는 공경하며 경계하는 체하면서 속으로는 간사하고 악독함"을 품었다고 한다. 이 일로 왕의 미움을 사서 추자도에 유배되고, 추사의 아버지도 배후 조종 혐의로 고금도에 유배된다.

과거에 김정희가 암행어사로 일을 할 때 원한을 갖고 있던 안동 김씨 가문에서 나중에 다시 윤상도 사건을 끄집어낸다. "아아! 통탄스럽습니다. 역적 윤상도의 흉악한 상소는 만고에 없던 매우 큰 악역인데, 넌지시 뜻을 일러 준 것은 김정희입니다." 뒤에서 일을 도모한 죄인 우두머리인 김정희를 처벌하지 않는다면 국법이 해이해지기 때문에 반드시 죄를 물어야 한다고 주장한다. 결국 과거의 사건을 사주

했다는 죄목으로 제주도로 유배를 간다.

〈세한도〉가 유명해진 데는 그림보다도 왼편에 쓰인 발문이 한몫을 한다. 『논어』의 유명한 구절을 인용하여 다음과 같이 자신의 심정을 담은 글이다. 그림도 이 공자의 말을 회화적으로 표현한 것이다.

사마천이 "권세나 이익 때문에 사귄 경우 권세나 이익이 바닥나면 교제가 멀어지는 법이다."라고 했다. 그대도 세속의 풍조 속에 살아가는 한 사람임에도 어찌 초연히 벗어나, 권세나 재력을 잣대로 삼아 나를 대하지 않는단 말인가? 사마천의 말이 틀렸는가? 공자께서, "일 년 중에서 가장 추운 시절이 된 뒤에야 소나무와 잣나무가 그대로 푸름을 간직하고 있음을 알게 된다."고 하셨다. (…) 서한 시대처럼 풍속이 순박한 시절에 살았던 급암汲黯이나 정당시鄭當時도 권세에 따라 찾아오는 손님이 많기도 줄기도 했다.

사마천의 말이 틀렸다는 게 아니라, 그만큼 이상적의 의리와 지조가 대단하다는 점을 강조한 내용이다. 우리 옛말에 "대감 집 개가 죽으면 문상객이 줄을 이어도 정작 대감이 죽으면 대문이 쓸쓸하다."라고 한다. 자기 이익을 위해 인간관계를 맺는 것을 비판하며 진정성이 사라져가는 세태를 꼬집는 말이다. 그런 만큼 귀양살이를 하고 있는 김정희에게는 이전과 마찬가지로 자신을 대하는 제자가 겨울이 되어도 변치 않는 소나무 같은 존재로 다가왔으리라.

공자의 말을 인용해 제자의 변치 않는 인품을 늘 푸른 소나무와 잣나무에 비유한다. 소나무와 잣나무는 조선 시대의 선비들에게 지조의 상징으로 여겨졌다. 그림에서 집 오른쪽에 있는 소나무 두 그루는 스승인 김정희를 상징하는 것이고 왼쪽의 잣나무 두 그루는 제자인 이상적을 상징한다고 한다.

김정희는 발문을 급암과 정당시의 사례로 마무리한다. 『사기』의 「급정열전」에 나온 내용이다. 급암은 사마천과 마찬가지로 한무제 시기의 정치가다. 왕이든 누구든 옳다고 생각하는 바에 대해서는 면전에서 반박하고, 과오에 대해서도 반드시 따졌다. 사마천에 의하면 "학문을 좋아하고 의협심이 있어 지조를 지키고 평소 행동도 결백했다. 직언하기를 좋아하여 여러 번 무제와 대신들을 무안하게 만들었다. (…) 자주 직언했기 때문에 직위에 오래 머물러 있을 수 없었다."

소신과 직언으로 워낙 유명했기에 이와 관련된 많은 사례가 나온다. 어떤 지역에 큰 화재가 발생하여 가옥 여러 채가 불에 타자 무제는 급암을 파견하여 살피도록 한다. 그런데 하남을 지나다 왕의 명령과는 전혀 다른 조치를 취하고 온다.

신이 하남을 지나오다가, 하남의 빈민들 가운데 만여 가구가 수해와 한해를 당하여, 심지어 부자 사이에도 식량 싸움을 벌이는 것을 보게 되었습니다. 신은 삼가 방편을 강구하여, 부절로써 하남의 곡창을 방출하여 빈민들을 구제했습니다. 신은 삼가 부절을 돌려드리면서 척령을 변조한 죄를 받고자 합니다.

자신이 시급하다고 판단한 사안을 해결하기 위하여 왕의 칙령까지 변조한다. 자연재해로 인해 백성이 처한 어려움을 외면할 수 없었기에 향후 처벌을 각오하고 일단 일을 벌인 것이다. 워낙 백성의 위급한 사태와 연관되기에 무제도 마지못해 급암을 용서한다. 하지만 실제로는 급암을 작은 고을의 현령으로 보내 사실상 좌천시키는 조치를 한다. 급암은 이를 수치스럽게 여기고 병을 핑계로 고향으로 돌아가 버린다. 무제가 듣고 즉시 그를 다시 불러들여 중대부로 임명한다.

그의 직언은 거칠기로 유명했다. 어느 날은 "폐하께서 속으로는 욕심이 많으시면서 겉으로만 인의를 행하시려고 하는데, 어찌 요임금과 순임금의 정치를 본받으실 수 있겠사옵니까!"라고 지적하자 무제는 화가 나서 안색이 변한다. 상대를 가리지 않는 우직함에 대해 여러 신하들이 책망하였으나, 급암은 굽히지 않는다.

천자께서는 공경 등 보필하는 신하를 두셨는데, 어찌 신하된 자로서 아첨하며 뜻대로 따르기만 하여, 폐하께서 옳지 못한 곳으로 빠지시게 하는가? 또 이미 그 지위에 있으면서, 비록 자기 한 몸을 희생하는 한이 있더라도, 어찌 조정을 욕되게 한다는 말인가!

결국은 나중에 직언 때문에 파면당하고 전원에 은거하며 지낸다.

임금에게 인정을 받고 나름대로 정계에 세력이 있을 때는 찾아오는 손님이 평소보다 열 배는 되었다고 한다. 하지만 세력이 없어지자 찾아오는 사람들이 사라져 버린다. 김정희는 급암이 바른 정치를 추구하다 결국은 파면되고, 게다가 높은 관직에 있을 때는 그토록 많은 사람이 교제를 원하다가 파면 후에 등을 돌린 경험이 자신과 유사하다고 느낀 듯하다.

흔히 한국 사회에서 국회의원 대부분의 정치적 목표가 다음 선거에서 또다시 당선되는 것이라 말한다. 국회의원으로서 누리는 특권이 상당하다는 점은 이제 새삼스러운 일도 아니다. 국회의원이 되는 순간 보통 사람들로서는 누릴 수 없는 각종 편의가 제공된다. 또한 어떤 자리를 가든 상석으로 안내되고 일장 연설의 기회를 누린다. 나아가서는 금전적인 유혹도 줄을 잇는다. 그렇기 때문에 한 번 권세를 누리면 권력의 맛을 알게 되고, 이를 잃지 않기 위해서 수단과 방법을 가리지 않고 재선에 목을 건다.

한 사회의 지식인이자 정치인으로서 자신이 가진 지식과 경험을 사적인 이익을 위해 사용하는 경우가 많다는 의미다. 물론 말로는 국민의 머슴이니, 민족과 국가를 위한 헌신이니 하며 공적인 기여를 표방하지만 대부분 결과는 개인이나 사적 집단의 지위나 영향력 증가에 목을 매는 상황이 펼쳐진다. 한국 정치에서 '가신 정치'라는 말이 오랜 기간 상식적인 용어로 자리 잡아 왔다. 지금도 그 정도까지는 아니라 해도 '계파 정치'가 일반적 현상으로 나타난다. 정치가 공적 이익을 위한 소신이나 양심보다는 특정 사적 집단의 이익에 봉사한다는 점을 잘 보여준다. 충암 김정의 선비 정신은 초보 정치가의 순진한 짓으로 여긴다.

흔히 지식인의 전형으로 여기는 대학 교수라 해도 사정은 크게 다르지 않다. 모두가 그런 건 아니지만 대학 연구자들은 상당 부분 교수라는 직위를 얻는 데 온 관심을 집중한다. 권위주의 통치 시기에는 정의를 품은 날카로운 직언은커녕 보장된 직위를 지키기 위해서인지 권력의 억압과 부패를 보고도 꿀 먹은 벙어리가 된 경우도 있었다.

또한 학문은 뜨거운 논쟁과 상호 비판을 통해 발전하기 마련임에도 선배 교수의 견해에 대한 침묵이 암묵적 합의처럼 된 지 오래다. 만약 눈치 없이 비판의 날을 세웠다가는 승진은 기대하기 어렵고 교수 집단 내에서 외톨이가 되기 십상이다. 그나마 교수 직위를 가지고 있을 때는 이 정도에서 끝난다. 아직 교수가 되지 못한 시간 강사라면 교수가 되는 길이 막혀 버린다. 굴원이나 급암의 양심이나 소신은 그저 역사서 속의 고리타분한 옛이야기 취급을 받는다.

참다운 지식인의 길을 묻다

윤두서尹斗緖의 〈진단타려도陳搏墮驢圖〉는 요즘으로 치면 한 컷 풍자만화 같은 분위기다. 배경지식 없이 그림만 보면 어떤 멍청한 선

希夷何事忽鞍徒耶
醉非眠非目有喜央烏
微祥真主出眼合天
下可無悸
歳庄乙未仲秋上浣題

윤두서 〈진단타려도〉 1715년

비가 졸다가 나귀에서 떨어지는 장면을 우스꽝스럽게 묘사한 듯하다. 박지원이 『양반전』에서 형식적인 권위에 빠져 거드름을 피우는 모습을 풍자했듯이 말이다. 평소에 남들에게 체통을 세우고 얌전을 떨다가 어느 날 나귀에서 떨어져 채신없이 구는 모습을 꼬집은 장면처럼 보기 쉽다.

그런데 자세히 보면 나귀에서 떨어지는 선비가 낭패하거나 당황하는 기색이 아니다. 만약 양반의 위선적 행태에 대한 비판적 풍자를 목적으로 한 그림이라면 얼굴이 일그러져야 마땅하건만 오히려 세상 더 즐거울 게 없다는 듯이 활짝 웃는다. 정작 호들갑을 떠는 것은 화들짝 놀라 보따리도 내팽개치고 상전에게 달려가는 시동이다.

일단 집안 배경과 넉넉한 재산 덕에 산천을 돌며 노는 데 열중하는 한량은 아니다. 시동이 던져 놓은 보따리를 보면 책과 두루마리가 가득하다. 얼치기 양반이 아니라 학문에 상당히 조예가 깊은 선비라는 점을 보여준다. 평상복 차림으로 한적한 산길을 시동 한 명 데리고 가던 중이어서 관직에 진출한 관리는 아니다. 어떤 사유가 있어서 초야에 묻혀 사는 학식 있는 선비이리라. 여기까지가 그림을 통해 짐작할 수 있는 내용이다.

나머지는 제목의 '진단'이라는 데서 찾아야 한다. 진단은 중국 당나라 말에 태어나 송나라 초까지 살았던 인물이다. 뛰어난 학식을 지녔으면서도 입신양명을 거부하고 산속에 은거하며 살았다. 그의 인생 동안 다섯 왕조의 흥망성쇠를 보았는데, 소식을 들을 때마다 인상을 찌푸렸다고 한다. 모두가 패도 정치를 일삼으며 분란이나 전쟁에 몰두하느라 백성의 삶이 피폐해지는 데 대한 불만 때문이었다.

그러던 어느 날 진단이 나귀를 타고 가다가 행인에게서 세상이 바뀌어 송태조 조광윤이 새롭게 나라를 세웠다는 소식을 듣는다. 그는 "천하가 이제부터 안정되리라!"라며 기쁨을 만끽한다. 이제 천하가 궁핍과 전쟁에서 벗어나 생활의 안정과 평화를 이룰 것이라는 기대가 가득 찼기 때문이다. 흥분하여 박수를 치며 좋아하다가 그만 나귀에서 떨어진다. 전하는 이야기로는 나귀에서 떨어져 뒹굴면서도 웃음을 멈추지 않았다고 한다.

진단의 판단과 기대대로 조광윤은 덕치를 펼친 것으로 유명하다. 중국 역사상 가장 너그러운 군주의 한 사람으로 평가받는다. 자신에 반대하는 인물이나 세력을 죽이거나 제거하기보다는 공존을 택한다. 만약 직언을 하는 관리나 지식인이 있어도 귀를 기울였던 군주다. 조광윤이 진단의 재주를 익히 들은 바가 있어 여러 번 조서를 내려 만나려 있으나 모습을 나타내지 않고 산속 은둔 생활을 이어간다.

윤두서가 이 그림을 그린 데는 자신의 처지와 신념이 진단과 통하는 데가 있어서였을 것이다. 진단처럼 출세의 뜻을 꺾고 고향인 해남으로 내려가 은둔에 가까운 생활로 평생을 학문과 서화를 벗하며 지낸다. 처음부터 유가에서 중시하는 입신양명의 뜻을 갖지 않았던 바는 아니다. 명문가의 장손이었으니 당연한 일일 수도 있다. 26세에 진사시에 응시하여 합격했으니 나름대로 관리로서의 길을 꿈꾼다.

하지만 조선 시대의 치열한 당쟁 속에서 고초를 당한다. 윤두서가 살았던 시대는 남인과 서인이 대립하던 숙종 때다. 진사에 급제한 다음 해인 1694년, 갑술환국으로 남인이 실각하고 서인이 집권 세력으로 등장한다. 남인에 속하는 윤두서도 당쟁의 화를 피하지 못한다. 셋째 형이 거제도로 유배당한 후 사망하고, 절친한 친구가 사형을 받고, 윤두서도 서인의 모함으로 큰형과 함께 역모 사건에 휘말린다. 무고로 풀려난 후 벼슬길을 포기하고 고향으로 내려와 남은 생을 공부와 그림으로 보낸다.

자신이 속한 계파의 이익에만 몰두하는 당쟁은 여러 문제를 일으킨다. 윤두서처럼 개인은 격한 당쟁의 파도 위에서 매 순간 긴장하며 살아야 한다. 다른 한편으로 정치가 당쟁에 휩쓸리는 동안 백성의 삶도 극심한 고통을 겪는다. 윤두서는 귀향한 후에도 지방민에 대한 구제에 관심을 쏟는다. 심한 기근이 들자 집안 소유 산의 나무를 베어 소금을 굽는 염전 사업으로 백성의 생활을 돕는다. 또한 버려진 땅을 개간하는 사업에도 힘을 써 생활 터전 확보에도 도움을 준다. 노비 세습 제도를 문제 삼기도 한다.

윤두서가 활동한 숙종 집권 시기는 조선 역사상 당쟁이 가장 격했다. 경신환국, 기사환국, 갑술환국으로 이어지면서 백성은 불안과 고통 속에 방치된다. 윤두서가 〈진단타려도〉를 그린 데는 이러한 사정이 작용했다고 봐야 한다. 귀향 후에 유유자적하며 풍류를 즐기기보다는 지방민 구휼을 비롯하여 시대의 아픔을 자기 일로 받아들인다. 진단이 현군의 출현과 세상의 평화를 맞이하여 기뻐했듯이, 조선에도 덕치를 향한 정치 개혁이 하루빨리 찾아오기를 염원하는 마음을 그림에 담았던 것으로 보인다.

사마천의 『사기』에서 전쟁을 막고 평화를 구현해 백성의 삶에 안위를 주고자 했던 지식인의 대표적 사례로 전국 시대 후기 제나라 사람인 노중련魯仲連의 이야기가 꼽힌다. 전국 시대는 중국 역사상 전쟁이 가장 많았던 때다. 시대를 가리키는 명칭에 '전戰'이라는 글자를 사용할 정도였으니 전쟁의 빈도와 규모, 그로 인한 참상에 이르기까지 이전과 비교할 수 없을 정도다.

실제로 『사기』 등에 실린 통계에 따르면, 기원전 321년 이후 약 100년간 각국의 전쟁 기간은 진나라 80년, 조나라 47년, 위나라 38년, 한나라 31년, 초나라 27년, 제나라 20년, 연나라 19년에 이른다. 한 해 동안 참가한 전쟁 횟수에 상관없이 전쟁이 일어난 해를 모두 1년으로 계산할 때 그러하다. 진나라는 거의 대부분의 기간이 전쟁이다.

한 해가 멀다 하고 국가 간 전쟁이 벌어질 때 대규모 살육은 물론이고 백성의 가장 기본적인 삶의 근거가 파괴되어 버린다. 나라가 전란에 휩싸이면 농사일은 사실상 불가능하다. 일해야 할 사람들이 징집되어 전쟁터로 나가야 하고 백성의 상당수가 대규모 살육을 피해 피난을 다녀야 하는 상황에서 농사는 엄두도 못 낼 일이 된다. 살아남은 사람조차 최소한의 생존도 보장받지 못한 채 사실상의 기아 상태로 내던져진다.

『사기』의 「노중련추양열전」에 의하면 노중련이 마침 조나라에 있었는데, 진나라가 조나라를 포위하는 상황이 벌어진다. 그는 조나라의 청을 받아들여 진나라 장군 신원연을 찾아가 군사를 물리도록 담판에 나선다. 신원연은 노중련에게 어찌 자기 나라 일도 아니고 다른 나라 일에 위험하게 나서는지를 묻는다. "어째서 포위된 이 성에 이렇듯 오래 머무르며 떠나지 않으시는지요?" 이에 노중련이 입을 연다.

진나라는 예의는 버리고 전공만을 숭상하는 나라입니다. 권모술수로 군사를 부리고, 백성들을 노예처럼 다루고 있습니다. 진나라 왕이 아무 방해 없이 제왕이 되어 잘못된 정치를 천하에 편다면 차라리 동해에 빠져 죽는 게 낫지, 차마 그의 백성이 될 수는 없습니다. 장군을 뵌 까닭은 그렇게 되지 않도록 조나라를 도와주고 싶어서입니다.

노중련의 비판과 설득으로 진나라 군대가 마침내 퇴각한다. 위기를 모면한 조나라에서 노중련에게 봉지를 하사했으나, 세 번 사양하며 끝내 받지 않는다. 천금을 주려 했으나 이 역시 웃으며 거절한다. 노중련은 "천하의 선비가 귀한 까닭은 다른 사람의 걱정을 덜어주고 재난을 없애주며 분규를 풀어주고도 보상을 받지 않기 때문입니다. 만일 보상을 받는다면, 그것은 장사꾼이 하는 짓입니다."라고 말한 후 떠난다. 권세나 재물을 좇지 않고 세상의 평화와 백성의 안위라는 공적 이익을 추구함으로써 지식인의 모범을 보인다.

김정과 윤두서, 그리고 노중련을 비롯하여 굴원, 급암 등 선비의 모범을 보였던 정치인이나 지식인의 모습을 현재 한국에서 찾는 게 무리한 생각일까? 인사동 카페에 걸렸던 "공부해서 남 주자!"라는 지향을 우리 교육 현장에 적용하는 것은 과도한 기대일까? 지식인의 역할이나 학문의 목표가 개인 사이의 경쟁 우위와 신분 상승에 치우친 현실에서 천진난만한 희망사항으로 치부될 가능성이 크다. 하지만 현실이 아무리 기대를 배신하더라도 계속 꿈꾸었으면 한다. 현실이 절망스럽더라도 여전히 우리 사회를 앞으로 나아가게 할 희망의 한 기둥이기 때문이다.

다채로운
우리 삶을 향한 관점

세계관, 어디에서 세상을 보는가?
인생관, 두보인가 이백인가?
생사관, 죽음과 마주하다
생활관, 밥이 하늘이다

세계관, 어디에서 세상을 보는가?

눈앞에 닥친 상식의 틀 안에서 보다

우리는 시간과 공간 안에서 살아가고, 또한 그 안에서 생각한다. 만약 신이 있다면 시간과 공간을 초월해서 살 수 있을지 모르지만 적어도 인간이라면 불가능하다. 개인의 삶은 구체적인 장소에서 이루어지고 세월과 함께 변화하기에 강한 제약이 작용하지만, 적어도 생각은 자유로울 수 있는 게 아니냐고 혹시 의문을 품을 수 있다. 물론 일상생활에 비해 생각이 훨씬 더 자유의 폭이 큰 게 사실이다.

하지만 생각도 제약에서 벗어나지는 못한다. 태어나서 현재까지 살아온 경험 내의 시간과 공간이 재료로 사용된다. 예를 들어 최대한 거슬러 올라가면 유아기와 아동기에 부모와의 관계 속에서 형성된 사

심사정 〈노안도〉 1763년

고방식이 전 생애에 걸쳐 적지 않은 영향을 미친다. 청소년기에는 학교 교육을 통해 형성된 상식의 세계가 사고의 기본 틀을 규정한다. 성인이라면 지난 10여 년 사이의 직업과 경제적·정치적·문화적 환경이 끊임없이 판단 근거를 제공한다. 경험 내의 시간과 공간이 생각에 상당한 영향을 주기 때문에 자신이 살아가는 시대의 통념에 친숙하게 반응한다.

그런데 같은 시대를 살아간다고 해서 동일한 사고의 폭을 갖는 것은 아니다. 사람에 따라 서로 다른 시간각과 공간각으로 생각한다. 절대다수는 경험 언저리의 좁은 폭 내에서 세상을 바라보지만, 의식적으로 사고의 지평을 확장하는 극소수의 경우는 시간과 공간의 폭에 획기적인 변화를 만들어낸다.

조선 화가들의 산수화를 매개로 시간과 공간과 관련된 사고 지평의 확장 가능성을 살펴보자. 적어도 이 주제에서 각각의 그림과 화가의 생각이 직접 연결되는 것은 아니다. 다만 그림 속 장면을 논의의 물꼬를 잡기 위한 안내 의미로 이해하면 될 일이다.

조선 후기의 문인 화가 심사정沈師正의 〈노안도蘆雁圖〉는 마치 손에 잡힐 듯한 현장감을 전달한다. 제목 그대로 갈대숲의 기러기 모습을 담은 그림이다. 하천 주변 갈대밭에 십여 마리의 기러기가 옹기종기 모여 있거나 날아다닌다. 이미 가을이 깊은 듯 어지럽게 뒤엉킨 갈대가 제 무게를 견디기 어려운 듯 늘어져 있다. 뒤편으로 어렴풋이 산등성이가 보이지만 워낙 멀리 있어서 눈앞의 어지러운 갈대숲에 눈길이 꽂힌다.

땅에 있는 기러기들은 먹이를 찾기에 여념이 없다. 막 땅으로 내려오던 기러기도 먹이를 발견하고 부리를 내민다. 이 습지에 먹이가 꽤 많은 듯 예닐곱 마리의 기러기가 선회하며 적당한 하강 자리를 찾는 중이다. 진하고 흐리기를 달리하며 무심한 듯 친 붓질이 갈대숲의 분위기를 제대로 살리는 데다 기러기도 같은 모습을 찾을 수 없을 정도로 다양하게 나는 장면을 사실적으로 담아서 생생한 느낌을 전달한다.

지나치다가 언뜻 보기에는 한적한 기분이 들지 모르지만, 좀 더 꼼꼼하게 관찰하고, 현장에 있다고 상상하면 전혀 다른 분위기가 떠오른다. 바람에 갈댓잎이 쉴 새 없이 출렁이고, 여러 방향에서 기러기가 날아들어 북적거리는 현장이다. 게다가 갈대 가지와 잎이 바람에 서로 스치면서 내는 소리와 기러기의 푸드득거리는 날갯짓 소리까지 더해 번잡스러움은 더욱 커진다.

갈대와 새를 인간 세상으로 바꾸어놓고 생각하면 더하다. 기러기에게 갈대숲이 생존 공간이라면 현대인은 빌딩 숲이 대신한다. 도심을 가득 메운 크고 작은 빌딩 사이로 도시인의 분주한 발걸음이 쉴 새 없이 이어진다. 무한 경쟁이라고 일컬어지는 생존의 터널을 통과하기 위해 질주하는 군상이 가득하다. 좁은 지역에 수많은 기러기가 모여들 듯 한정된 직장과 이권을 놓고 치열한 다툼이 벌어진다.

사실 심사정이 한적한 기분으로 그림을 그릴 수 있었던 화가는 아니다. 영의정 집안의 증손으로 태어났지만 할아버지의 과거 시험 집행과 관련된 부정행위로 집안이 몰락한다. 게다가 영조가 즉위한 후 과거 왕세제 시절에 영조를 제거하려 시도한 배후가 할아버지였다는 사실이 밝혀지고, 엎친 데 덮친 격으로 1728년 같은 파벌에 속한 이인좌에 의한 난까지 겹치면서 집안이 풍비박산이 난다.

역적으로 지목되어 몰락한 집안의 자손이라는 딱지가 평생을 따라다닌다. 워낙 재주가 출중한지라 나중에 그 시대를 대표하는 몇몇 화가와 함께 왕의 초상화를 그리는 어진御眞 제작 감독에 발탁되지만, 역적 집안의 자손이 참여하는 게 부당하다는 상소에 시달리다 결국 쫓겨난다. 조상의 죄 때문에 남다른 재주를 마음껏 발휘할 기회가 막혀버린 심사정의 심사가 얼마나 고통스럽고 복잡했을지는 충분히 예상된다. 난마처럼 꼬이고 얽힌 마음을 이 그림에 어느 정도 실어 표현했을 수도 있는 일이다.

심사정의 내력과 별도로 〈노안도〉 자체가 보여주는 시간과 공간은 '지금, 여기'다. 당장 눈앞에 펼쳐지는 일상세계다. 손이 닿을 정도로 가까운 반경 내의 공간에서 매 순간 희로애락을 직접 마주하며 살아가는 세계다. 워낙 가깝게 접한 공간 안에서의 시선이 반복해서 고정되기에 멀리나 길게 볼 일이 드물다. 세상은 물론이고 인생 전체를 조망하는 사고방식과 거리가 멀다.

나름대로 시야를 넓힌다고 해봐야 양적인 차원에서 조금 더 확장해 보는 정도다. 조금만 움직이면 손에 닿을 만큼은 아니다. 더 멀리 떨어져서 넓은 공간을 조망한다. 그리고 당장 오늘내일을 넘어 십 년,

강희언 〈인왕산도〉 1710년

이십 년을 내다본다. 시각적인 차원에서 비교한다면 강희언姜熙彦 의
〈인왕산도仁王山圖〉가 참고가 된다.

강희언은 심사정보다 약간 늦게 활동한 화가다. 조선 진경산수화
를 대표하는 정선으로부터 오랜 시간 그림을 배웠고, 후배 격인 김홍
도와도 친하게 교류했다고 한다. 〈인왕산도〉는 눈에 보이는 대로 사
실주의 화풍에 담는다. 이상적인 정경이 아니라 실제 산의 윤곽, 능선
과 계곡 그대로의 모습이다. 능선을 따라 만들어진 성벽도 보이고 계
곡 곳곳에 자리한 집도 몇 채인지 셀 수 있을 정도로 상세하다.

무엇보다도 푸른빛이 감도는 하늘이 눈에 띈다. 우리 옛그림에서
하늘은 바탕색을 그대로 살리는 방식이었다. 밤경치를 그릴 때 먹으로

옛그림
인문학

달무리를 그리거나 어두운 분위기를 연출하는 정도였다. 수묵화만이 아니라 채색화인 경우에도 하늘은 사실상 비워 두었다. 〈인왕산도〉는 엄밀한 의미에서 수묵화는 아니지만, 산자락이나 나무, 집에 이르기까지 검은 먹으로 처리해서 전반적인 분위기는 수묵화다.

좌측의 사찰로 보이는 건물의 지붕 벽면에 붉은색을 부분적으로 사용하고, 집 주변 나무에 녹색을 사용했지만 전체적으로 수묵화 분위기가 물씬 풍긴다. 그런데 하늘은 자세히 보아야 구별이 될 정도이기는 하지만 연한 푸른색을 이용하여 구름까지 묘사한다. 조선의 회화 전통에서는 파격이라 할 만하다. 당시 청나라를 통해 들어온 새로운 문화적 기운, 특히 서양화 묘사법에 영향을 받았던 것으로 보인다.

시각적인 차원에서 보자면 심사정의 〈노안도〉에 비해 초점 안에 잡힌 공간의 폭이 넓다. 개별 나무나 자연에 살아가는 개체의 움직임이 아니라 규모가 있는 산 전체를 조망하는 시야다. 하지만 질적인 차이보다는 양적인 차이에 해당한다. 더 넓어지기는 했고, 그러한 면에서 더 많은 부분을 보고 생각할 수 있다는 점에서 분명 차이는 있지만 다른 시각은 아니다. 새로운 발상을 자극하지는 않는다.

기본적으로 사람들은 매일 겪는 시간과 공간 개념 안에 있다. 이 안에서 우리는 당장의 욕구나 작은 이해관계를 중심으로 살아간다. 눈앞의 작은 이해관계에서 반복적 일상을 보낸다. 자신에게 이익을 주는가, 불이익을 주는가를 주요한 판단의 잣대로 세상일을 바라본다. 대도시의 일상은 사소하고 잡다한 일의 반복이기 십상이다. 개인이나 가족의 이해관계, 특히 경제적 이익과 연관된다.

제자백가 중에서는 당면한 이해관계를 가장 중요하게 여기고, 이에 대응하기 위한 실질적 방법론에 주목한 사상으로 한비자韓非子의 『한비자』로 상징되는 법가를 꼽을 수 있다. 사실상 중국 최초 통일 국가인 진나라의 이념이었을 뿐만 아니라, 이후 근대 이전까지의 중국 역사를 통틀어서 국가의 가장 중심적 기반은 법가였다고 해도 과언이 아니다. 표면적으로 지식인들 사이에서 공자와 맹자를 중심으로 한 유가가 영향력을 발휘했다. 하지만 국가 전체적으로는 냉정할 정도로 현실주의적 입장을 담고 있는 법가가 중심 역할을 했다.

한비자는 세상과 인간을 바라보는 기본 관점 자체가 추구해야 할 바람직한 지향보다 실제 현실에서 나타나는 특징에서 출발한다. 당장의 이해관계 안에서 이익을 극대화하려는 인간 군상으로부터 세상에 대한 이해로 나아간다.

사람에게는 털이나 깃이 없다. 옷을 입지 않으면 추위를 견디지 못한다. 위로 하늘에 매달려 있지 못하고 아래로 땅에 붙어 있지 못하여 장과 위를 뿌리로 삼아 먹지 않으면 살아갈 수 없다. 이런 까닭으로 이득을 보려는 마음에서 벗어나지 못한다. 이득 보려는 마음을 물리치지 못하는 것이 사람 몸의 근심이다. (…) 크게는 제후가 되고 작게는 천금이나 되는 재산을 남기더라도 이득 보려는 근심을 물리칠 수 없다.

옛그림
인문학

인간 본질을 고고한 정신에서 찾지 않는다. 먹이사슬 속에서 생존을 가장 중요한 기준으로 삼는 다른 동물이나 식물과 마찬가지로 몸이 기본이다. 나무나 풀에 뿌리가 있어서 생존하듯이 장이나 위가 가장 중요한 역할을 한다. 그렇기 때문에 타인과 공동체보다는 자기 이익을 중심으로 판단하고 행동하게 되어 있다는 설명이다. 가족이라 하더라도 마찬가지다. 부부도 하나의 운명 공동체가 아니다. "애정이 있는 동안은 친해지고 애정이 없어지면 소원해지는 것이다." 심지어 자식조차 "그 어머니가 미우면 그 자식도 버리게 된다."라고 할 정도로 현실적 이해관계에서 벗어나지 않는다.

한비자의 인식은 적어도 현실의 다수 인간에 비추어보면 크게 어긋나 있지 않다. 우리 주변에서 흔히 볼 수 있듯이 이익만 된다면 어떤 위험도 감수할 정도로 악착같이 매달린다. 돈만 된다면, 자신의 승진이나 신분 상승에 도움이 된다면 건강을 해치거나 인간성에 손상이 가도 크게 망설이지 않는다.

나아가 이익만 보장된다면 타인에게 피해를 주어서라도 욕심을 채우는 경우가 허다하다. 한비자는 여기에서 주요 이념을 이끌어낸다. 노고를 싫어하고 안일을 좋아하는 본성 때문에 서로 충돌이 생기고 거칠어진다. 거칠어지면 다스려지지 않고 세상이 어지러워진다. 이기적인 인간 본성을 전제로 한다면 엄격한 통제와 처벌이 불가피하다.

매나 채찍의 위협과 재갈 물리는 준비가 없으면 비록 조보라 할지라도 능히 말을 달리게 할 수 없다. (…) 강력한 권세나 상벌의 법이 없으면 비록 요堯와 순舜이라 할지라도 능히 세상을 잘 다스릴 수 없다.

조보는 고대에 말을 잘 부리던 사람이다. 요와 순은 중국 고대 사회를 대표하는 임금인데, 백성의 삶이 안정되고 평화로웠다고 한다. 역사를 서술하거나 현실에서 찾아야 하는 모범을 논할 때 흔히 "요순시대가 따로 없다."라고 한다. 그런데 현실 인간은 교활하게 눈치 빠르고 지혜가 밝아 제멋대로 하기에 요와 순이 다시 살아와 통치해도 안정과 평화는 불가능하다. 타인과 공동체에 해를 입히는 인간을 상대로 사회를 안정시키기 위해서는 엄격한 처벌이 필요하다는 것이다. 벌로 위협하여 감히 다른 생각을 못하게 해야 한다.

이익을 추구하는 경향 자체를 반대하지는 않는다. 이익 제거는 인간 본성상 애초에 불가능하다. 사적 이익이 타인과 공동체를 혼란에 빠뜨리는 경우는 처벌로 막지만, 일반적인 경우에는 이익을 동기로 세상이 움직이도록 해야 한다. "서로 남을 위한다고 여기면 책망을 하게 되나 자신을 위한다고 생각하면 일이 잘 되어 간다. (…) 이익이 있는 곳에 백성이 모여들고 명성이 드러나는 곳에서 선비가 목숨을 버린다." 이익을 옹호함으로써 나아가게 해야 한다.

이익을 기준으로 움직이기에 세상의 기본 원리는 믿음이 아니다. "세勢를 의지할 것이며 신信을 믿어서는 안 된다. 술術을 의지할 것이며 신을 믿어서는 안 된다." 서로가 서로를, 또한 군주가 백성을 믿으면 반드시 배반당한다. 비정한 세상에서 상황을 주도하는 흐름을 만들고 구체적·효과적 방법을 갖추기 위해 개인이 가져야 할 중요한 덕목은 능력이다.

구름이나 안개라는 세가 있어서 능히 그것을 타고 놀 수 있다는 것은 용과 뱀의 재능이 뛰어나기 때문이다. 구름이 성하게 일더라도 지렁이는 능히 탈 수 없고 안개가 짙게 끼더라도 개미는 능히 놀 수 없다. 도대체 성한 구름과 짙은 안개의 세가 있더라도 타고 놀 수 없는 것은 지렁이나 개미의 재능이 빈약하기 때문이다.

아무리 개인을 둘러싼 여러 환경이 좋더라도 일이 성사되는 것은 아니다. 환경은 외적인 조건에 불과하다. 개인 재능이 부족하면 환경을 활용하지 못한다. 그러므로 가장 힘써야 하는 것은 이익의 극대화와 경쟁에서 우위를 차지할 재능의 확보다. 실제로 현실에서 유용하게 쓸 수 있는 재능을 마련하는 것이야말로 개인으로서 가져야 할 핵심 덕목이다. 그러하기에 전국 시대 당시 제가백가에 속하는 여러 사상을 접하면서 한비자가 늘 우려한 것은 "꾸밈 때문에 실용을 해치게 되는 것"이다.

지극히 현실주의적인 사고방식이다. 어떤 면에서는 효율성과 실용성을 중시하는 근대적 사고방식과도 일정한 접촉면을 갖는다. 효용성을 강조하는 법가의 특징 때문에 중국 역사에서 명분을 중시하는 유가보다 더 폭넓게 받아들여진 것이리라.

세상을 바라보는 관점이 경쟁과 능력, 효율과 실용을 중심으로 할 때 여러 문제가 생긴다. 고대 국가 이래로 현재에 이르기까지 인류 다수가 경험한 차별과 소외가 여기에 속한다. 철저하게 승자와 강자의 논리이기 때문에 경쟁력이 부족하거나 경쟁에서 패배한 사람은 설자리가 없다. 사회적 자원 배분에서 이익을 충분히 차지하지 못할 때 열등한 인간으로 치부된다. 무엇보다도 인생의 매 순간을 경쟁에서의 우월한 지위 확보를 위해 줄달음질쳐야 하는 각박한 삶 속에 자신을 밀어 넣어야 한다. 그 결과 다수의 사회 구성원은 열등감과 고통 속에서 살아간다.

현실을 피해 초월적 시선에 의존하다

세상을 바라보는 눈이 눈앞의 이익과 경쟁에 사로잡힐 때 겪어야 하는 고통에서 벗어나기 위해 다른 시간·공간 감각을 추구하는 사람들이 있다. 어찌 보면 가장 먼저 떠오르는 게 반대 방향으로의 질주다. 일상에 속박된 생활과 사고방식에서 벗어나는 방법을 현실과 가장 먼 초월세계에서 찾는다.

조선 초기 세종조의 화가 안견安堅의 〈몽유도원도夢遊桃源圖〉는 초월세계를 묘사한 작품 가운데 대중적으로 가장 잘 알려져 있다. 세

안견 〈몽유도원도〉 1447년

종의 셋째 아들 안평대군이 꾼 무릉도원 꿈을 주제로 한다. 어느 날 잠을 자다가 복숭아꽃 숲이 가득한 도원경을 신하 박팽년과 함께 말 타고 찾아가는 꿈을 꾼다. 안견에게 이 꿈을 설명한 후 그리라고 명한 지 사흘 만에 완성됐다고 한다. 경복궁을 감싼 백악산 산기슭을 참고로 하고 여기에 상상력을 발휘하여 그렸다는 해석도 있지만, 어떤 경우든 이상적인 세상을 묘사했다는 점은 마찬가지다.

현실에서 만나는 경치는 아니다. 보기에는 그럴 듯하지만 실제라면 오랜 세월을 버티기 힘들 정도로 아래가 가늘고 위쪽으로 무게중심이 쏠려 있는 기암괴석으로 가득하다. 오른쪽으로 복숭아꽃이 활짝 핀 숲이 펼쳐진다. 옆으로 폭포가 연이어 굽이쳐서 장관을 이룬다. 폭포 아래에서 시작된 강물이 계곡을 따라 흘러 왼편의 완만한 하류로 모인다.

조선에서 그려진, 상상 속의 이상세계인 무릉도원武陵桃源이라고 할 수 있다. 무릉도원은 원래 안견보다 천 년 전쯤 이상향을 노래한 중국의 시인 도연명陶淵明의 다음과 같은 〈도화원기桃花源記〉 내용에서 유래한다. 무릉의 한 어부가 물길을 따라 가는데, 홀연히 복숭아꽃 숲이 눈앞에 나타난다. 수백 보의 거리에 복숭아나무뿐이고 꽃잎이 펄펄 바람에 날려 떨어진다. 동굴이 보여 배에서 내려 들어가니 그 끝에서 탁 트이고 넓은 공간에 아름다운 경치가 열린다. 토지도 넓고 기름진 논밭과 아름다운 연못이 있고, 뽕나무와 대나무 숲이 우거진 마을이 보인다.

도연명이 노래한 무릉도원을 풍광이 아름다운 자연으로 이해하는 경우가 많다. 하지만 〈도화원기〉의 내용을 보면 단순히 이상적 자연의 예찬에 머물지 않는다. 아름다운 산과 나무는 배경이고, 중요한 내용은 마을 사람들 이야기다. 집들이 정연하게 들어선 이 마을의 노인이나 어린아이들 모두 즐겁고 안락한 모습이다. 어부를 집으로 데려가 술과 닭을 대접하며 대화를 나누던 중 집주인이 말한다.

"우리 선조가 진나라 때, 적의 난을 피해 처자와 마을 사람을 이끌고 이 절경으로 와 다시 나가지 않았으므로 결국 바깥세상 사람들과 단절됐습니다." 그리고 지금은 어느 때냐고 묻는 것을 보니 그가 한나라가 있었다는 것은 물론 그 뒤로 위나라, 진나라가 있었다는 사실도 모른다고 했다. (…) 어부는 며칠을 묵은 후 작별하고 떠났다. 그

마을 사람이 말했다. "바깥세상 사람들에게 말하지 마십시오."

어부는 약속을 어기고 마을을 벗어나 배를 타고 돌아오는 길에 여러 군데 표식을 해둔다. 집으로 돌아가 태수에게 보고하자 사람들을 파견해 도원을 찾으려 하지만 결국 길을 잃는다. 나중에 또 다른 은사가 도원을 찾았으나 뜻을 이루지 못하고 병들어 죽은 후 다시 이곳을 찾는 사람은 없었다고 한다.

도연명이 그린 세상은 국가 간에 전쟁이 없고, 사람이 사람을 죽이지도 않는 평화로운 곳이다. 국가를 중심으로 한 역사 변화도 모른 채 자기들만의 만족스러운 삶을 오랜 세월 이어가는 중이다. 마을 이야기 어디에도 강력한 힘을 가진 권력자, 사람들을 규제하는 법과 도덕의 흔적이 없다. 오직 서로를 믿으며 행복하게 살아간다. 국가와 전쟁, 문명과 지혜에서 벗어나 모두가 평등하고 평화롭게 사는, 일종의 유토피아를 열망하는 내용이다. 고통스러운 현실 반대편의 초월세계다.

안평대군의 꿈에서도 비슷한 문제의식이 보인다. 그림과 함께 실린 안평대군의 〈몽유도원기〉도 앞부분은 도원을 찾아가는 내용이다. 복숭아꽃 나무 수십 그루가 있는 숲을 지나 도원에 이르니 안이 넓게 트인 자연이 펼쳐진다. 사방으로 산이 벽처럼 둘러섰고, 구름과 안개가 자욱이 피어올라 마치 신선이 사는 듯하다. 유유자적하며 즐기다 문득 잠에서 깨어난 후 다음과 같은 감상을 밝힌다.

아! 사방으로 통하는 큰 도시는 참으로 번화하니 이름난 고관대작이 노니는 곳이요, 골짜기나 깎아지른 절벽은 세상을 피해 숨은 이들이 거처하는 곳이다. 그러므로 몸에 화려한 관복을 걸친 자들의 자취는 깊은 산림에 미치지 아니하며, 돌과 샘 같은 자연에 정을 둔 이들은 꿈에도 으리으리한 궁궐 집을 바라지 않는다. 아마도 성품이 고요한 이와 번잡함을 좋아하는 이가 서로 길이 다른 까닭에 자연스러운 이치로서 그리된 것인가 보다.

도원을 매개로 더 높은 벼슬을 차지하기 위해 경쟁하는 사대부들을 비판한다. 또한 재산 축적으로 으리으리한 집을 지으려는 사람들, 사적 이익을 벽돌 삼아 도시 규모를 확대하기에 여념이 없는 문명 중심의 사고방식에 회의의 눈길을 보낸다. 이기심과 번잡함이 지배하는 현실에서 탈피하는 길을 꿈속에서나 만날 수 있는 이상 사회에서 찾는다.

제자백가 중에서 이상향과 초월세계로의 지향 분위기가 가장 강한 경우로는 단연 열자列子가 꼽힌다. 도가의 대표적인 사상가인 노자와 열자, 장자를 하나로 묶어서 이해하는 경우가 많다. 하지만 실제 내용은 상당한 차이를 보인다. 노자가 도가의 기본적인 문제의식을 시적인 표현에 실어 압축적으로 제시했다면, 열자는 노자의 생각을 속세로부터의 초탈과 초월로 밀어붙인다.

『열자』에는 상식의 세계에서는 도저히 받아들일 수 없는 초월적이고 신비로운 이야기가 가득하다. 관윤關尹의 말을 통해 순수한 기운을 지키기만 하면 다음처럼 지극한 사람의 경지에 이른다고 한다. "지극한 사람은 물속을 다녀도 숨 막히지 아니하고 불을 밟아도 뜨겁지 아니하며 여러 가지 물건의 위 높은 곳을 다녀도 두려워하지 않습니다." 조양자趙襄子의 사례에서도 비슷한 내용이 나온다. 불길이 타오르는 숲에서 한 사람이 나오자 조양자가 어찌 불 속에 있을 수 있느냐며 묻는다. 그가 "어떤 물건을 바위라 말하고, 어떤 물건을 불이라 말하는 것입니까?"라며 바위든 불이든 자신은 전혀 아는 바가 없다고 한다. 순수한 기운 안에 살아 불조차 의식하지 않으면 불에 타는 일도 없다는 의미다.

열자도 속세를 떠나 신선처럼 살아가는 은자의 나열에 머물지는 않는다. 나름대로 사회적 이상향을 그린다. 중국 건국 신화에 나타나는 제왕, 중국을 처음으로 통일한 군주이자 문명의 창시자로 숭배되는 황제黃帝가 꿈속에서 만난 상상 속의 나라를 통해 설명한다. 아마 도연명이 무릉도원의 꿈을 이야기할 때 열자의 이 사례를 참고로 하지 않았을까 싶다.

황제는 15년 동안 천하가 제대로 다스려지지 않자 큰 걱정에 빠진다. 나름대로 자기의 총명을 다하고 지혜를 다 발휘했지만 사정이 나아지지 않고, 스스로 육체적·정신적으로 피폐해진다. 이에 정치 일선에서 물러나 마음과 몸을 가다듬던 중 잠을 자다 꿈에서 화서씨華胥氏의 나라를 여행하게 된다.

그 나라는 우두머리가 없고 저절로 되어 갈 따름이었다. 백성은 욕망이 없고 되는 대로 살아갈 따름이었다. 삶을 즐길 줄도 모르거니와 죽음을 싫어할 줄도 몰라서 일찍 죽는 사람이 없었다. 자기를 더 위할 줄도 모르거니와 남을 멀리 대할 줄도 몰라서 사랑도 미움도 없었다. 거슬러 반역할 줄도 모르거니와 순종할 줄도 모르고 이롭고 해로운 게 없었다. 전혀 아끼고 애석하게 여기는 것도 없거니와 전혀 두려워하고 꺼리는 것도 없었다.

황제는 잠을 깬 다음에 스스로 깨닫고 기뻐한다. 차별과 우열, 분열과 갈등, 지배와 복종이 없는, 나아가서는 즐거움이든 두려움이든 일체의 격한 감정도 없는, 이상적인 유토피아다. 그 원리는 꿈속에서 그 나라를 본 황제 자신도 설명할 수 없다. "이제야 지극한 도는 사람의 뜻으로는 추구할 수 없는 것임을 알았고, 나는 그것을 알았소. 나는 그것을 터득했소. 그러나 그것을 당신들에게 설명해줄 수는 없소."

물론 여기에서도 신비로운 경지에 이른 사람들의 이야기가 빠지지 않고 나오기는 한다. 이 나라 백성은 "물에 들어가도 빠져 죽지 않고 불에 들어가도 뜨거워하지 않으며, 찌르고 매질해도 상하거나 아파하는 일이 없고 꼬집고 할퀴어도 쓰라리고 쑤시는 것을 몰랐다." 심지어 공중을 날아다니고 허공에 누워 잠을 잤다고 하니 합리적인 사고로는 이해 못할 이야기도 포함된다. 그만큼 현실 반대편으로 줄달음질치는 방식의 이상향 구상이다.

심지어 자신과 관련된 내용에서도 초월적 발상을 멈추지 않는다. 열자가 신선의 경지에 이른 스승의 도움으로 도를 다 터득한 다음에 바람을 타고 돌아오는 이야기가 나온다. 제자들에게 어떻게 바람을 탈 수 있게 되었는지, 스승을 통해 배운 수련 과정에 대해 설명한다. 수련이 구년이 지난 후에는 마음속에서 이목구비와 같은 신체 기관은 물론이고 뼈와 살의 구별이 없어진다. 그 결과 "몸이 의지하고 있는 것과 발이 밟고 있는 것들을 깨닫지 못하게 되어 바람을 따라 동쪽으로 갔다 서쪽으로 갔다 하는 것이 마치 나뭇잎이나 매미 껍질처럼 가벼워져서" 마침내 바람과 자신을 구분하지 못하는 경지에 이르렀다는 것이다.

인류 역사에서도 과거나 지금이나 현실 고통에 절망한 나머지 초월적 시각으로 세상을 보는 경향이 자주 나타난다. 주술이나 종교적 시각을 중심으로 세상이 만들어지고 움직이는 원리를 찾고, 현실 문제도 초월적 존재에 의한 구원에서 찾는 사고방식은 상당히 넓게 퍼져 있다. 서양의 경우 기독교를 중심으로 종교적 관점에 의존하는 경우가 많았다.『성경』의 요한계시록에 근거를 둔 지상낙원을 꿈꾼 천년왕국운동도 하나의 사례다. 그리스도가 재림하여 부활한 성도와 순교자와 함께 최후의 심판 때까지 천 년 동안 다스릴 왕국이 도래하리라는 믿음에 근거하여 세상에서 오는 고난을 넘어서려 했다.

우리나라만 해도 삼국 시대부터 혼란한 세상을 벗어나기 위한 희망을 초월에서 찾는 미륵 사상이 유행했다. 미륵불에 의해 모순된 세상이 바른 세상이 된다는 관점으로 세상을 대하고 미래를 기대했다. 『삼국유사』의 미륵 관련 설화나, 민담 등의 형태로 나와 있다. 미륵이 현세에 강림하기를 바라는 신앙으로서 혼란한 세상에 대한 도피적인 경향을 띤다. 중국에서도 이민족의 지배에서 벗어나게 해줄 구세주가 나타날 것이라는 미륵 신앙이 백련교 등의 형태로 나타났다. 1900년 전후의 중국 의화단 운동에도 유사한 발상이 묻어난다. 불교와 도교의 초월적 사상이 결합되면서, 심지어 외세와 싸울 때 불공을 드리고 수련을 하면 신령이 몸에 붙어서 총알이나 칼이 들어가지 않는다는 믿음을 가졌을 정도다.

세상과 인간을 보는 새로운 지평을 고민하다

또 다른 접근으로는 현실에의 속박과 현실로부터의 도피 모두를 비판하면서 새로운 전망을 찾는 시각이 있다. 현실에서 눈을 돌리지는 않는다. 하지만 눈앞에서 벌어지는 일상에 매몰되기를 거부하되, 단지 멀리서 넓게 보는 데 머물지 않는다. 대신 세상을 보는 통념적 시선과는 전혀 다른 각도에서 접근한다.

산수화를 매개로 풀어가자면 정선의 〈금강전도金剛全圖〉가 좋은 참고가 된다. 정선은 수많은 금강산 그림을 남겼다. 36세에 처음 금강산을 직접 여행한 이후에 84세에 세상을 떠날 때까지 여러 차례 방문

정선 〈금강전도〉 1734년

하고 수십 점이 넘는 작품을 그렸을 정도로 금강산에 대한 특별한 마음을 가졌다. 금강산으로 들어가는 입구에서 중요한 봉우리와 골짜기에 이르기까지 다양한 모습을 화폭에 담았다.

그중에서도 〈금강전도〉는 매우 특별하다. 일반적인 산수화가 일상 공간인 세상에서 산을 바라보는 시선이라면, 이 그림은 위에서 바라본 산봉우리와 계곡을 담는다. 깊은 계곡에 자리 잡은 사찰도 마치 조그만 돌멩이 만하게 지붕만 겨우 보인다. 일만 이천 봉우리로 일컬어지는 금강산 전체의 위용을 한눈에 볼 수 있도록 위에서 조망한다. 수많은 봉우리가 얽히고설키듯이 이어져 장관을 이룬다. 평소에 접하는 바와는 전혀 다른 시각 경험이다.

세상을 바라보는 시선에서도 고정관념의 족쇄를 뚫고 새로운 발상을 자극하는 사람들이 있다. 제자백가 중에서는 장자가 대표적이다. 도가 내에서 열자가 노자를 초월의 세계로 올려버렸다면, 장자는 노자를 현실세계로 끌어내린다. 대신 현실에 머물지 않고 현실과 현실 너머의 경계에서 새로운 시선으로 세상을 보도록 자극한다. 『장자』 내편의 「소요유逍遙遊」에는 이와 관련하여 흥미로운 이야기가 나온다.

작은 지혜는 큰 지혜에 미치지 못하고, 짧은 동안 사는 자는 오래 사는 자에 미치지 못한다. 어떻게 그러함을 아는가? 아침 버섯은 아침과 저녁을 알지 못한다. 쓰르라미는 봄과 가을을 알지 못한다. 짧은

옛그림
인문학

동안 살기 때문이다. 초나라의 남쪽에 명령이란 나무가 있는데, 오백 년을 한 봄으로 삼고 오백 년을 한 가을로 삼는다고 한다. 태곳적에 대춘이란 나무가 있었는데, 팔천 년을 한 봄으로 삼고 팔천 년을 한 가을로 삼았다고 한다.

장자는 큰 지혜를 갖기 위해 필요한 사고의 변화에 대해 논한다. 한나절이나 하루밖에 못 사는 벌레는 계절 변화에 대해 알 리가 만무하다. 이에 대비하여 오백 년, 나아가서는 팔천 년을 계절 변화의 분기점으로 삼는 나무 사례를 든다. 통념적 시간 개념에서 벗어나라는 주문이다. 아침 버섯이나 쓰르라미는 눈앞의 현실에 속박되어 살아가는 우리의 사고방식을 상징한다. 몇백 년과 몇천 년으로 시야를 확대할 때 생각은 새로운 지평을 얻는다.

언뜻 생각하기에는 너무 심한 과장 같지만. 곰곰이 생각하면 허무맹랑한 발상이 아니다. 흔히 당장의 이해관계에 매몰되지 말고 장기적인 안목으로 사태를 판단하기 위해 역사적 경험을 검토하라는 말을 듣는다. 고대에서 현대에 이르기까지 해당 나라만이 아니라 인류 전체의 경험은 매우 중요한 검토 자료가 된다. 현대가 상당 부분 근대의 산물이라는 점에서 직접적으로는 수백 년 전부터 지금까지의 역사에서 배운다. 나아가서는 고대 국가 이후 여러 문명이나 국가의 흥망성쇠를 반성적으로 성찰하며 현대 사회의 당면한 문제에 대해 교훈을 이끌어내기도 한다.

당장 몇 년이나 기껏해야 자기 세대에 한정된 시간적 개념으로는 현실 판단에서 소탐대실에 빠지는 경우가 많다. 눈앞의 이익에 급급하다가 전략적인 견지에서는 낭패를 보는 경우 말이다. 이를 방지하기 위해서는 긴 안목이 중요하다. 당장은 손해처럼 느껴지지만 길게 봐서 자신은 물론 공동체 전체가 큰 발걸음을 앞으로 내딛을 수 있는 판단이 필요한 경우가 많다. 다른 시선으로 시간에 접근할 때 얻을 수 있는 성과다.

『장자』 외편의 「추수秋水」에는 또 다른 측면에서 새로운 발상을 다루는 이야기가 나온다. 장자는 북해의 신인 약若의 언급을 통해 시간 개념에 더해 다른 영역에서 인식 지평을 확장한다.

> 우물 안의 개구리에게 바다에 대하여 얘기해도 알지 못하는 것은 공간의 구속을 받고 있기 때문이다. (…) 비뚤어진 선비에게 도에 대해 얘기해도 알지 못하는 것은 가르침에 속박되어 있기 때문이다. 지금 당신은 물가를 벗어나 큰 바다를 보고서야 당신의 추함을 알게 되었다. 당신은 이제야 위대한 도리를 얘기하면 이해할 수 있게 된 것이다.

이번에는 공간의 구속에서 벗어나라고 한다. 공간 개념의 확장이다. 우물 안의 개구리가 되지 말라고 한다. 일상을 생각해보면 쉽게 이해가 간다. 흔히 가정과 학교, 직장이라는 한정된 공간을 좀처럼 벗어나지 않는다. 고작해야 대형 마트나 외식·회식을 위한 식당과 같은 소비 공간, 가끔 시간을 내서 즐기는 문화 공간 정도가 추가된다.

한국 사회 전체를 조망하는 시선을 만나기 어렵다. 그런데 드물게 한국의 정치·경제·사회·문화에 이르는 전체 영역에 관심을 갖는다고 해서 충분한 것은 아니다. 비유로 큰 바다를 들었지만 실제로 바다 너머로 시야를 넓혀야 한다. 우리는 한국에서 벌어지는 일이 곧바로 비슷한 경제력을 가진 다른 나라, 예를 들어 OECD 국가들에서도 비슷하게 일어날 것이라 예상한다. 자본주의 국가인 이상 그냥 거기에서 거기일 것이라 여긴다.

하지만 유럽을 비롯하여 많은 OECD 국가와 비교할 때 민주주의와 인권, 복지 수준에서 현격한 차이를 보인다. 같은 자본주의라 하더라도 사고방식이나 사회구조 등에서 현격하게 다르다. 특히 북유럽 복지국가들을 구체적으로 보면 비슷한 경제력임에도 불구하고 얼마나 다른 문제의식으로 사회가 운영되는지, 한국 사회가 얼마나 야만적인 경쟁의 구렁텅이인지를 절실하게 깨닫는다.

나아가 보통은 후진국이라고 무시하고 경멸하는 나라들의 국민들이 실제로 불행하게 살고 있는지 여부에 대해서도 별 관심이 없다. 한국 사회에서 통념적으로 갖고 있는 행복 기준을 그대로 적용하고는 불쌍한 인간들이라고 판단해 버린다. 그들 고유의 인간관계와 문화 속에서 우리 이상의 행복감을 갖고 살아갈 수 있다는 점을 좀처럼 인정하지 않는다. 세상을 자기가 낀 색안경으로 바라본다.

제한된 시간과 공간 감각 내에서 세상을 볼 때 진정 무엇이 중요한지 균형 잡힌 사고를 하기 어렵다. 오직 당면한 이해관계와 경쟁의식이 정신을 지배하기 마련이다. 그렇기 때문에 장자의 다음 문제의식은 진지하게 고민할 필요가 있다.

> 도의 입장에서 볼 때 무엇을 귀히 여기고, 무엇을 천히 여기겠는가?
> 이런 경지를 반복 순환하는 상태라고 말하는 것이다. 자기 뜻에 얽매여서는 안 된다. 그러면 도에 크게 어긋나기 때문이다. 도의 입장에서 볼 때 무엇을 적다 하고 무엇을 많다 하겠는가? (…) 만물은 한결같이 평등한 것이니, 어느 것이 못하고 어느 것이 더 나은가?

경쟁과 이익, 재능이라는 좁은 시야로 세상을 바라볼 때 곧바로 귀한 것과 천한 것, 우월과 열등과 같은 구별의식이 사고를 지배한다. 더 높은 지위와 더 큰 명성을 추구한다는 것은 그렇지 못한 다수의 사람에 대한 무시의 마음을 동반한다. 이익과 명예를 중심으로 귀해지고 싶은 마음은 다른 사람들이 자신에게 머리를 숙이기를 바라는 마음과 같이 간다. 더 많이 소유하는 데 가장 큰 가치를 부여하는 사람에게는 덜 가진 사람에 대한 경멸의 마음이 자라난다. 그리고 많은 경우에 구별의식은 차별의식으로 이어지기 십상이다.

고정된 시각에서 벗어나 새로운 시각으로 접근할 때, 다시 말해서 더 긴 시간 감각과 더 넓은 공간 감각으로 사고할 때 협소한 구별

옛그림
인문학

의식에서 벗어난다. 좁고 획일적인 시각에서 벗어나 다른 각도에서 세상을 볼 때 크고 작음, 잘하고 못함, 귀하고 천함 등의 분별을 넘어선다. 진정한 의미의 다양성과 평등성 인정으로 한 발 더 나아간다.

인생관, 두보인가 이백인가?

인생관에 따라 삶이 달라진다

흔히 사람은 변하지 않는다는 말을 많이 한다. 그만큼 살아가는 방식에 관성적 사고와 습관적 행동의 지배력이 강력하다. 어려서부터 매일 반복을 통해 축적되었으니 자기도 모르게 고정된 경향대로 살아간다. 겉으로 드러난 말이나 행동은 가장하거나 일시적으로 변화를 주더라도 기본적 삶의 방식은 유지된다.

생각과 행동의 뿌리인 인생관 자체의 변화가 있다면 이야기가 달라진다. 철옹성 같은 관성에 균열의 가능성이 자란다. 생각이 달라지면 생활도 달라진다. 물질적인 조건이야 생각으로 바뀔 리 없겠지만, 적어도 구체적인 상황에서의 선택이나 행동 양식 등에서는 변화가 나

오명현 〈노인의송도〉 18세기

타난다. 세상에서 벌어지는 일과 인간 행태에 대한 평가 기준이 달라진다.

어떤 인생관을 갖고 있는가에 따라 조선 후기에 활약한 풍속화가 오명현吳命顯의 〈노인의송도老人倚松圖〉를 바라보는 관점도 다를 것이다. 제목은 '소나무에 기댄 노인'이라는 뜻이다. 그림에는 멋들어지게 가지를 늘어뜨린 소나무 한 그루와 있는 대로 취기가 올라 흐트러져 있는 선비 한 사람이 보인다.

단연 눈에 띄는 것은 술에 취한 선비다. 자세히 관찰하면 화가가 선비 묘사에 얼마나 세심한 신경을 썼는지를 확인할 수 있다. 여기저기에 만취 상태에 있음을 보여주는 표시를 해둔다. 먼저 허리띠를 매는 모습이 흥미롭다. 양반으로서의 체통도 던져버리고 소나무 밑동에 소변을 본 직후다. 손짐작으로 허리띠를 매려고 하지만 제대로 매듭이 지어지지 않아 줄이 늘어진 상태다.

도포 자락은 옆으로 돌아갔고, 윗옷도 일을 본 후에 제대로 내리지 않아서 말려 올라갔다. 그 사이로 불뚝 나온 배가 드러난다. 선비는 워낙 취기가 올라 지금 자기 몰골이 어떤지 전혀 신경을 쓰지 못하는 눈치다. 고개를 어깨에 묻고는 제대로 눈도 뜨지 못한다. 지금도 웬만한 애주가라면 술이 어느 정도 취한 다음에는 잠이 쏟아져 실내든 길바닥이든 장소를 가리지 않고 눈이 감기는 경험을 수시로 한다. 정신을 차리지 못할 정도로 들이켰기에 급한 소변을 보면서도 반쯤은 잠에서 빠져나오지 못한다.

옛그림
인문학

눈꺼풀만 의식의 통제에서 벗어난 게 아니다. 이미 다리가 풀려 몸을 제대로 가누지 못해 어디선가 한바탕 난리를 치른 후다. 갓이 찌그러지고 뒤틀려 있다. 술에 취해 비틀거리며 길을 걷다 돌부리에 걸렸든 발을 헛디뎠든 제대로 엎어져서 갓이 구겨진 듯하다. 귀 옆으로 머리털도 정신없이 흩어져 있어서 고주망태가 되어 여기까지도 겨우 왔음직 하다. 그 와중에도 소변을 보고 난 후 기분이 좋아서인지, 아니면 애초에 술을 마실 때 좋은 일이 있었는지 얼굴에 만족의 미소가 비친다.

조선 회화를 통틀어서 취한 모습을 이토록 사실적으로 묘사한 그림을 찾아보기 어렵다. 게다가 어디 시끌벅적한 동네 장터의 시정잡배도 아니고, 옷차림으로 보건대 나름대로 여유 있는 집안의 양반인 듯하다. 제대로 갖춰 입은 도포, 한눈에 보기에도 꽤 고급스러워 보이는 가죽신에 이르기까지 그럴듯한 차림이다. 양반이 술을 마시는 그림이야 신윤복을 비롯하여 몇몇 화가의 풍속화에서 종종 만나지만, 이토록 제 몸을 가누지 못할 정도로 만취한 양반을 상세하게 묘사한 그림은 좀처럼 구경하기 어렵다.

그런데 이 독특한 그림을 보면 볼수록 고개를 드는 의문이 하나 있다. 화가는 술에 취해 휘청대는 사대부의 일탈을 비판적으로 풍자하기 위해 그렸을까, 아니면 세속의 권세와 이익의 족쇄에서 벗어나 술과 더불어 세월을 낚는 은사를 부러워하는 시선으로 그렸을까?

과거에 비해 가부장의 권위가 상대적으로 약해진 현대 사회라면

이 행색 그대로 집을 찾아갔다가는 아내에게 구박을 받기 십상일 터다. 상습적인 애주가라면 아예 집에 들어오지 말라며 문조차 열어주지 않아서 밖에 쪼그리고 앉아 눈을 붙일지도 모를 일이다. 가족에게 좋은 소리 못 듣는 것으로 끝나지 않는다.

보통은 직장을 비롯하여 사회적으로도 주변에 취한 모습을 자주 보이면 신뢰를 잃어버린다. 자기 관리를 제대로 못 하는 사람이라는 평가를 받기 마련이다. 술을 자주 찾는다는 것은 그만큼 합리적인 성격보다는 충동적인 감정에 의존하는 사람이라는 인상을 주기 때문이다. 혹은 일을 우선하지 않는, 게으른 사람이라고 지목된다. 일단 비합리적이고 나태한 성향을 가진 사람이라는 평가를 받게 되면 그가 속한 조직에서 중요한 업무를 맡거나 처리하기에 부적합한 사람이라고 치부된다.

회사와 같은 특정한 조직 내의 견해만이 아니라 일반적인 상식이기도 하다. 대체로 고대 국가가 만들어진 이래 문명사회에서는 지위 상승과 부의 축적 등 사회적 성공을 가장 중요한 인생관으로 여긴다. 그리고 이를 위해 합리적·효율적인 성격과 생활방식을 가진 사람을 신뢰하는 경향이 강하다. 반대로 사회적 성공에 대해 거부감을 갖고 있거나, 유유자적한 생활방식을 갖고 있다면 불신의 대상이 된다. 이러한 시각으로 오명현의 〈노인의송도〉를 보면 체통을 지키지 못하고 학문에도 게으른 채 흥청망청 허송세월하며 살아가는 양반에 대한 비판적 풍자로 다가온다.

하지만 지위와 재산이 인생의 목표가 될 수 없고, 가장 짧은 시간에 가장 많은 성과를 내는 데 적합한 효율적 성격이 바람직한 인간의 기준이 될 수 없다고 생각하는 사람이라면 〈노인의송도〉에서 전혀 다른 인상을 받는다. 장기적인 성공을 위해 오늘의 행복을 포기하는 인생이야말로 바보 같은 짓이라 생각하고, 오늘의 행복을 추구하는 데 인생의 가치를 두는 사람이라면 술에 취해 흥겨워하는 선비의 이 시간은 그 무엇보다도 값지다. 계산과 예측과 같은 필연과 규칙에 의해 움직이는 것이 아닌 이상 유유자적을 즐기며 오늘의 기쁨을 누리는 게 당연하게 다가온다.

두보, 전형적인 유가 사대부의 인생관

〈송시열 초상〉은 조선을 대표하는 유가 선비의 전형을 보여준다. 송시열宋時烈은 조선 중기를 대표하는 유학자이자 정치가다. 당대의 주자 성리학 대가이면서, 당색으로는 상당 기간 사대부 내에서 주도권을 행하던 서인과 노론의 영수에 해당한다. 효종과 현종 두 국왕의 왕자 시절 스승이었다. 세자의 사부만이 아니라 이조판서, 의정부 좌의정, 우의정 등에 이르기까지 조정의 요직을 두루 거친 정치가이기도 했다.

그림은 그가 세상을 떠난 지 거의 백 년이 흐른 뒤, 생전의 초상

작가 미상 〈송시열 초상〉 18세기

화에 기초하여 다시 그려진 것으로 보인다. 상단에 1778년 정조의 찬문이 실려 있는데, 이 시기에 그려진 듯하다. 정조는 송시열을 공자나 주자의 반열을 이었다는 의미에서 '송자宋子'라 부르고 국가의 스승으로 추대했을 정도다.

초상화 속 모습도 엄격하고 경건한 유가 선비의 풍모 그대로다. 먼저 머리에 쓴 검은색 유관儒冠이 특징적이다. 유관은 중국 춘추 전국 시대부터 유가가 자기들 학파의 상징으로 쓰던 검은 복건을 말한다. 장자는 『장자』에서 "유가 사람들이 둥근 관을 쓰는 것은 하늘의 때를 알기 때문이다."라고 한다. 여기에 유학자들이 평상시에 입는 옷인 유복儒服 차림까지 하고 있다. 이를 통해 유학자로서의 기품을 극대화한다.

초상화 상단에 정조가 송시열에 대한 존경의 마음을 담아 쓴 시의 내용은 다음과 같다.

> 큰 인물은 하늘이 낸다 하였다.
> 공자를 하늘이 내리시었고 그 뒤를 이을 주자도 하늘이 내셨다는 것이요,
> 주자의 학문을 송자가 이었으니 송자도 또한 하늘이 내셨다는 것이다.
> 그러므로 주자가 아니면 공자의 도를 전할 수 없었고
> 또한 송자가 아니면 주자의 도가 이 땅에 있을 수 없었을 것이다.
> (…)

정조는 학문에서 송시열을 공자와 주자를 잇는 지위로 삼는다. 공자가 유가를 세웠다면 주희는 공자의 뜻을 정확하고 구체적으로 해석하여 주자 성리학을 정립함으로써 후대가 유가를 제대로 계승하게 만들었다고 한다. 송시열은 조선의 주자나 마찬가지다. 주자의 공자 해석을 조선에서 명확히 세웠으니 말이다. 공자와 주자, 그리고 송자는 유가의 가장 중요한 세 기둥이자 대들보다. 세 사람 가운데 어느한 사람이 없어도 유가와 성리학은 제대로 유지되기 어렵다는 것이다. 그만큼 전형적인 유가 사대부의 정신과 인생관을 갖고 살아갔던 인물이다.

송시열은 주자 성리학의 정통성을 정확히 이어받았다는 확신에 차서 살아간 인물이다. 인조의 차남인 효종이 상복을 언제까지 입어야 하는가를 둘러싸고 벌어진 '예송논쟁'에서도 장남 이외의 모든 자녀는 일 년만 상복을 입어야 한다는 주희의 『주자가례』를 기준으로 제시하여 남인에 비해 우위를 차지하고, 스스로는 서인의 정치 지도자가 된다.

이후에도 송시열은 주자의 해석 이외에 공자를 다르게 이해하려는 시도에 대해 모두 유가 학문을 어지럽히는 행동으로 규정하고 철저하게 배격했다. 희빈 장씨 아들의 왕세자 책봉을 반대하는 상소를 올렸다가 숙종의 분노에 모든 관직을 박탈당하고 제주도로 유배를 간다.

남인들의 심문 주장에 서울로 국문을 받으러 오던 중 사약을 받고 죽는다. 평생 주자 성리학을 수호한다는 신념을 갖고 살던 유학자는 83세에 사약을 받으면서 쓴 유서에서도 원칙주의자로서의 날을 세운다.

주자는 음양·의리·흑백을 판단하는 데 있어 용감하고도 엄격하기가 마치 한 칼로 두 조각을 내듯 하여 감히 조금도 마음이 흔들리지 않았다. (…) 맹자와 주자가 사설邪說을 물리치되 죽도록 미워하기를 마치 원수처럼 여기는 데에 이르렀던 것이다. 처음에는 털끝만큼의 어긋난 것도 나중에는 천리 거리만큼 어긋나게 되는 것인데, 더구나 처음부터 크게 어긋난 것이야 더 말할 나위가 있겠느냐.

송시열에 의하면 주자의 해석은 칼로 두 조각내듯 선과 악, 옳고 그름을 명확하게 구분하는 기준이다. 오직 유가의 정치관과 인생관에 의거하여 살아갈 일이다. 단순히 내적인 수양으로 멈추지 않는다. 공자가 자신의 뜻을 펼치기 위해 오랜 세월 각 나라 임금을 찾아가 중용해달라고 유세를 했듯이 입신양명의 꿈을 이루고자 한다. 관직에 진출하여 유가의 뜻을 실현하고, 나아가서는 왕이 제 역할을 하도록 직언한다.

하지만 주자 성리학을 체현한 유학자요 정치가로서 사는 일이 언제나 자기에게 이익이 되는 것은 아니다. 스스로 말년에 관직을 박탈당하고 유배와 사약을 맞닥뜨려야 했듯이 주자 성리학의 원칙을 지키는 일이 선비 개인에게는 불이익이 될 수 있다. 그럼에도 불구하고 주자 학문의 이치를 깨닫고 자신의 인생관으로 받아들여 실천에 힘써야 한다.

중국에서 유가의 원칙을 인생관으로 삼았던 시인으로는 두보杜甫가 첫손에 꼽힌다. 당나라 최고의 시인을 넘어 중국 역사를 통틀어 시성으로 불린다. 『시선』에 실린 「위좌승韋左丞 어른에게 바치는 시」 내용 중 일부를 보면 기본적인 문제의식을 만난다.

저는 옛날 어린 나이에, 이미 장안 과거에 뽑혔고

만 권 책을 독파하여 통달했고, 시는 조식에 가깝다 보았습니다.

이옹도 보기를 자청해 왔고, 왕한도 이웃에 살고자 했습니다.

무척 뛰어났다는 자신 품고, 나라 벼슬 요로에 등용되면

임금을 보필하여 요순보다 높이 올리고, 순박한 국민기풍 세우고자 다짐했거늘

끝내 뜻이 꺾이어 외롭고 쓸쓸한 채, 떠돌며 노래하나 은자는 아니라오. (…)

두보는 스스로 유교 사상을 체현한 사람으로 자부한다. 어려서부터 과거에 응시하고, 학문의 이치를 깨닫는 데 게으름을 피우지 않았다고 한다. 삼국 시대 위나라의 문학가로 이름을 떨친 조식에 비견될 능력을 갖고 있다고 자부한다. 당시 문단의 중진이었고 북해 태수였

던 이옹이나 당나라에서 이미 이름을 떨친 시인 왕한도 자신과 교류를 원할 만큼 이미 높은 경지에 올랐다는 것이다.

유학자 대부분이 그러하듯 두보도 자기 능력을 세상에서 발휘하고자 한다. 벼슬에 진출하여 인과 의에 기초한 왕도정치 실현에 평생을 바치려 한다. "임금을 보필하여 요순보다 높이 올리고, 순박한 국민 기풍을 세우고자" 다짐했다고 말하듯이, 신하로서 임금을 현군으로 만들고, 당나라를 유가에서 이상 사회로 꼽는 요순 시대처럼 만들 수 있다고 생각한다. 이를 위해 끊임없이 조정에서 주요한 벼슬을 얻어 뜻을 펼치고자 한다.

하지만 뜻대로 풀리지는 않는다. 이 시는 두보가 36세가 되던 746년 과거에 응시했다가 낙방한 후 쓴 것이다. 24세에도 과거에 응시했다가 낙방한 경험이 있다. "뜻이 꺾이어 외롭고 쓸쓸한 채 떠돌며" 살고 있다는 불만을 토로하는 것도 이 때문이다. 그토록 바라던 관직에 진출하지 못하고 떠도는 유랑생활을 하고 있지만 '은자'는 아니라고 한다. 입신양명을 통해 유가 원칙을 실현하려는 꿈을 포기하지 않았다는 의지의 표현이다.

당나라 조정은 쇠퇴하고 있지만 뜻을 펼칠 수 있는 기회는 좀처럼 찾아오지 않는다. 당시 현종은 양귀비에 빠져 정사를 제대로 돌보지 않았다. 유학자를 경시하는 이임보가 권세를 누리고, 두보와 교류하던 이옹도 그의 손에 걸려 감옥에 갇히고 결국 죽고 만다.

이 시를 지은 지 십 년 가까이 지나고 나서야 임금에게 간언을 올릴 수 있는 좌습유左拾遺 벼슬을 얻는다. 드디어 유가의 가르침대로 임금이 덕치를 실현하도록 도울 수 있는 기회를 얻었다고 생각한다. 하지만 기대와는 달리 벼슬은 오래가지 못한다. 고작 이 년 후인 759년에 직위를 박탈당하고 지방으로 쫓겨난다.

두보는 이후 약 십 년 동안 가족과 함께 각지로 떠돌며 심한 궁핍과 병고에 시달리다가 59세에 죽는다. 비록 벼슬에 나아가지는 못하고 떠돌이 생활을 하는 도중에도 평생 유가 선비로서의 마음가짐을 놓지 않는다. 「봉선현奉先縣으로 가며 지은 노래」 가운데 일부 내용을 보더라도 그러하다.

두릉에 살고 있는 벼슬 없는 야인은, 늙을수록 더욱 처세에 어둡거늘

어리석게도 자부심만 강해 가지고, 순의 현신 후직과 설에 비기네. (…)

무릇 관 뚜껑 덮으면 만사가 끝나리. 허나 충성심만은 달성하고 싶어라.

일 년 내내 백성 걱정하고, 속 태우며 몹시 한탄하니

동문들은 나를 비웃기도 하지만, 더욱 격렬한 정열로 크게 노래하네.

강호에 은퇴할 생각 없지도 않고, 맑고 조용히 세월 보내고도 싶으나

요순 같은 태평성대에 태어난 보람을, 내가 어찌 영원히 버릴 수 있으리오 (…)

두 차례 과거에 낙방하고, 벼슬에 오르지 못한 채 떠돌이 생활을 하다가 병기고의 과장급 벼슬을 얻어 호구지책을 마련한다. 하지만 정치적인 신념을 펼 수 있는 자리는 전혀 아니다. 그래서인지 "벼슬 없는 야인"이라고 표현한다. 어느덧 나이는 40대 중반에 이르렀는데 꿈이 실현될 기미는 보이지 않는다. 그럼에도 불구하고 여전히 마음은 순임금의 현명한 신하가 되어 충성을 다해 나라를 올바로 이끄는 데 헌신하고자 한다. 요순 시대와 같은 이상 세상을 만드는 신념은 영원히 버릴 수 없다고 한다.

고종의 어진을 그린 조선 후기의 화가 채용신蔡龍臣의 〈전우 초상〉은 유가 선비의 꼬장꼬장한 모습을 잘 보여준다. 송시열처럼 벼슬의 길로 나아가든, 아니면 두보처럼 제대로 관직을 맡을 기회가 없이 초야에 묻혀 있든 유가의 신념을 끝까지 지키며, 생활에서의 처신도 흐트러짐 없이 긴장감을 유지하던 사대부의 분위기를 그대로 전달한다.

그림 속 인물은 어디 한 군데 흐트러짐도 허용하지 않겠다는 듯 정돈된 모습이다.

80세가량의 모습임에도 불구하고 머리에서 허리를 거쳐 다리에 이르기까지 반듯한 자세여서 꼿꼿한 심성을 그대로 보여준다. 얼굴도 정면을 뚫어지게 응시하고 있어서 노구를 무색하게 하는 결기가 느껴진다.

초상화에 담긴 꼿꼿한 선비의 모습은 실제 전우田愚의 인생과 생

채용신 〈전우 초상〉 1920년경

각을 거의 그대로 반영한다. 그는 중국의 주자와 조선의 송시열을 정신적 스승으로 삼아 성리학의 원칙을 수호하고자 했다. 워낙 기존 성리학의 원칙에서 한 치도 벗어나지 않았기에 당시 개화파로부터 수구 학자의 우두머리로 지목되곤 했다. 강원도 도사, 사헌부 장령 등의 관직을 제수받았으나 모두 나아가지 않고, 부안·군산 등의 작은 섬을 옮겨 다니며 학문에 전념했다.

을사조약으로 나라를 잃은 후에도 유학을 다시 일으켜야 국권을 회복할 수 있다고 여겼다. "오백 년 종사도 중요하지만 삼천 년의 도통道統을 잇는 것이 더 소중하니 무가치하게 목숨을 버리지 말고, 학문을 일으켜 도道로써 나라를 찾아야 한다." 이 초상화도 나라를 잃은 후 계화도에서 제자를 가르치는 일에 전념할 때의 모습이다. 그림에 적혀 있는 내용은 전우가 직접 지은 「자경自警」이라는 시다. '스스로 경계하다'라는 뜻이다.

좌우 두 손에 공평함을 잡고 마음에 올바름을 쌓아 두면,

이 공평함과 올바름이 큰 덕을 이룰 터이다.

그런데 어찌하여 십중팔구 사사로이 굽은 마음을 드러내는가.

바름을 구하고 그름을 버리는 것은 회암 선생이 남겨 놓은 것이니,

마음을 굳건하게 하고 기운을 잘 다스려야 한다.

이로써 본성을 되찾아야 하느니.

회암晦菴 선생이란 주자를 가리킨다. 세상에서 옳음과 그름을 구분하는 기준은 오직 주자에서 올 뿐이다. 주자의 학설과 다른 견해는 올바름에서 벗어난 사사로운 관점에 불과하다. 세상에 쓰임이 있다면 벼슬을 얻어 꿈을 펼치고, 만약 세상이 어지러워 쓰일 길이 없다고 판단되면 몸과 마음을 단정히 하여 학문에 정진하는 것이 선비로서의 올바른 인생이라고 본다. 공자 이래로 많은 유학자들의 일관된 관점이기도 하다.

전우도 그 연장선상에 있다. 세상이 혼란에 빠져 있거나, 나라를 잃은 상태에서 관직을 맡아 무언가를 이룰 가능성이 막혔다고 여긴 후에 오직 성리학의 원칙을 굳건히 세우고 유지하는 데 온 힘을 기울인다. 학문을 열심히 닦아 마음을 올바로 가다듬는다면 어느 때든 우리 힘으로 독립을 이룰 수 있다며 세상을 떠날 때까지 저술과 제자 양성에 힘쓴다.

이렇듯 유가 인생관은 공적인 자리에 있든 아니든 늘 긴장을 유지하도록 한다. 특히 조선에서는 주자 성리학이라는 매우 좁은 기준만을 진리의 기준으로 놓고 나머지 견해에 대해서는 사문난적으로 배제한다. 학문적 태도만이 아니라 일상생활에서도 유가가 요구하는 도덕률에서 벗어나면 안 된다. 송시열과 전우 초상에서 의관이 반듯한 모습도 유가 사대부의 경직된 분위기를 반영한다.

이백, 자연과 술로 누리는 자유로운 인생

조선 중기의 왕족 출신 화가 이경윤李慶胤의 〈고사탁족도高士濯足圖〉는 전혀 다른 분위기를 풍긴다. 나무 그늘 아래서 물에 발을 담그고 한가한 시간을 보내는 중이다. 가슴과 배를 훤히 드러낼 정도로 옷을 풀어헤친다. 버선을 벗고 바지도 넓적다리까지 둘둘 말아 올린 채 물에 발을 담근다. 모자도 제대로 갖추지 않고 그저 상투만 가린 정도다. 의관을 반듯하게 갖추는 데는 별로 신경을 쓰지 않고 자유로운 분위기로 바닥에 털썩 앉는다. 아직 물이 차서 그러는 건지 모르겠지만, 한쪽 발을 살짝 들어 다른 발 정강이에 문지른다.

고개를 돌려 동자를 부른다. 그런데 동자의 손에는 큼직한 술병이 들려 있다. 술병의 크기로 봐서는 거나하게 한잔하겠다는 심사다. 느긋하게 오래 앉아 충분히 마시고 싶어서 미리 옷도 편하게 풀어헤쳐 놓은 게 아닐까 싶다. 자연 속에서 술을 벗 삼아 탁족을 하는 여유로운 모습이다. 단지 어느 날 시간을 내서 잠시 즐기는 분위기가 아니다. 긴장하여 매사에 쫓기듯이 살기보다는 평소에 유유자적한 삶을 즐기고 있을 듯하다.

'탁족'이라는 말 자체가 특정한 의미를 담고 있다. 전국 시대 초나라의 문인이자 정치가인 굴원屈原과 연관된 이야기에 나오는 표현이다. 아첨하는 무리의 질시와 왕의 노여움 때문에 유배 길을 가던 중 어부가 탁영탁족濯纓濯足, 즉 "창랑의 물이 맑거든 갓끈을 씻고, 창랑

이경윤 〈고사탁족도〉 16세기 후반

의 물이 흐리거든 발을 씻는다."라는 말을 일러준다.

　이 말의 의미를 놓고 다양한 해석이 나오는데, 맹자孟子는 『맹자』
의 「이루상離婁上」 편에서 "어질지 않은 자는 위태로운 것을 편안히
생각하고, 재난이 될 일을 이롭게 생각하며 자신을 멸망케 할 일을 즐
긴다."라는 말을 하면서 이를 뒷받침할 내용으로 '탁영탁족'을 인용한
다. 이어서 "사람들이란 반드시 스스로 자신을 업신여긴 다음에야 남
이 그를 업신여기게 된다."라는 해석을 단다. 『서경』에 "하늘이 만드
는 재난은 피할 수가 있지만, 스스로 만든 재난에서는 살아남지 못한
다."라고 하였는데, 이를 두고 한 말이라고 덧붙인다.

　여기에서 창랑의 물은 세상을 상징한다. 물이 맑다는 말은 세상
에 도가 통할 수 있는 상태다. 갓끈을 씻는다는 말은 세상으로 나아가
벼슬을 맡아 뜻을 펼친다는 의미로 해석하는 것이 적절하다. 물이 흐
리다는 말은 세상이 혼란으로 가득해서 도가 통할 수 없는 상태다. 발
을 씻는다는 말은 비리나 질시로 가득한 세상에서 나와 초야에 묻혀
산다는 의미로 해석하는 것이 타당하다.

　어부는 굴원에게 이미 도가 통할 수 없는 세상이 된 지 오래이니
정치에 나아가지 말고 초야에서 유유자적하며 살 일이지, 공연히 현
실을 바꾸어 보겠다고 애를 쓰다 자신을 위험에 빠트렸다고 비판한
것이다. 맹자는 이를 "재난이 될 일을 이롭게 생각하며 자신을 멸망케
할 일"이라고 지적한 듯하다. 스스로 재난을 초래하는 우를 범한다는
비판이다.

유유자적한 삶이라는 면에서, 당나라 시인으로 두보와 쌍벽을 이루며 시선이라 불리는 이백李白은 더욱 전형적이다. 『시선』의 「자견自遣」에서 다음과 같이 스스로를 위로한다.

술을 마시다 보니 어느덧 날이 어둡고
옷자락에 수북이 쌓인 낙화여!
취한 걸음, 시냇물의 달 밟고 돌아갈 제
새도 사람도 없이 나 혼자로다.

마치 이경윤의 〈고사탁족도〉에서 벌어질 다음 상황을 시로 읊는 듯하다. 그림이 모든 준비를 마치고 술을 건네받는 장면이라면, 이백의 시는 첫 구절부터 본격적으로 술을 마신 장면으로 시작한다. 그냥 적당히 걸친 정도가 아니다. 날이 어두워지는 줄도 모르고 술독에 빠지듯이 마시던 중이다. 이경윤의 그림 배경에 여기저기 꽃이 핀 매화나무가 보이는데, 이백의 시에서는 옷자락에 꽃잎이 쌓이는 줄도 모르고 술을 마신 이야기가 나온다.

아무런 방해도 받지 않고 나와 자연, 그리고 술이 어우러진 시간이다. 이미 시냇물에 비칠 정도로 달이 높이 떠올라 꽤 늦은 밤임을 알게 한다. 낮에 숲에서 노래하던 새도 둥지로 돌아가고 혼자서 취해서 비틀대는 걸음에 의지하며 귀갓길에 오른다.

주자 성리학의 실현을 꿈꾸고, 아직 기회를 잡지 못한 자신의 처지에 조바심을 내던 두보의 분위기와는 사뭇 다르다. 두보가 평생에 걸쳐 입신양명을 추구하고, 현실적으로 관직을 맡지 못할 때도 유가 가치 실현을 위해 자기를 갈고닦는 데 힘썼다면, 이백은 혼탁한 세상에서 벗어나 자유와 방랑의 삶을 추구한다.

일시적인 충동이 아니다. 현실에 대한 문제의식에 기초한 인생관이 깊게 묻어난다. 마찬가지로 술 이야기를 담은 「장진주將進酒」라는 시 가운데 다음의 일부 내용을 보면 삶의 가치관 차원에서 생각을 풀어간다.

> 그대는 보지 못했는가, 황하의 저 물 천상에서 내려와
> 달리어 바다에 곧 이르면 돌아오지 않음을!
> 그대는 보지 못했는가, 덩그런 집 속
> 거울과 마주 앉아 백발을 슬퍼함을!
> 아침에 푸른 실 같던 그것 저녁 되니 어느덧 흰 눈이어라.
> 뜻 같을 적 모름지기 즐길 것이니,
> 달빛 아래 황금 술통 그대로 두지 말라. (…)

당장은 장대해 보이는 황하의 물도 곧 바다에 이른 후에는 다시 돌아오지 않는다. 마찬가지로 대부분의 사람은 언제나 젊음을 유지하리라는 막연한 생각을 갖고 살다가 어느 순간 노인이 되어 있는 자신을 발견한다. 세상이든 한 사람의 인생이든 시위를 떠난 화살처럼 빠

르게 흐르니, 막연한 미래를 위해 자신을 위험에 빠트리거나 세월을 낭비하지 말고 오늘의 행복을 찾으라는 권고다. 술은 오늘을 위해 살아가는 인생의 상징이다.

이는 맹자의 '탁영탁족'에 대한 해석보다 훨씬 더 적극적이다. 맹자는 세상이 어떠한지, 즉 세상의 상황에 따라 처신이 달라져야 한다는 점을 강조한다. 선비의 직언이 통하지 못하는 어지러운 세상이라면 세상에서 물러나 유유자적한 삶을 찾는 게 진정 어진 사람이다. 하지만 이백은 상황에 따른 처신과는 전혀 다른 방향에서 삶을 고민한다. 본래 인생이란 빠르게 지나가기 마련이고, 또한 가치 기준도 자신의 행복에 맞춰져야 한다.

「사조루謝朓樓에서 벗을 보내며」라는 시를 보면 "날 버리고 간 어제의 그 날은 붙들 길 없고", 또한 "칼을 뽑아 물을 쳐도 물은 흐른다." 그러므로 오늘의 소중함을 깨달아야 한다. 전국 시대의 범려范蠡가 벼슬을 내려놓고, 산발하고 작은 배를 저어 자취를 감추었듯이 자신의 행복을 찾아 떠날 일이다. 이백은 옳고 그름을 비롯한 현실의 도덕률에 얽매이지 않고 자유롭게 비상하는 삶을 실행에 옮긴다.

조선 초기 문신이자 화가 강희안姜希顔의 〈고사관수도高士觀水圖〉 역시 비슷한 분위기다. 제목 그대로 고매한 선비가 물을 바라보는 모습이다. 강희안 스스로도 청렴하고 소박하여 출세에 연연하지 않고, 시서화를 즐겼다고 한다. 세속의 어지러움에서 벗어나 한적하고 평화로운 일상을 즐긴다는 점에서 앞의 〈고사탁족도〉 느낌에 닿아 있다.

강희안 〈고사관수도〉 15세기 중반

뒤의 깎아지른 듯 가파른 절벽을 묘사한 붓질에 거침이 없다. 절벽에 매달려 자라난 덩굴나무에서 흘러내린 가지와 잎이 절묘한 운치를 만들어낸다. 선비는 세상에서 벌어지는 일에 별 관심이 없다는 듯 유유자적하게 바위에 기대어 흐르는 물을 바라본다. 워낙 편한 자세여서 오랜 시간 흐르는 물을 응시했을 것 같다.

그나마 강희안은 집현전 직제학과 호조참의를 지냈으니 유가 선비로서의 꿈도 어느 정도 실현하고, 나아가서는 세속의 번잡함에서 벗어나 자기만의 행복도 조금이나마 구한 경우다. 공적인 기여와 사적인 행복 모두를 성취할 수 있는 사람은 지극히 드물다. 관직 진출을 호랑이 등에 올라탄 상황으로 비유하는 경우가 많다. 일단 관직에 올라 출세를 지향하는 순간 더 높은 지위를 향한 맹렬한 질주만 남기 때문이다.

관직에 발을 들여놓고 일정한 지위에 오르면, 현실 세상이 도가 통할 수 없는 상황임을 깨닫게 되더라도 내려오지를 못한다. 맹자가 지적했듯이 스스로에게 닥친 위태로움과 재난을, 이익을 안겨 줄 기회로 여긴다. 결국 스스로 만든 재난에서 살아남지 못하는 우를 범한다. 그만큼 '탁족' 자체가 매우 어려운 선택이다. 현대 한국 사회에서 한번 국회의원이나 장관, 하다못해 지방자치 기초위원이라도 공적인 지위의 맛을 본 사람들이 다시 그 자리를 차지하기 위해 수단과 방법을 가리지 않는 현상도 그 연장선상에 있다.

그래서 이백은 「여산요廬山謠」라는 시에서 아예 관직에 진출하려

기를 쓰는 유학자들의 태도에 대해 조롱한다. 원래 제목이 '여산의 노래를 지어 벼슬하는 노허주에게 보낸다'이니 벼슬에 나아가는 일에 대한 경고 의미가 있는 내용이다.

나는 본디 초나라 광인, 봉가를 불러 공구 비웃었나니
손에 녹옥의 지팡이 짚고, 아침에 황학루 떠나리라.
오악에 신선 찾아 먼 길 사양치 않고
일생에 즐기는 것 명산 찾아 노니는 일. (…)

초楚나라의 미치광이로 잘 알려진 접여接與에 얽힌 이야기다. 봉가는 봉새의 노래를 뜻하는데, 여기에서 봉새는 공자를 의미한다. 공자의 『논어』, 「미자微子」편에 나오고, 장자의 『장자』, 「인간세人間世」편에도 나온다. 『논어』에는 더 간단하게 소개되어 있다.

공자가 초나라로 갔는데, 접여가 객사 문 앞을 지나면서 노래한다. "봉새야, 봉새야! 어찌하여 덕이 그리 쇠하였냐? 지난 일은 탓해도 소용없지만, 앞일은 바로 좇아갈 수 있는 것. 아서라, 아서라! 지금의 정치에 종사하는 자는 위태롭다네!" 공자가 그와 더 얘기를 나누고자 했으나, 빠른 걸음으로 피해 버려 더불어 얘기하지 못했다는 말로 끝난다.

접여는 미친 체하며 세상을 숨어 살던 은자다. 이백은 자신을 접여와 일치시킨다. 공자가 오랜 세월 천하를 주유하며 덕을 설파하려

했지만 세상에는 갈수록 덕이 사라지고 있으니 헛일을 했다고 조롱한다. 접여가 보기에 그동안 공자가 이 나라 저 나라 떠돌아다니며 고난을 겪었지만, 그나마 비중 있는 벼슬에 오르지 않았기에 생명을 유지할 수 있었다. 정치에 뛰어들어 위험에 처하는 일을 자초하지 말아야한다. 특히 정치가 불안정한 초나라라면 벼슬에 집착할 때 훨씬 더 심각한 위태로움에 직면할 수 있다는 경고다.

이백은 접여가 벼슬에 올라 세상을 바꾸려 한 공자를 조롱하는노래를 불렀듯이, 자신도 현실에서 입신양명을 꿈꾸는 유학자들에게봉가를 부르겠다고 한다. 높은 지위에 올라 유가의 가치를 실현하고후세에 이름을 남기려는 인생관 자체를 버리라고 한다. 정치에의 미련을 훌훌 털어내고, 손에 나무 지팡이 하나 짚고 명산을 찾아 자연을즐기고 흥을 돋울 술도 마시며 오늘의 삶을 즐기라고 한다.

어찌 인생관이 두보와 이백으로만 나뉘겠냐만 중요한 참고가 되는 것은 사실이다. 인간의 삶은 다양하고 복잡하다. 아마 100명이 있으면 100개의 인생관이 있다고 해도 과언이 아닐 정도로 섬세한 영역이다. 하지만 어느 정도 유형화는 할 수 있는 일이고, 이 때 두보와 이백의 인생관은 전체를 대표하지는 못하더라도 중요한 특징 중의 하나로 들어갈 수 있다. 그러한 의미에서 진지하게 비교할 만하다.

일차적으로 현실에서 가장 큰 문제는 아예 인생관 차원에서 삶을고민하는 시도 자체가 많지 않다는 점이다. 당장 닥친 선택의 순간에단기적 이익의 관점, 합리성·효율성의 관점에서 개별 선택을 한다.

두보와 이백이라는 한정된 구분과 논의이기는 하지만 인생관을 고민하는 소중한 계기를 만드는 일은 매우 중요하다. 또한 두보와 이백의 비교를 기초로 둘 사이에 펼쳐지는 다양한 경향으로 고민을 확장해 나간다면 더욱 유용할 것이다.

생사관, 죽음과 마주하다

동양사상의 '메멘토 모리'

사람이 제일 싫어하고 두려워하는 것을 고르라고 하면 단연 죽음
이리라. 인간도 다른 생명과 마찬가지로 자신을 유지하고자 하는 본
능을 갖는다. 고통 중에서도 가장 큰 충격을 주는 죽음의 공포를 회피
하고자 하는 자연스러운 경향을 지닌다. 그래서 무언가를 최고로 강
조하고자 할 때 '죽어도' 꼭 해야 한다든가, '죽어도' 싫다는 식으로
표현한다. 그만큼 가장 피하고자 하는 상태이기 때문이다.

죽음을 맞이하는 상황은 물론이고 아예 죽음 자체를 생각하기 싫
어한다. 죽음과 연관된 표현이나 이미지도 기피 대상이다. 사람들과
만나 비슷한 얘기라도 하면 '재수 없다'는 핀잔을 받기 십상이다. 죽

음은 둘째 치고 자신이 늙는 과정에 있다는 점에 대해서조차 머리에 떠올리지 않는다. 젊음을 구가하는 청년기에 장년기나 노년기에 대해 진지하게 생각하는 사람은 거의 없다.

죽음에 일상적으로 가까이 다가선 채 살아가는 노인이라 하더라도 사정은 별로 다르지 않다. 상식적으로 생각할 수 있는 자연적 수명이나 현실적인 신체 기능을 볼 때 죽음을 친숙하게 여기는 게 당연할 시기임에도 불구하고 필사적으로 머리에서 떨쳐낸다. 노인이 되어 건강에 더 신경을 쓰고 수시로 병원을 찾는 이유도 죽음에 대한 두려움, 삶에 대한 집착과 무관하다고 볼 수 없다.

그런데 드물기는 하지만 평소에 죽음을 적극적으로 생각하려는 사람들이 있다. 오히려 죽음을 현실의 문제로 끌어와서 진지하게 고민하려 한다. 죽음을 삶과 함께 늘 곁에 있는 상태로, 최대한 친숙하게 여겨야 할 상대로 인정하고 성찰의 시간을 갖는다. 불교 선종의 창시자인 달마대사를 그린 그림으로 잘 알려진 조선 중기 화가 김명국金明國의 〈은사도隱士圖〉는 죽음을 회피하지 않고, 정면으로 마주하며 대화를 시도한다.

길을 떠나는 나그네다. 한 손에 지팡이를 들고 있는 것으로 봐서 꽤 먼 길을 떠날 채비를 한 모습이다. 도포 자락이 바닥에 끌릴 정도로 치렁치렁하고, 머리에도 비바람을 피하려는 듯 보자기를 덮어쓴 차림이다. 화선지 가득 한 명의 인물을 담았으면서도 정작 앞이나 옆이 아니라 뒷모습을 담았다는 점이 상당히 특징적이다.

김명국 〈은사도〉 부분, 17세기 중반

언뜻 보면 그저 길 떠나는 장면처럼 느껴진다. 속세에 염증을 느껴 훌훌 털고 일어나 전국 명산을 떠도는 유랑자 말이다. 하지만 김명국이 그림 위에 적은 발문까지 포함하여 꼼꼼하게 보면 죽음과의 연관성이 짙어진다.

없는 데서 있는 것을 만드는 것인데
내가 그림으로 그릴망정
유언으로 전하겠는가.
세상엔 시인이 많고 많지만
누가 이미 흩어진 넋을 불러주리.

그림으로 유언을 대신하겠단다. 세상에 많은 시인이 있지만 죽은 후에 영혼을 위로해 줄 사람이 마땅치 않으니 화가로서 그림으로 남기겠다는 것이다. 길을 떠나기는 하되 대신 이승에서 저승으로 향하는 길이다. 죽음의 자화상이다. 그러고 보면 머리를 온통 가릴 정도로 뒤집어 쓴 보자기도 심상치 않다. 목까지 단단히 조여 맨 모양으로 봐서 혹시 죽은 후에 염을 한 복장이 아닌가 싶다.

자신을 망자의 모습으로 그려 놓는다는 것은 죽음을 회피하지 않고 정면으로 대면한다는 의미다. 동서양 화가 가운데 자화상을 통해 죽음과의 연관성을 표현한 경우는 종종 있다. 하지만 대부분 뒤에 해골이나 사신을 등장시켜 죽음의 그림자가 바짝 다가와 있음을 드러낸다. 이에 비해 김명국은 아예 죽은 후에 북망산을 향해 걷는 스스로를 담는다. 죽음을 기피하지 않고 항상 삶과 동반하는 관계로 여긴다.

언제든지 죽음의 부름 앞에 설 수 있다고 여기며 살아서인지 김명국은 현실에서의 성공이나 이익에 대한 집착에서 벗어난다. 죽음이 늘 따라다닌다고 생각하는 순간 먼 미래를 향해 오늘을 희생하며 살아가는 바보 같은 짓을 하지 않기 마련이다. 실제로 그는 오늘 하루가 마치 인생 전체인 양 살아간다.

비슷한 시대를 살았던 문인 남태응이 「청죽화사聽竹畵史」에서 소개한 내용을 보면 한층 더 생생하다. "김명국은 그림의 귀신이다. (…) 성격이 호방하고 술을 좋아하여 그림을 구하는 사람이 있으면 문득 술부터 찾았다. 술에 취하지 않으면 그 재주가 다 나오지 않았고, 또 술에 취하면 취해서 제대로 잘 그릴 수가 없었다." 내일이 없는 사람처럼 늘 취해 살았다. 크게 취해야만 붓을 휘둘렀는데, 한 번에 여러 말을 마셨다. 평소에 얼마나 술에 찌들어 살았는지 그의 호 가운데 '취한 늙은이'라는 뜻의 '취옹醉翁'이 널리 쓰였을 정도다.

하지만 대부분의 사람은 죽음을 끔찍하게 싫어하고 생각조차 떠올리려 하지 않는다. 죽음을 끝이라고 여긴다. 조선 사대부 문인의 글 가운데 죽음과 관련하여 흥미롭고 다양한 내용을 담기로는 단연 김시습金時習의 『금오신화金鰲新話』가 꼽힌다.

김시습은 어려서부터 워낙 재능이 뛰어나 3세 때부터 한시를 짓고, 5세에 『중용』, 『대학』 등도 술술 읽어 사람들을 놀라게 했다. 세종이 시구를 들어 시험을 하니 마찬가지로 시구로 답을 하여 후한 상을 받았다고 한다. 하지만 어린 조카를 폐위시키고 왕위에 오른 세조의 왕위 찬탈 사건을 보고 크게 실망하여 20대 청년기부터 방랑의 생애를 보낸다. 30대에 접어들어 경주 남산에 '금오산실'을 짓고 칩거하던 중 집필한 내용이 우리나라 최초의 한문 소설로 평가되는 『금오신화』다.

일상에서는 접하기 어려운, 어떤 면에서는 기괴하기 짝이 없는 여러 편의 이야기가 담겨 있는데, 특히 죽음과 연관성을 갖는 내용이 자주 나온다. 김시습의 관점만이 아니라 백성의 통념적인 생사관은 물론이고 나아가서는 국가나 사회 도덕률에 의해 강제된 사고방식에 이르기까지 다양한 관점을 접할 기회를 제공한다. 단지 죽음을 둘러싼 재미있는 이야기에 머물지 않고, 유교와 도교, 나아가서는 불교에 이르기까지 다양한 학문을 섭렵하고 수용한 철학을 이 안에 녹여낸다.

먼저 대부분이 생각하는, 두려움과 한없는 슬픔으로서의 죽음을 만나보자. 「만복사저포기萬福寺樗蒲記」라는 글이 대표적이다. 전라도 남원 땅에 살던 양생이라는 청년에 얽힌 이야기다. 물론 『금오신화』에 나오는 모든 이야기는 실제 사례가 아니라 소설로 꾸며낸 이야기다. 양생이 우연한 기회에 선녀와 같이 고운 여인을 만나 사랑을 하는데, 사실은 이미 세상을 떠난 여인의 영혼이다. 양생은 우여곡절 끝에 현실의 사람이 아니라 예전에 왜구의 침입으로 생명을 잃은 여인의 영혼임을 알게 된다.

그러던 어느 날 처녀는 "저도 어렸을 적에 사서를 읽었으므로 예의는 어느 정도 아옵니다."라며 그동안 속이고 만나온 처신에 대해 용서를 구한다. 다만 박명을 한탄하며 저승으로 가지 못하고 이승을 떠돌던 중 양생을 인연으로 만나 사랑했다는 것이다. 이제는 하직하고 이승을 떠나겠다며 소리 내어 운다. 이윽고 처녀의 영혼을 전송한다. 혼이 문밖으로 나갔는지 얼굴은 보이지 않고 처녀의 슬픈 소리만이 은은히 들려온다.

저승길이 바쁘다. 이별이 웬일이오.
비나이다. 임이시여, 저버리진 마옵소서.
애달프다, 어머니여! 슬프다, 아버지여!
나의 신세 어이할꼬. 고운 임을 여의도다.
아득한 구천 밑에 원한만이 맺히리라.

양생은 이튿날 종이돈을 불사르고 정식으로 장례를 치른 뒤, "육체야 헤어졌을망정 혼령은 계실지니, 마땅히 이곳에 나타나 이 슬픔을 거두어 주시오."라는 애달픈 조문을 읽는다. 처녀든 양생이든 죽음은 돌아올 수 없는 영원한 이별이다. 부모 형제든 사랑하는 연인이든 모든 게 끝나는 순간이다. 세상은 이승과 저승으로 나뉘고, 한번 저승으로 떠나버리면 돌아올 길이 없다. 비할 데 없이 큰 슬픔이고, 나아가서는 더 살아서 행복을 누리지 못하는 게 원한으로 맺히는 저주의 순간이다.

죽음에 특별한 의미를 부여하다

일반적으로 죽음에 대한 공포와 슬픔, 저주 등은 생명 유지라는 인간의 본능에서 오는 자연스러운 감정이라고 생각한다. 적어도 인간인 이상 죽음을 기피하고자 하는 경향을 갖는다는 점은 부정할 수 없다. 하지만 두려움과 거부감의 정도나 발현되는 방식에서는 적지 않은 차이를 보인다. 그러한 면에서 죽음에 대한 구체적 태도는 인간의 본능이나 본성으로부터 오는 공통적인 것이 아니다. 세월의 변화에 따라, 또한 지역이나 문명에 따라 서로 상이하게 나타난다.

무엇보다도 죽음에 대한 사고방식이나 대응에 가장 큰 변화를 일으킨 계기는 계급의 출현과 국가의 성립이다. 죽음에 특별한 의미를 부여하고 더욱 복잡한 의식과 절차가 만들어진다. 특히 국가를 구성하는 지배계급 내에서 죽음을 현실 권력을 유지하기 위한 주요 요소로 사용한다. 화려한 장례, 거대한 무덤 등을 통해 죽음에서 압도적인 권위를 형성하고, 이를 현실의 권위로 연결시킨다.

고대 국가 초기에는 왕이 죽으면 사람들을 함께 무덤에 묻는 순장殉葬이 실시될 정도로 죽음을 둘러싼 태도와 의식은 권력을 드러내는 수단이었다. 중국의 『춘추좌씨전春秋左氏傳』을 보면 곳곳에 순장 기록이 나온다. 「문공文公」편에서는 "자거子車의 세 아들을 순장하게 했는데, 이들 세 사람은 모두 진나라의 어진 인물이었다. 그렇기 때문에 나라 사람들이 이를 슬퍼하고 황조黃鳥의 노래를 지어 불렀다."라고 한다. 「정공定公」 편에서도 "주장공邾莊公을 장사 지내기에 앞서 수레 다섯 대를 묻고, 다섯 사람을 죽여서 순장했다."라는 기록이 나와 이것이 상당히 일반적인 현상이었음을 보여준다.

고구려 안악 3호분과 벽화는 고대 국가 성립과 함께 나타난 변화를 잘 보여준다. 안악 3호분은 황해남도 안악군에 위치한 고분으로 현무암과 석회암의 큰 판석으로 짠 몇 개의 방과 회랑으로 구성된 큰 규모의 무덤이다. 각 방은 팔각 돌기둥으로 구분되어 있고, 벽면에는 화려하게 채색된 온갖 벽화로 가득하다. 묘에 남아 있는 글의 내용으로 볼 때 고위 관직에 진출한 신하의 묘로 보는 견해, 규모나 대행렬도 등을 고려할 때 왕릉으로 보는 견해로 나뉜다. 어느 쪽이든 고대 국가에서 상당한 권력을 행사하던 인물의 묘라는 점은 분명하다.

고분의 중심이 되는 벽면에 주인공 내외의 좌상이 그려져 있다. 부인의 초상은 별도의 벽면에 그려져 있다. 다른 벽면에는 주인이 생전에 누리던 권력과 화려한 생활을 뒷받침하는 각종 벽화가 가득하다. 상당한 규모의 행렬 그림, 하인들이 있는 부엌과 축사 등이 모두 있어서 죽은 후에도 저승에서 권력과 부를 그대로 누리고자 하는 염원을 담는다.

〈묘주 초상〉을 보면 상당한 정도의 권력 체계가 만들어져 있음을 알 수 있다. 보통 고대 벽화에서는 크기와 위치로 지위의 높고 낮음을 구분하는데, 이 그림에서도 차등적 위계의 묘사가 뚜렷하다. 머리에 쓴 관, 옷의 색이나 모양 등을 통해 지배 집단 내부에도 다양한 위계

고구려 안악 3호분 〈묘주 초상〉 4세기 중반

체제가 만들어져 있음을 짐작케 한다. 한 신하는 문서를 통해 보고를 하고, 다른 신하는 붓으로 명령을 적는 모습도 보여서 문서를 통한 보고와 명령이라는 체계적 권력 행사가 상당한 수준에 이르렀음을 시사한다.

그 외에도 당시의 사회적 특징을 보여주는 여러 요소가 보인다. 먼저 부부임에도 불구하고 별도의 공간에 그려져 있는 점을 통해 가부장제가 확고히 자리 잡은 사회임을 알 수 있다. 묘지 주인이 오른손에 들고 있는 부채에 악귀를 쫓는 부적이 그려져 있어 무속 신앙 요소가 상당히 폭넓게 퍼져 있음을 짐작케 한다. 또한 휘장 위의 연꽃 문양은 지배 세력 내에 점차 불교적 요소가 스며들고 있음을 보여준다. 죽은 후 극락정토에서 다시 태어나기를 기원하는 의미다.

거대한 묘를 조성하고 생전의 권력과 생활을 벽화로 묘사해 놓아서 죽음이 끝이 아니라 또 다른 세상으로 이어지는 통로라는 사고방식을 반영한다. 계급과 국가의 성립과 함께 죽음에 대해 개인적인 슬픔이나 기피 심정을 넘어 특별한 사회적·정치적 의미를 부여한다. 문명마다 일정한 차이를 갖지만 기본적으로 사후세계를 설정하는 경우가 많다. 사람이 죽은 다음에도 영혼이 육체에서 벗어나 살아가는 세계다. 죽은 영혼이나 사후세계는 현실세계와 긴밀한 관계를 맺고, 계급관계나 권력을 정당화하거나 변화시키는 근거로 사용된다.

고대 국가의 통치 이데올로기나 사회적 도덕률을 지키기 위해 죽음을 가볍게 생각하도록 유도하는 경우도 적지 않다. 김시습의 『금오신화』 가운데 「이생규장전李生窺墻傳」은 가부장제 사회 이데올로기를 위해 여성들이 자신의 목숨을 가볍게 여기도록 강제된 사고방식이 묻어난다.

개성에 살던 총각 이생이 최랑이라는 아름다운 처녀와 사랑에 빠진다. 그런데 불행하게도 최랑은 도적에게 잡혀 정조를 빼앗길 위기에 처한다. 목숨을 버릴지언정 정조를 빼앗길 수는 없다며 격렬하게 저항하자 결국 도적은 최랑을 무참하게 죽여 버린다. 이후 최랑은 혼백이 되어 이생을 찾아와 손을 잡고 통곡하며 다음과 같이 말한다.

절개는 중하고 목숨은 가벼워 해골은 들판에 던졌지만, 혼백은 의
탁할 곳이 없었사옵니다. (…) 저는 이승에 다시 태어나 남은 인연을
다시 맺어 옛날의 굳은 맹세를 결코 헛되지 않게 하려 합니다.

이 여인은 남성에 대한 절개를 지키기 위해 자기 목숨은 가볍게
여기며 던져버릴 수 있어야 한다는 도덕률 속에 살아왔다. 일부종사,
즉 한 남편만을 섬겨야 한다는 도덕률이다. 만약 남편이 죽으면 남은
생을 과부로 혼자 살아야 하고, 강제로 정절을 빼앗길 상황이면 스스
로 목숨을 끊어서라도 절개를 지켜야 한다는 생각이 지배한다.

국가나 도덕률을 위해서는 목숨을 가벼이 여겨야 한다는 사고방
식이 백성에게 오랜 기간 강제된 결과다. 임금이나 부모, 혹은 남편을
위해서는 한 치의 망설임 없이 생명을 던지라고 한다. 노자는『도덕
경』에서 죽음을 둘러싸고 백성에게 적용되는 국가의 논리를 다음과
같이 비판한다.

백성이 죽음을 가볍게 여기는 것은
윗사람이 지나치게 삶에 집착하기 때문입니다.
그 때문에 죽음을 가볍게 여기는 것입니다.

지배 세력이 이익과 안정된 기반을 마련하기 위해 백성에게 희생
을 요구하는 논리다. 가부장제 사회라면 남성의 배타적인 여성 소유

를 확립하기 위해, 어려서부터 여성에게 끊임없이 절제와 희생의 논리가 주입된다. '윗사람이 지나치게 삶에 집착한다'는 말은 지배세력이 이익과 지위에 집착한다는 의미다. 이를 위해 백성에게 언제든지 목숨을 버릴 마음의 준비가 되어 있어야 한다는 생각을 유포한다. 죽음에 특별한 사회적·정치적 의미와 가치를 부여하는 논리가 지배 이데올로기로 연결된다.

죽음에 특별한 의미를 부여하고 복잡한 의식과 절차를 요구하는 또 하나의 계기는 종교다. 보통은 죽음 이후의 세계를 천국과 지옥이라는 이분법으로 나눈 후에 현실의 생각과 행동을 통제하는 근거로 사용한다. 특히 지옥에 갔을 때 겪을 끔찍한 고통을 상세히 묘사해서 두려움을 갖게 만든다. 종교의 권위와 구원의 필요성을 각인시키는 데 지옥의 공포보다 효과적인 수단이 없기 때문이다.

불교에서도 붓다의 본래 문제의식과 무관하게 포교를 위한 효과적인 수단으로 지옥의 고통을 부각하는 경우가 적지 않다. 사찰에 자주 걸리는 그림인 〈감로탱화甘露幀畫〉를 봐도 그러하다. 지옥에 빠진 가엾은 중생을 극락으로 이끄는 과정을 묘사한 탱화다. 조선 말기에 그려진 남양주 불암사의 〈감로탱화〉는 일반적인 장면을 잘 보여준다.

상단에 극락을 상징하는 일곱 여래상이 보인다. 좌우로 구름이 낀 하늘을 배경으로 서방정토 극락세계에 머물며 법을 설파하는 아미타불, 자비로 중생의 괴로움을 구제하고 왕생의 길로 인도하는 관세음보살, 고통 받는 중생의 구원을 위해 지옥에 들어가 교화하는 지장

불암사 〈감로탱화〉 1890년

보살 등이 있다. 불상 아래로 상주는 망자를 위해 빌고, 제단을 향해 공양물을 갖고 가는 사람들의 모습도 보인다. 주변에는 스님들이 중생을 극락으로 인도하기 위해 의식을 관장하거나 독경을 하고, 몇몇 사람은 북장단에 맞춰 바라춤을 추는 중이다.

　제단 바로 아래에 흉측하고 거대한 모습으로 지옥의 아귀餓鬼가 나온다. 재물에 인색하거나 음식에 욕심이 많거나 남을 시기·질투하는 자가 죽어서 가는 곳이 아귀도다. 음식을 보면 불로 변하여 늘 굶주림과 목마름으로 괴로움을 겪는 아귀들이 모여 사는 세계다. 원나라 고승 몽산화상蒙山和尙은 『육도보설六道普說』에서 아귀에 대해 다음과 같이 설명한다.

아귀도를 말할진대, 너희들이 인간 세상에 있을 때, 감정에 이끌리고 사악한 의견에 집착되어, 인색함과 욕심, 교활한 음모 등, 가지가지의 악하고 그릇된 행위와 악업을 지어 이러한 결과를 초래하게 되었으니, 신체가 추악하고 권속이 배반하고, 뜨거운 열에 끓여지고 볶이며, 씻어버린 뜨물도 얻어먹지 못하여 주리고 목마른 고통을 받고 거꾸로 매달려 지내니 이런 연고로 아귀법계라 하느니라.

그림을 보면 아귀가 그릇을 들고 음식이 성대하게 차려진 재단 중앙을 차지하지만, 목이 바늘처럼 가늘어 먹을 것이 있어도 먹지 못한다. 이미 불로 변하려는 중이어서 입에서 불을 뿜기 시작한다. 아귀가 영원한 굶주림과 뜨거운 불에 고통을 당하며 울부짖듯 토해내는 신음이 귀를 때릴 듯하다.

아귀의 밑으로는 충동과 욕망에 휩싸여 살아가는 인간의 모습이 펼쳐진다. 화려한 옷차림의 기생과 함께 질펀한 술자리를 벌이는 사람, 만취 상태로 싸우거나 난동을 부리는 사람, 광대놀이에 빠져 사는 사람, 죄를 짓고 관청에서 곤장을 맞는 사람, 서로를 죽이기 위해 달려드는 전쟁 장면에 이르기까지 사악한 감정이나 방탕한 욕구에 빠져

옛그림
인문학

악업을 쌓는 속세의 중생이 보인다.

이들이 사후에 맞닥뜨리게 되는 상황이 바로 아귀의 고통이라는 메시지다. 끔찍한 지옥을 통해 두려움을 심어주고, 고통에서 벗어나 극락세계로 들어가기 위해서는 현실의 불법이 권하는 사고방식과 행위에 맞는 삶을 살아야 한다. 그런데 사후세계로서의 지옥을 구체적으로 그리는 내용은 본래 불교의 교리이기보다는 원활한 포교를 위한 목적에서 나중에 생겨났다고 봐야 한다. 다시 말해서 무속을 비롯하여 민간 신앙적인 요소를 나중에 첨가했다고 보는 게 적절하다.

붓다의 직접적인 가르침을 담은 초기의 불교 경전에서는 죽음에 대해 전혀 다른 문제의식이 나타난다. 인도 승려 법구가 붓다의 말씀을 모아 엮은 경전 『법구경法句經』을 보면 한 비구가 붓다로부터 수행에 대한 가르침을 받고 숲으로 들어간다. 수행에 진전이 없자 다시 붓다를 만나기 위해 길을 떠난다. 긴 여행에 지쳐 강에서 목욕을 하던 중 폭포 물줄기가 떨어져 일으키는 물거품을 본다. 바위에 부딪혀 금방 사라지곤 하는 물거품을 보면서 다음과 같은 통찰에 도달한다.

"인간 존재도 저렇게 생겨났다가 이내 사라지는 것이다. 태어난다는 것은 물거품이 일어나는 것과 같고, 죽는다는 것은 물거품이 사라지는 것과 같다."(…)
이때 붓다는 그 비구 앞에 모습을 나타냈다. "비구여, 그와 같으니라. 이 몸과 마음은 물거품과 같이 끊임없이 일어나고 사라지는 현상

의 연속일 뿐, 아지랑이와 같이 실체가 없으니라. 태어나고 죽는 것
또한 그와 같으니라."

인간의 삶과 죽음은 아지랑이나 물거품과 같다. 아지랑이나 물거
품은 멀리서 보면 형체를 지닌 실체처럼 보인다. 하지만 가까이 다가
가서 보거나 손을 대면 아지랑이는 금방 자취를 감춘다. 바위에 부딪
힌 물은 물거품이 되었다가 이내 사라져 버린다. 삶과 죽음도 마찬가
지라고 한다. 죽음이란 실체가 없는 현상이다. 아예 실체가 없는데, 하
물며 죽음 이후에 마치 현실세계와 같이 다시 사후세계가 있고, 여기
에서 또 다른 기쁨이나 고통을 겪는다는 발상은 붓다의 가르침과 거
리가 멀다.

붓다가 깨달음을 얻었던 과정도 이와 다르지 않다. 붓다의 가르
침을 담은 설법서인 『아함경阿含經』에는 그가 한 나라의 왕자로 살아
가다 번뇌를 겪고 새롭게 깨달음으로 향하는 과정이 소개되어 있다.
왕자이던 시절의 어느 날 마부와 함께 밖으로 나갔다가 병든 노인을,
다음 번 외출에서는 죽은 사람을 만난다. 마부에게 늙음이나 죽음을
피할 수 있는 방법을 묻는다. 마부는 목숨 가진 중생이라면 누구라도,
설사 왕이나 왕자라 하더라도 늙음과 죽음을 피할 수 없다고 답한다.

왕자는 "아아, 태어남은 꺼릴 일이로다. 늙는다는 사실을 알고 병
든다는 사실을 알고 죽는다는 사실을 알지 않으면 안 되기 때문이다."
라며 탄식한다. 이후 인간을 둘러싼 온갖 고통의 근원을 파악하고 이

를 넘어서기 위한 깨달음의 길로 들어선다. 오랜 수행 끝에 다음의 깨달음에 도달한다.

"차이의 멸함에 의해서 이름과 색의 멸함이 있다. 이름과 색의 멸함에 의해 감각의 멸함이 있고, 감각의 멸함에 의해 접촉의 멸함이 있으며, 접촉의 멸함에 의해 느낌의 멸함이 있다. 느낌의 멸함에 의해 갈애의 멸함이 있고, 갈애의 멸함에 의해 취함의 멸함이 있다. 취함의 멸함에 의해 존재의 멸함이 있고, 존재의 멸함에 의해 태어남의 멸함이 있다. 태어남의 멸함에 의해 늙음, 죽음과 근심, 슬픔, 우울함과 번민의 멸함이 있다."

깨달음의 순서는 글의 순서와 반대로 거슬러 올라가야 한다. 늙음과 죽음을 비롯하여 온갖 고통에서 벗어나기 위해서는 태어남은 물론 인간 존재 자체에 대한 집착에서 벗어나야 한다. 이는 다시 소유욕 등 각종 욕망에서 비롯된다. 궁극적으로 추적하면 무엇이든 규정하려고 하는 사고방식, 나아가서는 이것과 저것 사이를 분별하려는 사고방식이 문제다.

붓다의 깨달음에 의하면 죽음에 대한 두려움을 없애야 한다. 게다가 근원으로 파고들면 최종적으로는 분별적 사고방식에서 벗어나야 한다. 깨달음의 결론이 이러한데, 사후세계의 한 부분인 지옥을 설정해 끊임없이 공포심을 갖게 하는 게 붓다의 가르침이기는 어렵다.

작가 미상 〈김시습 초상〉 15세기

아예 천국이나 지옥과 같은 분별적 사고나 규정에서 벗어나야 한다는 가르침까지 고려한다면 더욱 붓다의 문제의식과 거리가 멀다. 가장 잘 알려진 대승불교 경전 중 하나인 『금강경金剛經』에서 붓다가 "여래는 어디로부터 온 바도 없으며 어디론가 가는 바도 없다. 그래서 여래라 이름하는 것이다."라고 말한 내용도 유사한 맥락이다.

죽음을 삶의 일부로 받아들이다

죽음에 대한 붓다의 문제의식은 민간신앙으로서의 불교보다 학문적으로 불교를 탐구한 김시습의 문제의식과 어느 정도 닿아 있다. 무량사에 있는 〈김시습 초상〉은 생전의 모습을 짐작해 볼 수 있는 그림이다. 무량사는 그가 말년에 은거하던 부여의 사찰이다. 여기에서 생의 마지막을 보내다 59세에 세상을 떠났으니, 말년의 흔적을 담은 그림이라 할 수 있다.

흑립 차림으로 평상복을 입은 모습이다. 대나무를 엮어 옻칠로 검게 칠한 죽립을 썼던 조선 초기 선비의 차림이다. 보통 초상화는 관복을 입은 모습인 경우가 많은데, 관직에 진출하지 않고 방랑을 했으니 평상복인 게 당연하다. 눈빛이 상당히 날카롭고 미간을 찌푸리고 있어서, 도가 무너진 현실에 대해 죽을 때까지 비판적 시선을 거두지 않은 그의 정신을 보여주는 듯하다.

방랑 생활을 하면서 기존 유가에 머물지 않고 불교와 도가 등 다양한 사상을 흡수한다. 출가하여 상당 기간 승려로 살며 불교 사상에 깊이 있게 다가선다. 『금오신화』 가운데 앞에서 언급한 글들이 죽음에 대한 세상의 통념을 반영한다면, 「남염부주지南炎浮洲志」 편에서는 김시습 자신의 생각을 담는다. 특히 민간신앙으로서의 불교에서 제시하는 통념과 붓다의 가르침을 비교하며 자신의 문제의식을 후자와 연결한다.

이야기는 경주에 사는 박생이라는 선비에서 출발한다. 뜻이 높아 세도가들에게 아부하지 않는 올곧은 선비다. 오래전부터 불교, 무당, 귀신 등에 의심을 품고 있었는데, 어느 날 등불 아래 책을 읽다 피곤하여 깜빡 잠이 든다. 꿈속에서 정체를 알 수 없는 대왕을 만나 대화를 나눈다. 박생이 "불가에 의하면, 하늘 위에는 천당이라는 극락세계가 있고 땅 밑에는 지옥이 있어, 저승의 왕이 18개 지옥의 죄인들을 다스린다고 하는데 이것이 사실인지요?"라고 묻는다. 대왕이 답한다.

어찌 건곤 밖에 다시 건곤이 있으며, 천지 밖에 다시 천지가 있단 말이오? (…) 사람이 죽으면 정신과 기운이 이미 흩어져 오직 근본으로 돌아갈 뿐인데, 어찌 다시 어둠 속에 멈추어 있겠소? (…) 비록 정신이 흐트러지지 않아도 결국 아무것도 없는 곳으로 돌아가는 것이니, 어찌 형체를 지옥에 빌려주면서 죄벌을 받겠소?

옛그림
인문학

이 세상을 떠나고 나면 사후세계와 같은 또 다른 세상이 펼쳐진 다는 말은 가당치 않다고 한다. 인간을 구성했던 기氣가 근본이라 할 수 있는 자연의 기로 다시 흩어지는데, 다른 세상을 설정하는 발상 자 체가 이치에 맞지 않다는 것이다. 이는 평소 박생의 생각이기도 하다. 예전에 한 승려와 천당과 지옥에 관하여 논의하다가 의심을 품고 "천 지에는 다만 음과 양이 있을 뿐인데 어찌 천지 밖에 다시 천지가 있단 말이요?"라고 말한 바가 있다. 인간을 비롯하여 세상의 만물은 하늘 이 음양과 오행으로 낳는다. 죽음 후에는 음양의 원리에 의해 다시 자 연으로 돌아가기에 아무 것도 남는 게 없다.

대왕에 의하면 극락의 기쁨이나 지옥의 괴로움은 어딘가에 있는 절대적 존재가 주거나 빼앗는 게 아니다. 하늘은 인간에게 어진 성품 을 주고, 세상에는 법령·도리와 은혜·사랑이 있다. 이를 잘 따르면 복되고 길한 일이 일어나고, 거역하면 슬프고 괴로운 일이 생긴다. 결 국 "상서와 재앙은 자기 자신에게 달린 것"이다. 죽은 후에 지옥이든 어디든 죄에 대한 벌을 받는다는 발상 자체가 성립할 수 없다.

이어서 박생은 악한 업에 대한 용서와 선한 업에 대한 보상에 대 해 묻는다. "사람이 죽은 지 49일이 되면 부처님께 재를 올려 그 영혼 이 천당에 갈 수 있도록 추천하고, 대왕께도 지전이란 뇌물을 바쳐 그 죄를 청산한다고 하는데, 그렇다면 아무리 간악한 인간이라도 대왕은 용서해 주신다는 것이옵니다." 세상을 떠난 후에 남아 있는 가족이나 주변 사람들이 절을 찾아 정성을 다해 49재를 올리면 어느 정도 용서

하고 극락으로 향하는 문이 조금은 더 열린다는 게 정말이냐는 의문이다.

더불어 박생은 이승에서 선한 업을 많이 쌓으면 그에 대한 보상을 받아 다음 세상에서 더 좋은 상태로 태어난다는 윤회설이 타당한지에도 의문을 품는다. 만약 윤회를 통한 보상이나 처벌이 있다면 사실상 이승에서 이어지는 저승을 인정하는 게 되기 때문이다. 이에 대왕이 다시 대답한다.

어찌 부처가 세속의 공양을 맛볼 것이며, 왕이 죄인의 뇌물을 받을 것이며, 어둠 속의 귀신이 인간의 죄악을 용서해 줄 것이오? (…) 정신이 흐트러지지 않았을 때는 마치 윤회의 길이 있는 듯하지만 시간이 오래 경과하면 자연히 소멸되고 마는 것이오.

불암사 〈감로탱화〉에서 재를 올리는 행위와 성대한 공양은 모두 부질없는 짓이다. 중생 스스로가 깨달음에 도달하도록 인도하는 부처가 세상 사람들이 재를 올리며 마련한 음식을 맛보고 물건을 받으며 만족스러워하기를 바란다면 어처구니없는 기대다. 더군다나 그 대가로 죄를 청산해 준다는 생각은 부처를 욕보이는 발상이다. 좀 더 근본적으로 이해하자면 부처가 인간의 죄를 없애거나 줄여줄 수 있는 게 아니다. 앞에서 언급했듯이 상서와 재앙은 인간에게 달려 있기 때문이다.

옛그림
인문학

윤회에 대해서도 일정하게 거리를 둔다. 정신이 흐트러지지 않았을 때, 즉 세상을 살아가는 사람들 입장에서는 윤회를 통한 인과응보가 있는 것처럼 느껴지고 또한 이를 기대하는 바가 없지 않지만, 궁극적으로는 죽음과 함께 모든 것이 사라지기에 윤회 역시 현실에서 나타날 수 없다는 태도다. 윤회는 도덕률을 강조하기 위한 마음속의 기대일 뿐이다.

이야기 속에 나타나는 대왕의 언급은 곧 김시습의 문제의식이기도 하다. 특히 이 「남염부주지」 편은 박생의 문제의식과 대왕의 답변을 통해 그의 사상을 집약적으로 담은 작품이다. 죽음과 관련하여 천지 밖에 다시 천지가 있을 수 없다는 문제의식은 붓다의 문제의식과 일맥상통하는 바가 많다. 그는 불교 사상을 수용하되 유가의 합리주의 시각을 놓지 않는다.

죽음이나 사후세계와 관련하여 민간신앙 차원의 신비주의적 요소를 경계한다. 태어남이 자연의 원리에서 비롯되듯이 죽음도 자연의 원리에 의해서 근원으로 돌아가는 길이다. 그러므로 죽음을 두려워한 나머지 초월적인 무엇인가에 의지할 필요가 없다. 죽음의 문제는 곧 삶의 문제라는 점에서 마찬가지로 삶에 애정을 갖되 집착이어서는 안 된다.

죽음에 대한 과도한 공포든 경시든 모두 현실의 억압과 고통을 숙명론이라는 신비주의적 시각으로 덮어버리는 역할을 한다. 삶이든 죽음이든 핵심은 인간 자신이다. 선한 업을 쌓는 일은 더 나은 현실을 위한 노력이다. 악한 행위에 대한 응보도 사후세계의 몫이 아니라 현실에서 실현해야 할 과제다. 그러므로 죽음을 삶의 일부로 자연스럽게 받아들이는 마음가짐은 어떻게 삶을 영위하고 세상을 바꿀 것인가에 대한 실천적인 가치관으로 직결된다.

옛그림
인문학

생활관, 밥이 하늘이다

죽도록 농사지어 소금도 못 사네

옛날부터 가장 큰 서러움은 못 먹어 굶주리는 데서 온다고 한다. '삼 일 굶어 도둑질하지 않을 사람이 없다'는 말이 생길 정도로 먹고 사는 문제는 인간이 이 세상에 출현한 이래 시대를 막론하고 가장 중요한 영역이었다. 인류 역사상 대부분의 체제가 들어설 때 늘 백성이 먹는 문제에 대해 걱정하지 않고 살도록 하겠다는 약속에서 정당성을 찾곤 했다. 국가가 필요한 이유도 개인으로서는 생존할 수 없다는 식으로 설명했다.

하지만 현실은 거의 예외 없이 정반대 방향으로 치달았다. 귀족이나 지주를 비롯한 소수를 제외하고는 고작 입에 풀칠할 정도이거나

양기훈 〈뇌경〉 19세기 후반

수시로 끼니를 걸러야 하는 사정이었다. 인생의 대부분을 일하는 데
쏟아 부어도 자신과 가족의 생계를 걱정해야 하는 나날이었다.

　19세기 후반에 평양에서 주로 활동한 화가 양기훈楊基薰의 〈뇌경
牢耕〉은 그렇게 일상의 양식에 곤란을 겪으며 살아가던 조선 백성의
전형적인 모습을 담는다. 쟁기를 끄는 소의 형태와 움직임, 농부의 동
작과 표정 등이 워낙 생생해서 밭 가는 농부를 그린 조선 시대 풍속화
로는 몇 손가락 안에 들지 않을까 싶다.

　그림 왼편 상단에 '뇌경'이라고 적혀 있는데, 소를 이용한 밭갈이
라는 뜻이다. 쟁기를 단 소가 막 다음 발걸음을 옮기려는 중이다. 등

과 다리 근육이 울퉁불퉁 솟아 있어서 한껏 힘을 쏟고 있음을 느끼게 한다. 땅의 흙이 높이 솟아오른 것으로 봐서 쟁기를 꽤 깊이 박은 듯하다. 빨리 앞으로 가라고 보채는 농부의 목소리와 엉덩이를 따갑게 때리는 채찍에 다시 용을 쓰며 한 걸음 내딛는다.

농부는 일 말고는 다른 데 신경을 쓸 겨를이 없는지 맨상투 차림이다. 수염도 다듬지 않아 거칠게 뻗쳐 있다. 일하기 편하도록 상의와 하의 모두 걷어 올린 모습이다. 한 손에 쟁기를, 다른 손에는 회초리를 들고 일을 서두른다. 몸의 무게중심을 뒤쪽에 두고 있어서 쟁기가 최대한 깊이 박힌 상태를 유지시키고 있음이 느껴진다. 한 손으로 큼직한 쟁기를 단단히 잡고 버티느라 온몸에 힘이 들어가서인지 얼굴을 잔뜩 찌푸린다. 오랜 세월 해온 농사일에 이골이 났을 법한데도 힘겹기는 마찬가지인 듯하다.

문제는 이렇게 뼈가 빠지게 일을 해도 대부분의 농민에게 정작 손에 남는 곡식은 그리 많지 않다는 점이다. 양기훈이 활동할 즈음 백성의 팍팍한 살림살이를 정확하고 구체적으로 전해 주기로는 조선 후기 실학자들의 글이 적격이다. 실학을 대표하는 학자이자 문신의 한 사람인 박지원朴趾源은 『연암집燕巖集』에서 당시 농부들의 현실을 다음과 같이 설명한다.

농민 속담에 "죽도록 한 해 농사를 지어도 소금 값도 남지 않네."라는 말이 있습니다. 더군다나 현재 자기 소유 논밭을 가진 집은 열에 한둘도 안 되고, 따라서 국가 세금은 10분의 1이지만 지주에게 절반을 떼입니다. 공적·사적 부세를 합하면 전체 수확의 10분의 6이나 됩니다. (…) 이 정도로 어떻게 위로 부모를 봉양하고 아래로 처자를 먹여 살리며 끝내 유민으로 굶어 죽을 지경에 이르지 않는다고 보장하겠습니까?

농민들이 아무리 농업 기술에 밝고 쉬지 않고 부지런히 일을 해도 최소한의 생존조차 이어가기 어려운 실정이다. 가뜩이나 소작할 수 있는 농토조차 충분하지 않은 데다, 논밭을 빌려서 부치고 해마다 그 세로 내는 곡식이 전체의 반 이상이니 견디기 어렵다. 국가가 백성에게 보장해야 할 가장 기본적인 책무, 다시 말해서 국가의 존립 이유는 백성이 부모를 포함하여 가족의 생계를 유지하도록 돕는 데 있다. 하지만 농토를 잃고 나아가 땅조차 부칠 수 없게 된 후, 고향을 등지고 유민이 될 처지까지 걱정해야 하는 형편이다.

그가 보기에 제일 문제는 소수의 지주가 소농의 토지를 야금야금 차지하는 겸병兼併이다. 식량이 한정된 상황에서 일부가 하루에 두 사발씩의 밥을 더 먹으면 천하 사람의 밥에서 축내는 결과를 맺는다고 한다. "하물며 토지 소유를 열 배, 백 배로 늘려가는 차이겠습니까. 그러므로 진나라와 한나라 이후 역대에 나라를 잘 다스린 사람이 없는 것은 그 이유가 어찌 달리 있겠습니까?" 중국이든 한국이든 대부분의 국가에서 백성의 생계를 위협한 주범이 바로 겸병이라고 한다.

이미 고려 말에도 귀족에 의한 토지 겸병 때문에 조세가 대폭 감소하여 국가 재정이 마비될 지경에 이른 바가 있다. 고려가 패망하게 된 주요 원인 중의 하나로 작용한다. 조선 시대로 접어들어 초기에는 과전법 등을 실시하여 어느 정도 제한했지만, 중기와 후기로 접어들며 양반들의 끝 모를 탐욕에 의해 다시 겸병이 전국적으로 확대된다. 실학자 유형원柳馨遠도 『반계수록磻溪隨錄』에서 겸병을 가장 심각한 문제로 여긴다.

> 토지의 무제한적인 사적 소유가 가능하게 됨으로써 이상적인 모든 제도가 무너지고 온갖 문제가 생겼다. 국민의 부역이 절제가 없어졌고 빈부의 차가 커졌으며, 토지를 겸병하고 이익을 독점하여 양민들이 생활의 기반을 잃는 일이 허다하여, 인구가 줄어들고 소송이 번거로워졌다.

빈곤에 의한 굶주림과 제도적인 혼란, 조선 사회의 기반 약화 등이 토지 문제에서 비롯된다. 중국 고대 국가 초기의 요임금과 순임금 같은 성군은 백성의 생업 마련을 통치의 중심 과제로 삼았기에 물이 높은 데서 낮은 데로 흘러가듯이 기꺼이 따르도록 만들었다. 토지를 마련하여 백성이 먹고 사는 데 걱정이 없게 만들면 사회는 저절로 안정되기 때문이다.

하지만 겸병으로 생업이 무너진 상황에서는 도덕이 무너지고 사

김홍도 〈대장간〉 18세기 후반

회도 혼란에 빠진다. 힘센 자는 더 많이 얻게 되고 약한 자는 생존의 벼랑에 떠밀린다. 빈부 격차가 확대되면 박탈감에 불신은 늘어나고, 결국 생계가 해결되지 않는 상황에까지 이르면 인심은 바닥을 드러내고 풍속은 각박해지기 마련이다. 게다가 겸병을 통해 부당하게 축적한 재산으로 뇌물이 횡행하면서 정치 역시 백성으로부터 신뢰를 잃는다.

김득신 〈대장간〉 18세기 후반

공업과 상업이 피폐하면 나라의 미래가 없다

김홍도, 신윤복과 더불어 조선 시대 3대 풍속화가로 불리는 김득신金得臣의 〈대장간〉은 조선 후기의 공업 현실을 엿보게 한다. 국가기관인 도화서 화원 집안 출신으로, 여러 측면에서 김홍도의 영향을 많이 받았다. 특히 풍속화와 관련해서는 소재는 물론이고 동작과 선의 처리, 해학적인 인물 구사 등에서 상당히 유사하다.

이 〈대장간〉 그림도 김홍도의 〈대장간〉과 거의 판박이라 할 정도로 유사하다. 화면 구성과 인물 동작 등을 고려할 때 김홍도 작품을 직접 보면서 모사한 그림의 성격이 강하다. 그럼에도 불구하고 김득신의 그림이 하찮아 보이지 않는 이유는 모사를 하되 한층 진전된 표현력을 구사했기 때문이다.

예를 들어 김홍도의 그림에서 쇠붙이를 잡고 있는 왼편의 대장간 주인은 다리를 벌린 자세고, 표정은 뚜렷한 특징이 없이 평범하다. 하지만 김득신은 안쪽으로 다리를 당겨 쇠붙이를 잡고 있는 팔을 지지하여 잔뜩 힘을 주고 있는 자세를 뒷받침한다. 표정도 입을 앙다물고 있어서 한껏 힘을 주는 분위기를 연출한다.

오른쪽에서 망치를 휘두르는 청년도 탁월함을 보여준다. 김홍도와 달리 상의를 벗어서 그림 전체에 활기를 불어넣는다. 뿐만 아니라 김홍도의 그림에서 왼손 팔꿈치를 내리고 있다면, 김득신은 추어올려 망치를 휘두르는 궤적이 위에서 아래로 내려오는 동작에 적합하도록 처리하고 있어서 세밀한 관찰력을 뒷받침한다.

뒤편의 소년도 김홍도 그림이 고개를 삐죽 내밀고 보는 정도라면, 김득신의 작품은 줄에 매달린 나무에 기대 호기심 어린 눈초리로 보는 표정이 더 생생하다. 한결 세밀한 선 묘사도 두드러진다. 바지의 접힌 선 묘사가 풍부해서 동작을 더 자연스럽게 만들어준다. 김홍도가 인물 묘사에 그친 데 비해 김득신은 집과 기둥을 비롯한 배경 처리에도 상당히 신경을 써서 합리적인 화면 구성의 맛을 더한다.

조선 시대에는 대장장이가 사회적 인정을 제대로 못 받았다. 선비·농민·공인·상인 순으로 이어지는 사농공상의 위계에 따른 '억말

엣그림
인문학

숭본抑末崇本' 정책으로 인해 공업에 종사하는 사람들이 사회적 차별의 대상이 되었다. 글자 그대로 본업을 중시하고 말업을 억제한다는 뜻이다. 여기에서 본업은 농업이고 말업은 상공업이다. 농업이 천하의 근본이라는 사고방식 아래 있던 조선 사회의 산업관을 잘 보여준다.

사실 조선 시대 초기에서 중기까지 대장장이는 정부의 철저한 통제 아래 있어서 공업이 하나의 산업으로 발전하는 데 큰 장애가 되었다. 철이 나오는 지역에 작업장을 설치하고 쇠를 만들어 상납하도록 했다. 관청에서 장부를 만들어 쇠를 만드는 공인과 일체의 작업을 직접 관리했다. 조선 후기로 접어들면서 대장장이를 비롯한 수공업자를 관청에 등록하게 하고 관리하는 제도가 사라진다. 국가와 관청의 통제와 속박에서 벗어나는 기회가 생겼다.

김득신의 〈대장간〉이 그려진 시기는 수공업자 등록제도와 일괄적으로 할당되던 세금이 사라지던 때다. 그래서인지 그림에서 메질과 담금질을 하는 대장장이의 동작에 더 활력이 느껴지는 듯하다. 메질은 그림의 대장장이들처럼 메로 쳐서 형태를 잡아가는 과정이다. 불로 달군 쇠를 쇠뭉치로 두드리면서 낫이든 호미든 형태를 잡아나가는 작업이다. 담금질은 가열된 쇠를 물에 담가 단단하게 만드는 작업이다. 옆에 있는 나무통이 이를 위한 작업 도구인 듯하다. 이제 열심히 일한 만큼 이익이 늘어날 수 있다는 기대감에 메질을 하는 소리까지 더 힘차게 들릴 것만 같다. 보통은 '메질 소리'라는 노동요를 불러 번갈아 망치를 휘두를 때 호흡이 정교하게 맞도록 하는데, 더 신바람을

권용정 〈보부상〉 19세기

낼 듯하다.

조선 후기에 와서야 비로소 대장장이를 비롯한 공인들의 숨통이 아주 조금 열린 것이다. 하지만 대부분의 기간은 천한 직업으로서 경제적인 측면만이 아니라 사회적인 인식에서도 밑바닥 인생을 살아야 했다. 또한 조선 후기라고 해서 사농공상이라는 차별적 태도 자체가 바뀌지는 않았으니 공인들의 처지가 획기적으로 달라지지는 않는다. 실학자 박제가朴齊家는 『북학의北學議』에서 공업과 상업의 발전 중요성에 대해 강조한다.

> 재물을 잘 다스리는 자는 위로는 천시天時를 잃지 않고, 아래로는 지리地利를 잃지 않고, 중간으로는 인사人事를 잃지 않는 법이다. 기구 사용하는 것이 불편해서 타인이 하루에 하는 것을, 나는 1개월, 혹은 2개월에 한다면 이것은 천시를 잃는 것이요, 밭 갈고 씨 뿌리는 방법이 없이 허비가 많고 수확이 적으면 이것은 지리를 잃는 것이요, 장사해도 통하지를 못하고 놀고먹는 자가 날로 많아지면 이것은 인사를 잃는 것이다.

한두 달 걸릴 일을 하루에 끝낼 수 있도록 효과적인 기구를 만드는 일이 공인의 역할이다. 그러므로 공업이 발달하지 않으면 하늘이 준 시간을 하릴없이 낭비하는 짓이다. 상공업이 발달하지 못해 각 지역에서 나는 물건이 적재적소로 통하지 못하면 사람의 일을 망친다.

결국 공업과 상업이 피폐한 나라에는 미래가 없다.

문인 화가 권용정權用正의 〈보부상褓負商〉은 조선 후기 상업에서 중심적 역할을 담당하던 보부상의 모습을 담는다. 보부상은 전국의 장이 서는 곳을 찾아 떠돌면서 각종 옷감이나 가죽을 비롯하여 어물·소금·목기·토기 등에 이르기까지 일상생활에 필요한 용품을 파는 장사꾼을 말한다.

그림은 그릇을 파는 등짐장수다. 지게 가득 각종 그릇을 포개어 실었다. 색으로 보아서는 대나무 광주리가 아니라 투박하게 만든 질그릇 종류다. 질그릇인 데다가 워낙 여러 층으로 포개어 실었기 때문에 상당히 무거운 짐일 듯하다. 아무리 지게에 실었다지만 이 짐을 싣고 산길까지 오르내리며 이 고장 저 고장을 다니면 힘이 들 수밖에 없으리라. 그래서인지 바닥에 털썩 앉아 쉬는 보부상의 모습이 피곤해 보인다. 지게를 세워 두고 쉴 시간도 없이 바로 다시 갈 길을 재촉해야 하는 처지다.

먼 길을 다니기 편리하도록 바짓가랑이가 펄렁거리지 않게 행전을 차고, 짚신도 헐거워지지 않게 끈을 단단히 묶은 모습이다. 그렇게 부지런히 발품을 팔지만 사정이 나아질 기미가 보이지 않는다. 얼굴을 보면 나이도 꽤 들어 보인다. 보부상으로 오랜 세월을 살아왔지만 살림살이는 그다지 나아지지 않은 듯 나이가 든 현재까지도 등짐을 지고 여러 지역을 떠돌아야 하는 신세다. 패랭이만 봐도 쭈그러져서 볼품이 없는데, 그만큼 빈곤한 생활에서 벗어나지 못한 상태다. 그저 패랭이에 꽂아 둔 곰방대를 꺼내 담배 한 대를 피우는 것으로 고단한 하루를 툴툴 털어 버리는 수밖에 없으리라.

사농공상에서 제일 마지막 단계에 자리하고 있을 정도로 신분이 낮아서 보부상은 조선 시대 내내 업신여김을 받아야 했다. 게다가 대체로 보부상들은 땅을 잃고 사실상 삶의 터전에서 쫓겨나 목숨을 부지하기 위해 어쩔 수 없이 떠돌이가 되길 강요받은 사람들이다. 부세와 고리대의 부담 등으로 토지를 헐값에 팔아 빈농으로 몰락하고, 급기야 그나마 부치던 경작지마저 잃고 도시로 나가 영세 상인이나 임금 노동자로서 근근이 생계를 유지해야 했던 경우가 많다.

하지만 현실은 영세 상인으로서 살아가는 일조차 호락호락한 게 아니다. 관청의 비호 아래 자행되는 특정 상품에 대한 독점 판매권, 길거리 장사인 난전을 금지하는 '금난전권'을 빌미로 온갖 행패를 부리는 시전 상인, 하다못해 각 지역에서 기득권을 갖고 있던 상인들의 횡포 때문에 장돌뱅이 장사치 노릇조차 제대로 하기 힘든 적이 많다. 18세기 후기에 금난전권을 폐지하고 보부상이 활동할 수 있는 여지를 부분적으로 넓히기는 했지만 여전히 사회적 냉대와 현실적인 생계 곤란 속에서 살아간다.

박제가는 『북학의』에서 상공업의 중요성을 논하면서, 명분과 신분에 얽매어 상공업을 천시함으로써 백성이 먹고살아갈 길을 가로막는 양반들의 작태를 비판한다.

중국 사람은 가난하면 장사를 하는데, 진실로 현명한 일이다. (…) 우리나라 풍속은 헛되이 겉치레만 높이고 뒤돌아보고 꺼림이 많으니, 사대부는 오히려 놀고먹으면서 일하는 바가 없다. 들에서 농사를 지으면 혹 그것을 알아주는 자가 없으며, 짧은 저고리와 대껍질로 만든 삿갓을 쓰고, 시장을 다니면서 매매를 하고, 자와 먹통, 칼과 끌을 가지고 다른 사람 집에 품팔이를 하면 부끄러워하고 우습게 여겨 혼인을 끊지 않는 자가 없다.

박제가가 보기에 상업이 활성화돼야 나라의 부가 늘어나고 백성의 형편도 나아진다. 각 지역에는 나름의 특산품이 있지만 부족한 물품도 많아서 상업을 통한 원활한 교환이 이루어지지 않는다면 어려움에서 벗어나지 못한다. 예를 들어 농촌에는 곡식, 어촌에는 어물이 생산되지만 상대방의 물품은 없다. 지역 차원으로 세밀하게 따져 봐도 그러하다. 영동에는 꿀이 많지만 소금이 없고, 관서에는 철이 생산되나 감귤이 없으며, 북도에는 삼은 잘 되어도 면포는 귀하다. 우리나라는 비록 땅이 좁지만 전체적으로 볼 때 백성이나 나라가 쓰지 못할 정도로 열악하지는 않다. 그럼에도 불구하고 상업을 통한 교류가 제대로 이루어지지 않기 때문에 결핍과 빈곤이 반복된다.

백성이 게으른 것도 아니다. 문제는 아무리 성실하게 일을 해도 목구멍에 풀칠하기도 어려운 사정이 나아지지 않는다는 점이다. 나라의 사정이 나아지지 않는 원인은 주로 사대부의 그릇된 사고방식으로부터 온다. 집에 돈 한 푼 없어도 높은 갓을 쓰고 치렁치렁한 소매를 자랑하는 옷을 입고 큰소리만 친다.

박제가만의 문제의식이 아니다. 정약용丁若鏞도 『경세유표經世遺表』에서 사대부의 문제를 신랄하게 비판한다. "대체 선비란 무엇 하는 사람인가? 어찌하여 선비는 손발을 놀리지도 아니하고 땅에서 생산된 것을 빼앗아 먹으며 남이 노동한 것을 삼켜 먹는가? 대저 선비가 놀고먹기 때문에 땅에서 나온 이로움이 다 개척되지 않고 있다."

사대부의 문제가 자신에게만 한정된다면 그나마 악영향이 덜하겠지만 나라 안에 온통 망조를 퍼뜨린다. 스스로 일을 하지 않으니 세력에 의지하여 권세를 부려 부를 축적한다. 농부들의 땅을 끌어 모으고 상업을 독점한 후 사람을 부려 재물을 축적한다. 재물은 청탁을 통해 권력을 잡는 데 쓰이고, 다시 권력을 이용하여 재산을 늘린다. 그 결과 백성은 헐벗고 심한 경우 유민으로 떠돈다. 나라 전체가 악순환의 굴레에 빠진다.

사람이 하늘이고, 밥이 하늘이다

윤선도, 윤두서 집안의 문인이자 화가인 윤용尹愭의 〈협롱채춘도捷籠採春圖〉는 그렇게 가난 속에서 하루의 양식을 걱정하며 살아야 했던 조선 백성의 한 단면을 보여준다. 제목 그대로 삼태기를 들고 봄

윤용 〈협롱채춘도〉 부분, 18세기 초반

나물을 캐는 여인 그림이다. 한 손에 호미를 움켜쥐고 다른 손에는 바구니를 들고 있다. 날이 제법 포근해서 땀이 나는지 머리에는 큰 수건을 동여맨 차림이다. 일하기 편하도록 소매를 걷어붙이고, 치마단도 나물을 캐는 동안 땅에 쓸리지 않도록 허리춤까지 끌어올려 단단하게 고정해 놓았다.

정약용이 그의 그림에 대해 대상의 미세한 부분까지 자세하게 살핀 다음 꼭 같이 그렸다고 평했다고 한다. 〈협롱채춘도〉만 봐도 그의 평가가 전혀 과장이 아니다. 아름답게 꾸미기보다는 일을 하는 여인네의 특징을 귀신같이 잡아낸 솜씨가 여간 아니다. 옷 주름이 워낙 상세해서 어떤 차림으로 나와 있는지가 손에 잡힐 듯 생생하다. 머리 수건도 어떤 방식으로 동여맸는지 금방 감이 잡힐 정도다.

호미를 야무지게 쥐고 있는 것이나 바구니를 허리에 받쳐 들고 있는 모습이 일상을 그대로 옮겨놓은 듯 자연스럽다. 무엇보다도 말아 올린 치마 아래로 드러난 튼실한 장단지가 현실의 농부 느낌을 제대로 살린다. 평생을 들에서 일하며 산 여인답게 햇볕에 그을린 검은 피부가 인상적이다.

그런데 이 그림에 마음을 뺏기는 가장 큰 이유는 다른 데 있다. 나물을 캐는 여인 한 사람으로 화폭을 가득 채웠는데 그나마 뒷모습이다. 고개를 살짝 틀어 어딘가를 물끄러미 쳐다본다. 뒷모습이기에 표정을 직접 볼 수 없지만, 그 어떤 그림보다 우리에게 많은 이야기와 감정을 전한다.

팔뚝과 장단지만 봐도 고생을 숙명처럼 지고 살아온 삶의 궤적이 보인다. 뒷모습이지만 아이를 비롯해 가족의 입에 풀칠이라도 해야 하는 절박한 심정이 느껴진다. 지금이야 여러 나물을 종종 건강식으로 즐기지만 조선의 백성에게는 끔찍한 가난의 기억과 맞물린다. 호미를 들고 산에 올라 봄나물을 채취하는 오뉴월이 매년 되풀이되는 보릿고개다. 가을에 수확한 양식은 이미 바닥난지 오래고, 보리는 아직 여물지 않아 먹을 양식이 없는 춘궁기다. 박제가도 『북학의』에서 당시 백성이 겪는 가난의 참상을 전한다.

> 가난한 백성은 생계가 모두 조석의 양식이 없어서 열 집의 마을에서 하루에 두 끼니를 먹는 자는 몇 사람 안 되고, 이른바 비상시에 대비한 것은 옥수수 몇 자루와 고추 수십 개가 띠집의 그을음 가운데 매달려 있을 뿐이다. (…) 목면으로 만든 옷 하나 못 입고, 아이를 낳아도 침구도 구경 못하고 짚자리로 이불을 대신한다. 10세 전후가 되어도 여름·겨울 없이 발가벗은 몸으로 다니고 가죽신이나 버선이 있는 줄도 알지 못한다.

그나마 비상시를 대비한 옥수수라도 있는 집은 사정이 나은 편이다. 많은 백성이 보릿고개에 초근목피草根木皮로 연명할 정도였다는 점은 잘 알려져 있다. 먹을 것이 없어 풀뿌리와 나무껍질처럼 아무것이나 닥치는 대로 구해 연명하던 비참한 상황을 말한다. 쌀은 구경도 못하고 잡곡조차 마련할 길이 없어 온갖 종류의 나물을 캐서 대신 배고픔을 달랜다. 온 마을 사람이 비슷한 사정이었으니 나물조차 동이 나면 나중에는 칡뿌리를 비롯하여 더 험한 음식조차 마다하지 않는다.

나물을 캐는 이 여인의 뒷모습이 더 큰 궁금증을 자아낸다. 지금 어디를 보고 있을까? 그리고 무슨 생각을 하고 있을까? 아마 속이 새까맣게 타들어가는 중이리라. 집에서 제대로 먹지 못해 울고 있을 어린 자식의 모습을 떠올리고 있는지도 모른다. 그래서 엄마가 캐오는 나물을 섞은 죽이라도 먹고자 눈이 빠지게 기다리고 있을 아이들이 있는 마을로 눈길이 향할 수도 있다. 혹은 빈곤의 늪에서 한시도 벗어나지 못하는 인생을 한탄하며 먼 산을 하염없이 바라보는 중일까? 뒷모습만으로 수많은 사연을 전달하고, 감상자의 마음을 한없이 먹먹하게 만든다.

제자백가를 비롯해 동양사상 가운데 백성의 먹고사는 문제를 임금이 해결해야 할 중요한 과제로 제시하는 언급은 적지 않다. 하지만 대부분의 경우 하늘은 임금이고, 그 하늘이 보살펴야 할 주요 과제로서의 의미라고 봐야 한다. 조선의 사상 가운데 동학은 백성이 하늘이고, 무엇보다도 먹고사는 문제를 의미하는 '밥이 곧 하늘'이라고 한다. 단지 정권이 안정적이기 위해서 백성의 지지가 필요하다는 소극적인 의미를 넘어서 아예 세상의 근본이 백성과 밥에 있다고 한다. 최제우를 잇는 동학의 제2대 교주인 최시형崔時亨의 『해월법설海月法說』에 그 문제의식이 잘 나타난다.

하늘은 만물을 만들고 만물 안에 있으니, 만물의 정기는 하늘이다. 만물 중 사람이 가장 신령하니 사람은 만물의 주인이다. 사람은 태어남만으로 사람이 되지 못하고 오곡백과의 영양을 받아서 산다. 오곡은 천지의 젖이니 이 천지의 젖을 먹고 영력을 발휘케 한다. 그러므로 하늘은 사람에 의지하고 사람은 먹는 데 의지하니, 하늘로써 하늘을 먹는 원리에 따라 사는 우리 사람은 천지만물의 서로 화합하고 통함을 얻는 것이 옳다.

최시형에 의하면 사람이 사람으로서 살아갈 수 있는 근거는 먹고 사는 데 있다. 그런데 사람이 먹는 곡식은 하늘의 오행 원리에 따라 만들어져 하늘의 정기를 품은 천지의 젖이다. 천지의 젖을 먹음으로써 사람은 하늘에 의존한다. 그리고 사람이 의식적인 노력을 통해 농사를 지어 하늘의 이치를 이 땅에 실현하니 하늘은 사람에 의지한다.

사람은 밥에 의지하여 그 생성을 돕고 하늘은 사람에 의지하여 그 조화를 나타내는 것이다. 하늘과 사람이 서로 의존함으로써 둘은 하나가 된다. 그러므로 "만사를 안다는 것은 밥 한 그릇을 먹는 이치를 아는 데 있다." 세상의 이치가 밥에 응축되어 있는 것이다. 오행의 기운을 품은 밥을 통해 인간과 하늘이 만나고 서로 호응과 조화를 실현한다는 점에서 밥이 곧 인간이고 하늘이다.

일찍이 동학의 창시자 최제우崔濟愚도 『동경대전東經大全』에서 서학과 구분되는 동학의 원리를 자연의 이치에서 찾는다. "우리가 자연의 이치에 순응하는 방식은 사심을 품지 않고 자연의 이치에 순응하는 것, 곧 무위이화無爲而化의 방식입니다." 하늘과 땅이 만물을 낳는 이치에 따를 때 진정한 인간이 된다. 하늘의 원리에 따라 농사를 짓고 하늘의 정기를 담은 곡식을 먹는다는 것은 "자신의 기운을 바로잡아 하늘이 부여해 준 본성에 따르는 것"이기도 하다.

하늘을 섬긴다는 것은 곧 하늘의 원리를 받아들이는 일이다. 그저 자연과 하나가 됨으로써, 즉 아무것도 하지 않음으로써 교화에 이른다. 최시형은 자연의 이치에서 하늘과 인간의 일치를 찾는 최제우의 가르침을 구체화하여 밥이 곧 하늘이라는 깨달음에 도달한다. 하늘과 땅, 그리고 인간이 하나다.

> 천·지·인은 하나의 이치이자 기운이다. 사람은 바로 하늘 덩어리요, 하늘은 바로 만물의 정기다. 푸르고 푸르게 위에 있어 일월성신이 걸려 있는 곳을 사람이 다 하늘이라 하지만, 나는 홀로 하늘이라고 하지 않는다. 알지 못하는 사람은 나의 이 말을 깨닫지 못할 것이다. (…) 사람이 바로 하늘이요, 하늘이 바로 사람이니, 사람 밖에 하늘이 없고 하늘 밖에 사람이 없다.

보통 사람들은 해나 달이 있는 자연의 하늘을 하늘이라 하지만 최시형은 아니라고 한다. 하늘은 눈에 보이는 자연 자체가 아니다. 자연이 품고 있는 기, 그리고 자연이 움직이는 이치가 하늘이다. 그러한 이치는 하늘과 땅, 인간을 공통적으로 관통한다. 이러한 의미에서 하늘은 곧 땅이고 인간이다.

사람들이 하늘을 섬긴다고 하면서 하늘에 제사를 지내거나 비는 것은 어리석은 행위다. 가짜 하늘에 자신의 운명을 맡기는 짓이니 말이다. 정말 사람 밖에 하늘이 없고 하늘 밖에 사람이 없다면 하늘을 섬기는 일은 눈에 보이는 해나 달에게 비는 게 아니라 오직 사람을 섬김으로써 실현된다.

그래서 최시형은 "하늘을 공경함은 사람을 공경하는 행위에 의지하여 사실로 그 효과가 나타나는 것"이라고 한다. 사람을 공경하지 않으면서 하늘을 공경한다고 말한다면 땅에 씨를 뿌리지 않으면서 하늘만 바라보고 배부르기를 바라는 우를 범하는 꼴이다. 마치 물을 버리고 해갈을 구하는 어리석음이고, 죽은 부모의 혼을 공경하되 산 부모는 천대함과 같다. 사람을 공경치 않고 하늘이나 귀신을 공경하는 것은 아무런 의미나 실효가 없다.

그런데 밥이 곧 하늘이어서 사람과 하늘이 밥으로 연결되어 있으니, 사람을 섬김으로써 하늘을 섬기는 일은 밥을 통해 이루어진다. 먹고사는 일에 어려움이 없을 때 하늘의 뜻이 이루어진다. 특히 하늘의 기운이 모든 곡식에 고루 퍼지듯이 사람은 높고 낮음이 없이 평등하기에 신분의 구별 없이 모든 백성이 충분히 먹고사는 일에 어려움이 없을 때 비로소 하늘의 이치가 실현된다. 그러므로 하늘을 섬기고자 하는 마음이 조금이라도 있다면 일차적으로 백성이 먹고사는 문제를 우선 해결할 일이다.

귀천을 가리지 않고 백성의 밥에서 하늘의 뜻을 찾는 이러한 문제의식 때문에 기존 사대부들은 동학을 저주한다. 당시 조선의 유학자들은 동학이 위아래를 구분하지 않는다는 점에서 부모와 임금도 섬길 줄 모르는 오랑캐와 다름없다고 한다. 1863년에 도남서원에서 유학자들에게 보낸 통문에서 동학을 다음과 같이 비난한다.

> 신분을 따지지 않고 평등하게 대하니 동학의 모임에는 백정이나 술장수까지 참여합니다. 얇은 휘장 하나를 사이에 둘 뿐 남녀를 따로 떼어 놓지 않아서 과부와 홀아비가 함께 참여합니다. 부유한 사람이 재산을 내어 가난한 사람을 도우니 가난한 사람들도 기뻐하며 참여합니다.

당시의 사대부들이 보기에는 사람 사이에 귀천을 가리지 않고 가난한 사람이 더불어 먹고살 수 있도록 도와서 기뻐하게 만드는 일이 흉악스러운 오랑캐 짓이 되어 버린다. "양반과 상민을 차별하는 것은 나라를 망치는 일이요, 적자와 서자를 구별하는 것은 집안을 망치는 일이다."라는 최시형의 생각은 세상을 망치는 위험한 발상이라고 한다. 오히려 사대부들의 골수 깊숙이 박힌 차별의식을 통해, 사람이 곧 하늘이고 밥이 곧 하늘이라는 동학사상의 혁명적 성격을 더욱 분명히 접하게 된다.

최시형의 문제의식은 한물간 흘러가 버린 옛 노래가 아니다. 현재 우리의 현실을 돌아볼 때 과연 백성의 먹고사는 문제가 제대로 해결되어 있다고 자신할 수 있을까? 우리는 사람이 하늘이고, 하늘에 위아래가 없듯이 사람에도 귀천이 없는 세상에 살고 있는가? 현대 사회야말로 최시형의 문제의식이 그 어느 때보다도 절실한 게 아닐까?

3부
———
정
치
의

지
혜
———

더 나은 세상을 위한
고전 속 문제의식

절대 권력은 절대 부패한다?

죄와 벌

전쟁을 어떻게 볼 것인가?

하나를 위한 우리

절대 권력은 절대 부패한다?

정치 부패, 슬픈 데자뷔déjà-vu

정치인을 떠올리면 대부분의 사람이 고개를 가로젓는다. 제일 못 믿을 부류의 사람들이라고 여기기 때문이다. 겉으로는 사람들을 잘살게 하겠다며 온갖 미사여구를 늘어놓지만 결국은 제 잇속만 차리는 족속으로 생각한다. 누가 그렇게 가르쳐서가 아니라 살아오면서 겪은 경험이 정치와 부패를 연결시키게 만든다.

당장 한국의 역대 정권을 보더라도 갖가지 권력형 부패로 얼룩져 있다. 출발할 때는 모두 국민의 살림살이 개선을 사명으로 삼겠다고 약속한다. 더불어 깨끗한 정치인으로서 모범을 보이겠다고 한다. 하지만 대부분 정권 중반기로 가면서 여러 부패 스캔들이 터져 나온다.

김홍도 〈연광정연회도〉〈부벽루연회도〉〈월야선유도〉(위로부터) 《평안감사향연도》 18세기 후반

권좌에서 내려오고 나면 권력을 이용하여 저지른 비리 사례가 하나하나 모습을 드러낸다. 단지 최고 권력자에게만 해당되는 이야기가 아니다. 고위 관료를 비롯하여 국회의원, 지방의원에 이르기까지 상당수 정치인에게 반복적으로 나타나는 문제다.

단지 해방 이후 현대사에서만 나타나는 현상이 아니다. 정치와 부패를 자연스럽게 연결시키는 데는 전통 사회로부터 고질적으로 이어진 부패의 고리도 크게 작용한다. 그만큼 뿌리가 깊은 문제이고, 나아가 부패가 정치나 권력의 속성이라고 여긴다. 몇몇 대표적인 탐관오리에 한정되지 않고, 정치의 중심을 차지하는 귀족이나 양반 계급에게 일반적으로 나타나는 현상이었기 때문이다.

김홍도의 《평안감사향연도》는 왜 정치 부패가 빠져나올 수 없는 수렁으로 의심 받는지를 잘 보여준다. 물론 김홍도가 부패를 고발하려는 의도를 갖고 그린 것은 아니다. 하지만 그림의 상황 속에서 문제의식을 뽑아낼 수 있다. 옛말에 "평안감사도 저 싫으면 그만이다."라고 한다. 그만큼 고위직 관료 자리 중에서 천하 보직으로 알려질 만큼 좋았기 때문에 생긴 말이다. 여기에서 좋다는 것은 단지 지위가 높은 데 머물지 않고 그만큼 생기는 게 많다는 의미다. 하지만 어찌 평안감사만 그러하겠는가. 웬만한 고위 관직을 맡는 순간 누릴 수 있는 특권이 많고, 재물을 쌓는 데도 큰 역할을 한다.

《평안감사향연도》 중의 하나인 〈연광정연회도〉는 새로 부임한 평안감사를 환영하는 잔치 장면이다. 대형 병풍 앞에 앉은 평안감사 양

옆으로 관리들이 줄지어 도열해 있다. 앞에서는 무희들이 춤을 춘다. 바깥으로는 수십 명의 나졸이 삼엄한 경계를 편다. 마당에는 갓과 도포 차림의 사대부가 어림잡아 오륙십 명 모여 있다. 평안감사를 알현할 자격을 얻었는지 십여 명의 사대부들이 건물 밑 계단 근처에 모여 있다. 문 앞 시가지에는 물지게를 메고 있는 사람, 엿을 파는 아이까지 다양한 군상이 보인다. 하지만 나졸들이 문을 지키고 있어서 백성은 들어갈 엄두도 내지 못한다. 잔치로 평양 전체가 들썩거리는 분위기다.

〈부벽루연회도〉에서는 더 본격적으로 연회가 벌어진다. 휘장이 쳐진 부벽루 한가운데 평안감사가 자리를 잡고 관리들이 그 옆을 지킨다. 큰 마당에서 여러 명의 무희가 북춤과 칼춤을 비롯하여 다양한 춤으로 평안감사의 눈길을 사로잡는다. 감사의 옆은 물론이고 곳곳에 기생으로 보이는 여인들이 대기하는 중이다. 이번에는 백 명쯤은 되어 보이는 사대부들이 여기저기 흩어져 있다. 대단한 구경거리를 놓치지 않겠다는 듯 산 중턱에까지 올라 구경하느라 정신이 없다.

이 평안감사처럼 지역의 수령이 성대한 장치를 즐기면 권력에 줄을 대려는 관료나 사대부들은 수단과 방법을 가리지 않고 자주 잔치를 열어 만족시키려 하기 마련이다. 수령이 지역의 토호들에게 신세를 지는 순간 나중에 청탁이나 편의 요청을 거부하기 어렵다. 넓고 견고한 부패의 고리가 만들어진다.

조선 후기 숙종에서 정조 때까지 문신으로 활동한 채제공蔡濟恭

의 경험을 봐도 그러하다. 나중에 정약용에게 큰 영향을 주었고, 두 사람은 정조의 정치 개혁을 뒷받침하는 주요 인물이 된다. 채제공의 글을 기록한 『번암집樊巖集』의 「안화설案花說」에는 평안도 관찰사가 되어 평양에 부임한 후 겪은 일이 나온다.

관할 지역을 순시하던 중 한 고을에서 차려준 밥상에 수를 놓은 화려한 연꽃 모양 장식품이 올라 있는 것을 본다. 지나가는 말로 옆의 관리에게 "궁벽한 변방 땅인데 누가 이러한 기교를 익혔나요?"라고 묻자, 가화를 만드는 재능을 가진 이가 마침 서울에서 왔기에 시켰다고 한다. 채제공은 힘들여 만든 물건을 밥상을 물리자마자 삽시간에 부숴버리지나 않을까 하는 마음에 식사 후에 그대로 두라고 한다.

그런데 이후 가는 고을마다 밥상에 꽃 장식이 오른다. 그저 이 고장의 촌스러운 풍습이려니 여기던 중 의주에 이르렀는데 고을 책임자가 "마음에 드는 꽃을 밥상에 올리지 못하오니 부끄럽습니다."라며 송구스러워한다. 채제공이 의아해하며 "밥상 위에 꽃이 없어도 좋은데 어째서 굳이 그런 말을 하시오?"라고 묻자 의외의 답이 돌아온다.

각 고을 아전들 사이에 관찰사가 꽃을 몹시 좋아해서 '만약 꽃으로 기쁘게 하지 못하면 일이 결코 안 풀릴 것'이라는 소문이 퍼졌다는 것이다. 그래서 각 고을마다 더 화려한 꽃을 마련하느라 애를 쓰고 있는데, 이 고을에는 마땅한 기술자가 없어서 만들지 못했다는 말이다. 이를 듣고 채제공은 자신의 잘못을 깨닫는다.

그제야 나는 강계부에서 한 번 있었던 일을 우연히 남들이 엿보고서 지레 짐작하여 지나는 고을마다 폐단을 일으켰고, 그 일이 나 때문에 일어난 줄도 모르고 되레 관서 땅을 촌스럽게 여겼다는 것을 알게 되었다. (…) 아아! 관찰사는 그저 한 사람에 불과하다. 그런데도 각 고을에서 그가 좋아하는 것이 무엇인지를 기필코 엿보고서 비위를 맞추어 환심을 사려고 한다. 그들의 목숨이 그에게 달려 있기 때문이다.

어떡해서든지 관찰사의 비위를 맞추는 과정에서 폐단이 생긴다. 한 지역의 관찰사임에도 불구하고 관리들은 작은 취향 하나까지도 파악하여 맞춤으로써 환심을 사려 한다. 어디 사람이 좋아하는 게 한두 가지겠는가. 꽃 하나로도 이 난리가 나는데, 만약 돈이나 패물을 좋아한다면 권력에 줄을 대기 위해 싸들고 찾아오는 이로 문전성시를 이룰 것이다. 하물며 한 나라의 군주라면 더 말할 나위도 없다.

게다가 사대부나 토호들이 자기 재산을 사용할 리 만무하다. 인력이든 재물이든 백성에게서 짜낸다. 자기 고을의 사정을 넘어서는 큰 잔치를 위해 인력과 재화를 동원하게 되면 그만큼 백성의 고통도 커진다. 게다가 관직이 층층으로 위계가 있고, 이에 따라 온갖 명목의 상납이 줄을 이으니 백성의 형편은 날로 어려워진다.

김홍도도 연회도를 그리며 은연중에 이를 드러내고자 한 듯하다. 그림 아래쪽을 보면 온갖 진수성찬을 마련해 바리바리 싸들고 가느라

분주한 모습이 나온다. 전체적으로 잔치에 취해 흥청망청한 분위기다. 포졸들이 지키면서 갓과 도포 차림의 사대부들만 입장시킨다. 김홍도는 이 와중에 슬쩍 백성의 현실을 대비한다. 몇몇 소년은 한 푼이라도 살림에 보태기 위해 좌판을 어깨에 메고 서성인다.

특히 김홍도의 의도가 엿보이는 부분은 들판에서 일하는 농부들의 모습이다. 양반들이 기생과 무희, 산해

김홍도 〈부벽루연회도〉 부분

진미에 둘러싸여 잔치를 벌이는 동안 백성은 허리가 휘게 일을 해야 한다. 잔치에 쓰이는 많은 음식과 재물이 어디에서 나오겠는가. 벌써 이 향연도에만 세 번의 연회가 나오는데, 평소에 얼마나 많은 연회가 열리겠는가. 여기에 국가나 지주에게 바쳐야 하는 각종 부세에다, 관료들이 일상적인 상납을 위해 갖가지 명목으로 백성의 고혈을 쥐어짜는 것까지 더하면 고통을 헤아리기 어렵다.

관리를 둘러싼 부패의 뿌리가 워낙 깊기에 실학사상을 집대성한

한국 최고의 실학자이자 개혁가 정약용丁若鏞도 『목민심서牧民心書』
에서 목민관이 지켜야 할 덕목으로 청렴을 유난히 강조한다. 「치장治
裝」편에서 수령이 되어 부임하는 길의 검소한 행장을 강조한다.

> 의복이나 말과 안장은 옛것을 그대로 쓰고 새로 장만하지 말아야
> 하며, 수행인이 많아서는 안 된다. 이부자리와 속옷 외에 책 한 수레
> 를 싣는다면 청렴한 선비의 행장이라 할 것이다. (…) 유의柳誼가 홍
> 주목사로 부임할 때 해진 갓과 거친 베 도포에 간장 빛 띠를 두르고
> 비루먹은 말을 탔는데 이부자리는 남루하고 요도 베개도 없었다. 이
> 것으로 위엄이 서서, 낡은 채찍 하나도 쓰지 않았으나 간악하고 교활
> 한 무리들이 숨을 죽였다.

정약용에 의하면 지역 책임자가 검소할 때 부패를 일삼던 무리들
이 무서워할 수밖에 없다. 수령이 책 이외에 자신을 꾸미는 데 신경을
쓰지 않는다면, 특권을 누리려는 관리들로서는 운신의 폭이 대폭 줄
어든다. 사적인 청탁을 위해서는 부패와 비리에 물든 수령처럼 좋은
상대가 없기 때문이다.

실제로 홍주목사 유의는 청탁 거부로 이름이 높았다고 한다. 심
지어 평소 청렴을 강조하던 정약용에 대해서조차 예외가 없었다. 정
약용이 공무와 관련된 일을 논의하고자 유의에게 편지를 보낸다. 여
러 날이 지나도 답장이 없자 찾아가 따지는데, 유의는 조정의 관리들

이 보낸 편지들을 뜯지도 않은 채 쌓아두기만 한 편지함을 보여준다. '대부분 가깝게 지내는 이 지방 토족들을 잘 봐 달라고 부탁하는 것'이기 때문에 아예 편지를 뜯지도 않는다는 것이다. 정약용이 '내 편지는 공무였는데 왜 뜯어보지 않았느냐'고 항의하자, "공무였다면 어찌하여 공문으로 보내지 않으셨습니까?"라고 답한다. 이에 정약용도 뉘우쳤다고 한다.

청렴이 목민관의 본래 의무이며 덕이라는 점은 상식에 속하는 일이지, 특별히 강조할 만한 대단한 내용이 아니라고 생각하기 쉽다. 그저 일부 소수 탐관오리의 문제로 치부한다. 하지만 현실에서 청렴을 실천하는 관리를 찾아보기 어렵다. 정약용은 「청심淸心」편에서 청렴한 관리를 찾는 일이 얼마나 어려운지를 토로한다.

조선 건국 후부터 정조 때까지의 기록을 살펴보면 태조로부터 성종 사이에 45명, 중종으로부터 선조 사이에 37명, 인조로부터 숙종 사이에 28명, 도합 110명의 청백리가 나왔다. 그동안에 벼슬자리에 있었던 사람이 수천 명, 수만 명을 헤아리는 중에서 110명뿐이란 실로 혜성적인 존재이며, 청렴을 지키는 어려움을 입증하는 한편 벼슬아치의 도리가 확립되어 있지 않았음을 말해주고 있는 것이다.

목민관이 관리나 지방 토호들로부터 아무리 작은 선물이라도 받게 되면 부패의 늪으로 한 발짝 들여놓은 셈이 된다. "보내는 물건이 비록 사소하다 하더라도 은정이 이미 맺어졌으니 사사로움이 이미 오간 것이다." 김홍도의 향연도에 나오는 성대한 연회는 차치하고라도 심지어 생일날 아침에 관리나 토호들이 맛있는 성찬을 바치는 것조차 받아서는 안 된다고 강조한다. 최고의 청렴으로는 나라에서 주는 녹봉 이외에는 아무것도 받지 않고, 퇴임하는 날 한 필 말에 몸을 싣는 일을 꼽는다.

채제공의 사례에서 볼 수 있듯이 워낙 작은 틈새만 보여도 부패와 청탁의 촉수가 파고들기에 한시도 긴장을 늦춰서는 안 된다. 정약용은 노魯나라의 재상 공의휴公儀休의 사례를 통해 설명한다. 이 내용은 사마천의 『사기』 중 「순리열전循吏列傳」 편이나 한비의 『한비자』 중 「외저설우하外儲設右下」 편에 사례로 나오는데 이를 인용한 듯하다.

공의휴가 생선을 즐겨 먹자, 앞다투어 생선을 사서 바치는 사람들이 많아진다. 그가 받지 않자 아우가 "생선을 즐겨 드시면서 받지 않으시니 왜 그렇습니까?"라고 묻는다. 대답하기를 "만일 이 생선을 받았다가 면직이 된다면 누가 다시 내게 생선을 주겠소."라고 한다. 생선을 받지 않으면 재상 자리를 면직당하지 않을 것이며 비록 생선 먹기를 즐긴다 하더라도 오래도록 생선을 스스로 구할 수 있는데 받을 이유가 없다는 것이다. 재상이라는 높은 자리에 있다 해도 생선 한 마리조차 받지 말아야 한다는 취지다.

정약용은 여러 명목으로 관리나 토호들이 제공하는 물품이나 음식은 모두 백성의 고혈을 짜낸 것이기에 목민관으로서 절대 용납해서는 안 된다고 한다. "어민들의 작은 생선을 빼앗고 민가의 개를 때려 잡으며 절간을 털고 상인이나 공장을 등쳐서 얻은 물건들이니 모두 백성의 원한이 서려 있다." 공역 면제를 구실로 돈을 갈취하는 등 어떻게 해서든지 빌미를 만들어 백성에게 돈을 거두어 제공한 물건이기 마련이다. 결국 현상적으로는 관리에게 받는 선물이지만 실제로는 백성을 쥐어짜는 행위다.

김홍도의 《평안감사향연도》 중 〈월야선유도〉에서 연회의 흥청망청한 분위기가 최고조에 달한다. 달밤에 대동강에 배를 띄워 놓고 벌이는 잔치 장면이다. 늘어선 크고 작은 배 수십 척이 장관을 이룬다. 평안감사가 탄 큰 배를 중심으로 주위에는 나졸들이 탄 배들이 호위한다. 조금 더 지체 높은 사대부들은 평안감사 주변에서 작은 배를 타고 흥을 나눈다. 건너편 성곽 아래로 갓과 도포 차림이 족히 수백 명은 되어서 이 지역의 양반들이 모두 나온 게 아닌가 싶을 정도다.

〈월야선유도〉 그림 세부를 보면 더욱 가관이다. 평안감사 옆 가장 가까운 곳에는 정작 관리가 아니라 몇 명의 기생이 자리를 지킨다. 이 정도로 부족하다고 여기는지 바로 뒤따르는 배에도 수십 명의 기생이 곱게 차려입고 대기 중이다. 밤 뱃놀이의 흥취를 돋우기 위하여 배 곳곳에 화려한 등불을 걸어 두고 강에도 단지에 담은 불을 밝힌다. 이것으로도 모자라 강기슭에 줄지어 횃불을 든 사람들이 가득하다. 자발적으로 불을 들고 일렬로 도열했을 리 만무하다. 옷차림을 보니 하나같이 일반 평민이다. 평안감사의 성대한 밤 뱃놀이를 위해 강제로 동

김홍도 〈월야선유도〉 부분

원된 평양 백성일 터다.

정약용이 만약 이 장면을 봤다면 개탄을 금치 못했으리라. 누군가는 관찰사로서 일만 잘한다면 종종 놀이를 즐기는 것쯤이야 무슨 대수냐고 할지 모르겠다. 하지만 백성의 시선에서는 이보다 더 증오스러울 일이 없다. 자신들에게서 빼앗은 재물로 떵떵거리며 사는 것도 모자라 조롱하듯 기생 놀이 잔치판을 백성 앞에서 벌이니 말이다.

옛그림
인문학

정약용은 『목민심서』의 「속리束吏」 편에서 피를 토하듯이 말한다.

> 놀이와 잔치를 즐기는 것은 백성의 미워하는 바이다. 엄하게 금지하
> 고 자주 경계하여 감히 놀이하는 일이 없도록 해야 한다. (…) 백성
> 은 땅을 밭으로 삼고 있지만 아전들은 백성을 밭으로 삼고 있다. 아
> 전들은 백성의 껍질을 벗기고 갈퀴질하는 것을 마치 백성이 김매는
> 것처럼 극히 당연한 일로 생각하고 있다.

관찰사가 잔치판을 벌이면 휘하 아전은 철저하게 그 기호에 영합
한다. 왕이 부럽지 않을 규모의 잔치를 벌일 정도면 재물의 축적에도
관심이 적을 리 없다. 아전들은 잔치만이 아니라 이익으로써 유혹한
다. 아전들이 재물을 마련할 길은 오직 하나다. 백성을 쥐어짜는 방법
이다. 그래서 백성은 땅을 갈지만 양반과 관리들은 백성을 땅으로 삼
아 간다. 평생을 빼앗기기만 하며 배곯는 것도 울화통이 터질 노릇인
데, 각종 부역에 동원되어야 하고, 게다가 기생 잔치 뒤치다꺼리까지
해야 하니 분노가 하늘을 찌른다.

정약용에 의하면 백성에게서 재물을 쥐어짜는 가장 대표적인 방
법 중의 하나가 바로 '환곡還穀'이다. 흉년 또는 춘궁기에 백성에게 곡
식을 대여하고 풍년·추수기에 갚게 하는 제도를 말한다. 본래 환곡은
구호의 일환으로 생겼다. 역사도 깊어서 중국 고대 사회인 하·은·주
시대에 이미 환곡 제도가 있어 한편으로는 백성의 식량 문제를 해결

하고 다른 한편으로는 나라의 비용을 충족하는 역할을 했다. 조선에서도 출발부터 환곡 제도를 실시했으나 점차 이자가 붙더니 결국 구호가 아니라 사실상 과세와 수탈 수단으로 전락한다.

> 그러나 지금에 이르러서는 폐단이 폐단을 낳고 거듭 문란해져서 수습할 길이 없게 되었다. 위아래가 다 농간을 부리니 한 톨의 곡식도 백성은 거의 본 적이 없는데 까닭 없이 쌀과 곡식을 실어 들이는 것이 해마다 천만에 이른다.(「곡부穀簿」)

대여를 강제하고 이자율도 높이면서 백성의 원성을 받는 가장 큰 원흉이 된다. 환곡을 관장하는 탐관오리의 농간과 부정이 극에 달하면서 삼정三政 문란 중에 가장 큰 폐단으로 지목된다. 백성의 뼈를 깎는 병폐가 되어 백성이 죽고 나라를 망하게 할 폐단이 된다. 조선 중기 이후 전국에서 지속적으로 발생한 민란의 가장 중요한 원인으로 작용한다.

환곡을 농간 수단으로 삼아 백성을 수탈함으로써 가장 큰 이득을 보는 이는 조정 대신이나 지역 관찰사를 비롯한 고위 벼슬아치들이지만, 이들을 대신해 앞장서서 일을 처리하는 무리들은 당연히 일선의 아전이다. 부패와 비리로 이어진 공생 사다리다. 애초에 부패에 찌든 마음이 없는 사대부라 하더라도 고위 관직을 맡고 사치스러운 마음을 갖거나 잔치를 즐기는 순간 아전은 귀신같이 틈새를 찾아내어 부패의 늪으로 끌어들인다.

정약용은 그러므로 관직에 진출하려는 자는 반드시 검약을 가장 중요한 덕목으로 삼아야 한다고 충고한다. 잔치나 진귀한 보화 수집을 멀리하는 것은 물론이고 하다못해 의복이나 음식 하나에 이르기까지 검약을 법식으로 삼아야 한다. 나아가 부패나 비리 가능성의 차단을 위해 목민관이라면 공무를 보는 관청으로 처자의 왕래조차 허용하지 말도록 권한다.

눈먼 군주의 부패 사다리

지역의 관찰사가 그 정도의 향연을 벌이고 권세를 부릴 수 있는 것은 위에서 군주가 이보다 더한 처신을 하기 때문이다. 아무리 눈치 없는 관찰사라 하더라도 왕이 누리는 권세보다 더 큰 규모를 욕심낼 리가 없다. 신분이나 직위에 따라 집의 칸수는 물론이고 의복까지 제한하는 마당에, 큰 화를 당할 각오를 하지 않는 이상 무리수를 둘 일이 없기 때문이다. 결국 군주 스스로 의도하든 안 하든, 권세를 드러내기 위해 막대한 재물과 인력을 사용하는 행위의 정점에 군주가 자리를 잡는다.

김득신, 이인문 등이 그린 〈환어행렬도還御行列圖〉는 왕이 한 번 행차할 때 얼마나 거대한 채비가 필요한지를 단적으로 보여준다.

김득신 외 〈환어행렬도〉 《화성능행도》 18세기 후반

1795년에 정조正祖가 어머니 혜경궁 홍씨를 모시고 수원 화성으로 행차한 뒤 성대한 회갑 잔치를 열면서 거행한 행사를 여덟 폭에 담은 기록화 중 한 장면이다. 육천여 명의 인원과 천사백여 필의 말이 동원된 대규모 행렬이었다고 한다. 이 정도 규모면 어가 행렬이 어림잡아 1킬로미터는 족히 되었으리라는 것이 대체적인 예상이다.

산과 들을 따라 구불구불하게 행렬을 배치하여 전체 규모를 짐작할 수 있도록 그렸다. 행렬 곳곳에 말을 타거나 도보로 호위하는 군관, 가마를 둘러싸고 시중을 드는 궁중 내인, 음식을 실은 수라 마차, 백여 명에 이르는 악대, 용 그림으로 왕을 상징하는 기를 비롯하여 수백 개가 넘는 깃발 등이 배치되어서 위용을 자랑한다.

권위를 가져야 하는 왕이 성대한 행렬을 했기로서니 무엇이 문제가 되느냐 반문할지도 모른다. 왕은 수많은 이해관계와 갈등을 가진 세력들을 통솔하며 흔들리지 않고 나라를 이끌어가야 하기에 강력한 권위를 가져야 한다는 식이다. 그러므로 감히 범접할 수 없는 권위를 유지하기 위해서는 거대한 규모로 행차 대열을 꾸리고, 성대한 잔치를 벌이는 게 문제가 되지 않는다는 발상이다.

왕이 권위를 가져야 한다는 것을 부인할 사람은 없다. 하지만 왕이 가져야 할 진정한 권위가 무엇인지에 대해서는 전혀 다른 문제의식이 있다. 제자백가 사상가 중의 한 사람인 묵자墨子는『묵자』의「겸애兼愛」편에서 군주가 보여야 할 모범을 강조한다.

옛날 진晉나라 문공文公은 거친 옷을 즐겨 입었다. 문공 시대의 진나라 선비들은 거친 천으로 지은 옷과 암양 털가죽 옷과 흰 비단으로 만든 관과 거친 신을 신고 들어가 문공을 뵙고 나와서는 조회에도 참석하였다. (…) 세상을 바꾸지 않고 백성을 변화시킬 수가 있었던 것이다. 곧 그들은 그들 임금에게 영합되기를 바랐던 것이다.

문공은 춘추 시대 진나라의 군주다. 그가 군주에 오르기 전까지 진나라는 거듭되는 혼란으로 나라가 어지러웠다. 수많은 나라로 나뉘어 약육강식의 논리가 지배하던 춘추 시대에 하루빨리 왕권을 강화하여 나라를 안정시키는 데 심혈을 기울였다. 이를 위해서는 군주로서의 권위를 다시금 굳건히 세우는 일이 필요했는데, 그 방법이 검약이었다.

조금이라도 권력에 가까이 있으면 화려한 옷을 입고, 으리으리한 궁궐을 짓고, 권세를 드러내기에 몰두하지만 문공은 오히려 평민들이나 입을 검소한 복장을 즐겨 입는다. 왕이 그러하니 항시 왕을 알현하는 신분이 높은 관리들도 따를 수밖에 없고, 나아가서는 말단 관리에 이르기까지 자연스럽게 검약이 퍼진다. 이에 따라 나라 안의 부패와 비리가 잦아들면서 민심이 안정되고, 나라 재정이 튼실해지면서 군대역시 튼튼해진다. 군주가 사치와 낭비를 멀리함으로써 관리와 백성을 변화시켜 나라 전체의 힘을 강력하게 만든다. 그 결과 문왕 통치기에 진나라는 어지러운 춘추 시대에 손가락 안에 드는 패주가 된다.

묵자에 의하면 군주의 권위는 격식을 차린 화려한 옷, 성대한 행렬과 잔치를 통해 만들어지는 것이 아니다. 스스로 의식주를 제약하는 솔선수범을 보이고 관리와 백성이 자발적으로 따름으로써 진정한 의미의 권위가 생겨난다. 오히려 새로 궁궐을 짓고 위세를 드러내는 방식으로 권위를 주장할 때 백성의 원망을 사기 십상이다.

> 백성이 괴로워하는 것은 호화로운 공사를 하느라고 백성에게서 거둬들이기 때문이다. 그러므로 성왕이 집을 짓는 것은 삶에 편리하게 하기 위한 것일 뿐 겉치레를 위한 것이 아니었다. 의복이나 허리띠와 신을 만드는 것도 몸에 편리하게 하기 위한 것이었지 괴벽한 꾸밈을 위한 것이 아니었다. 자신이 절약을 하며 백성을 교화하여 천하의 백성을 다스릴 수가 있었고, 쓰는 재물이 충족될 수가 있었던 것이다.(「사과辭過」)

하지만 현실의 군주들은 백성으로부터 재물을 거둬들여 대규모 공사를 벌이고, 궁실과 누각을 꾸민다. 또한 화려한 옷으로 치장을 하고 거대한 행렬과 잔치로 위용을 드러내기를 즐긴다. 왕이 이러하면 각급 신하들도 비슷한 행태를 보이기 마련이다. 관리와 토호들이 백성이 입고 먹을 재물을 함부로 빼앗아 부를 축적한다. 비단으로 화려한 옷을 만들고, 금으로 띠의 고리를 만들고 패옥으로 장식한다.

백성은 날이 갈수록 가난해진다. 나라의 재물도 흉년과 기근에 대비하거나 고아나 과부와 같이 어려운 처지에 있는 사람들을 구제하기에 어려운 상태가 된다. 당연히 백성의 원성은 높아진다. 겉치레로 권세를 드러내는 방식은 권위를 높이기는커녕 오히려 권위를 갉아먹고 나라를 혼란에 빠뜨릴 뿐이다.

그래서 묵자는 군주가 겉치레를 중시하는 행태를 나라의 '환난'을 불러일으키는 주범으로 규정한다. "궁실을 크게 세우는 게 첫째 환난이다. (⋯) 백성의 힘은 쓸데없이 다 써버리고 재물은 손님들 대접하느라고 다 비어 버리는 것이 셋째 환난이다."(「칠환七患」) 이러한 환난은 나라가 멸망에 이르는 지름길이다. 성대한 행렬이나 잔치를 금해야 하는 것은 물론이고, 나아가서는 필요 이상의 음악도 경계하도록 권한다.

> 지금 임금과 대신들은 악기를 만들어서 국가에 음악 연주를 일삼게 한다. 괸 물을 푸거나 흙을 긁어모아 만드는 게 아니다. 많은 세금을 백성에게서 거두어 큰 종이나 북, 금과 슬, 우와 생 같은 악기를 만든다. 옛날 성왕들도 백성에게 세금을 거두었지만 배와 수레를 만드는 데 썼다. (⋯) 배는 물에서 쓰고 수레는 육지에서 쓴다. 그러면 군자들은 발을 쉬게 할 수 있고 낮은 백성은 어깨와 등을 쉬게 할 수 있을 것이다.

나라를 운영하면서 세금을 걷는 일은 불가피하다. 세금이 실제로 나라를 지키고 생활을 편리하도록 만드는 데 쓰인다면 백성은 재물을 내주면서도 원망하거나 한스럽게 여기지 않는다. 하지만 외적의 침입을 막기 위해 접경지대에 튼튼한 성벽을 만들고 군비를 확충하는 데 쓰는 게 아니라 임금이 거처하는 곳에 거대한 궁궐을 짓거나 이를 화려한 장식으로 꾸민다면, 혹은 위세를 보이기 위한 대규모 행렬과 잔치에 막대한 재정과 인력을 쏟아 붓는다면 백성의 비난은 갈수록 커진다.

묵자만의 비판은 아니다. 제가백가 중에서 왕권 강화를 군주가 추구해야 할 절체절명의 과제로 강조하는 한비자조차 왕이 겉치레에 신경을 쓰는 데서 나라의 망조가 깃든다고 한다. 『한비자』의 「유로喩老」 편에서 부패한 왕이자 폭군으로 가장 유명한 주왕紂王을 예로 든다. '주지육림'으로 잘 알려진 은나라의 마지막 임금 말이다.

주왕이 상아로 젓가락을 만들어 사용하자 문신인 기자箕子가 두려워한 이야기다. 기자에 의하면 상아 젓가락이라면 질그릇에 있는 음식이 어울리지 않으니 반드시 옥그릇 정도는 사용하게 된다. 그러면 일반적인 반찬도 피하고 소나 코끼리, 혹은 어린 표범 고기라야만 구미가 당길 것이다. 이 정도 음식에 어울리려면 검소한 옷이나 집으로는 만족할 리 없다. 그렇게 되면 "반드시 비단옷을 겹겹이 입고 넓은 고대광실이라야만 될 것이다. 나는 마지막이 두렵다. 그래서 그 시작을 불안해한다."라고 한다.

기자의 우려는 현실이 된다. 상아 젓가락을 사용하기 시작한 지 5

년이 지난 후에 주왕은 나무에 진귀한 고기를 늘어놓고, 술지게미 쌓은 언덕을 오르고, 술 채운 연못에서 논다. 그 악명 높은 '주지육림'으로 날을 지새운다. 주왕은 이 때문에 멸망하고 중국을 비롯해 동아시아 역사에서 오늘날까지 가장 부패한 왕으로 지목된다. 한비자는 부패와 폭정의 출발이 상아 젓가락 같은 겉치레를 중시하는 데서 비롯되었다는 것이다.

국가 회생 프로젝트: 부패의 고리를 끊어라

부패와 관련한 변명으로 흔히 "떡을 만지다 보면 떡고물이 묻지 않을 수 없다."라는 말을 들먹인다. 공직이든 무엇이든 권력이 작용하는 일을 맡아서 하다 보면 불가피하게 어느 정도의 비리는 생길 수밖에 없다는 논리다. 일을 분명하고 정확하게 처리한다면 일정 정도의 문제는 넘어갈 필요가 있다는 식이다.

하지만 부패와 비리에 연관된 관리나 군주가 제대로 일을 할 리가 만무하다. 부패는 반드시 사적인 청탁을 들어주는 대가로만 성립하기 때문이다. 사적인 이익에 눈이 먼 상태에서 일을 원칙에 맞도록 분명하게 집행하기를 바라는 것은 나무에 올라가서 고기를 구하는 것만큼이나 어렵다. 피해는 필연적으로 다수의 선량한 백성에게 돌아간다. 김홍도의 〈취중송사도醉中訟事圖〉는 그 일면을 잘 보여준다.

김홍도 〈취중송사도〉《행려풍속도병》1778년

어느 고을 수령이 관속들을 거느리고 길을 가던 중 송사를 보는 장면이다. 제목이 아니어도 한눈에 모두들 취기 때문에 몸도 제대로 못 가누는 모습이다. 가마를 타고 있는 수령의 갓이 뒤로 잔뜩 젖혀져 있어서 거나하게 취한 듯하다. 바닥에 눕다시피 하며 판결문을 받아쓰는 아전이나 가마 옆에서 수령을 보좌하는 아전의 갓도 옆으로 돌아가 있어서 이들 역시 취기가 꼭지까지 오른 상태로 보인다.

관아에서의 일을 끝내고 퇴청 후에 마신 술일 가능성은 거의 없다. 수행원이 수령의 머리 위로 햇빛을 가리는 큰 일산을 들고 있으니 해가 중천에 떠 있는 대낮이다. 이 정도의 취기면 상당 시간 마셨을 게 분명하다. 아침부터 밖으로 나가 술잔치를 벌였으리라. 짐작건대 자기 돈으로 마셨을 리는 만무하고, 옆에 기녀가 있는 것으로 봐서 지역 인사에게서 한바탕 질펀한 기생 잔치를 겸한 술자리를 마치고 나온 직후가 아닐까 싶다. 요즘 표현대로 하면 2차를 가는 중이라는 의심을 품게 한다. 한 기녀가 담뱃대를 들고 함께 가는 중이고, 뒤로 술과 음식을 머리에 인 기녀도 따르고 있으니 말이다.

무릎을 꿇고 절박한 심정으로 송사 결말을 기다리는 백성에게 제대로 된 판결이 내려지기를 기대하기 어려워 보인다. 행렬 주위의 어느 누구도 공정하고 현명한 판결을 예상하는 모습이 아니다. 만취한 상태에서 수령이 사건의 전모를 정확히 이해했을 것 같지도 않고, 이를 받아 적는 아전도 제대로 옮겨 적기나 할지 모르겠다. 옆에서 수령을 호위하는 별감들은 낄낄거리며 웃는다. 무엇보다도 아침부터 관아

옛그림
인문학

를 떠나 기생 잔치를 벌일 정도면 청탁과 뇌물로 얼룩진 부패 관리일 가능성이 큰데, 어찌 공정한 판결을 기대하겠는가.

정약용은 『목민심서』의 「상현尚賢」 편에서 관리든 임금이든 부패와 청탁은 가까운 사람들에게서 시작된다고 경고한다. 설사 술대접이나 뇌물을 받지 않더라도 권력자와 친밀한 관계일 때 권력의 입김이 작용하기 때문이다.

> 지금 천하의 군자들은 모두 부귀해지기를 바라고 빈천함을 싫어한다. (…) 지금 임금이나 대신들이 부하게 하여 주고 귀하게 하여 주는 사람들은 모두가 임금이나 대신들의 골육의 친분이 있는 사람이거나 연고 있는 부귀한 사람이거나 얼굴이 아름다운 사람들이다.

관리라면 모르겠으나 설마 임금이 사사로운 관계로 권력을 휘두르겠느냐 싶겠지만 천만의 말씀이다. 정약용은 「청송聽訟」 편에서 조선 시대 순조純祖의 어의御醫 강명길의 사례를 든다. 임금의 총애를 믿고 행동이 극히 방자하니 사람들이 차마 바로 볼 수 없을 정도였다. 서울 서쪽 교외의 산을 사는데, 추수 후에 집을 비운다는 조건으로 민가 수십 호도 사들였다. 하지만 큰 흉년이 들어 백성이 집을 비우기 어려운 처지가 되자, 강명길이 한성 판윤에게 소송을 제기했다. 당시 한성 판윤 권엄은 강제 철거를 허락하지 않았다.

그러자 임금이 아전을 시켜 민가를 철거하라는 명령을 판윤에게

남몰래 전달한다. 하지만 권공은 여전히 변함없는 판결을 내린다. 이 소식을 듣고 임금이 진노했지만 권엄은 소식을 전한 조정의 관리에게 자신의 정당함을 역설한다. "백성은 바야흐로 굶주림과 추위가 뼈에 사무쳤는데 이들을 강제로 쫓아낸다면 모두 길 위에서 죽게 될 것이오. 내가 차라리 벌을 받을지언정 차마 그렇게 하여 백성들로 하여금 나라를 원망케 하는 일은 할 수 없소."

이후 강명길이 임금의 든든한 지원을 믿고 다시 소송을 제기했으나 판결은 역시 마찬가지여서 모두들 권엄을 위태롭게 생각했다고 한다. 정약용이 이후 임금이 자신의 잘못을 인정했다는 설명을 달아놓기는 했지만, 임금이 사사로운 관계에 얽매어 판결에 압력을 행사한 사례다.

본래 청탁을 둘러싼 부패와 비리의 고리는 권력자와 가까운 인물을 통해 만들어진다. 한국의 현대 정치사를 보더라도 대기업을 비롯해 다양한 기득권 세력의 청탁은 대통령 측근을 매개로 스며들어온다. 심지어 새로운 정권이 출범하면 대기업을 비롯하여 권력에 줄을 대려는 세력들은 누가 대통령의 마음을 움직이는 비선 세력인가를 파악하는 데 몰두한다는 이야기가 상식처럼 되어 있다.

그렇기 때문에 권좌에 오르거나 권력을 나누어 행사하는 관리, 현대적인 원리로 다시 말하자면 주권자인 국민으로부터 권한을 위임받은 공직자는 사사로운 이해관계에서 벗어나야 한다. 사적인 청탁이 부패의 고리를 만들어내는 핵심 이유이기 때문이다. 『경국대전』에서

"사사로이 관부에 출입하는 자는 장 100대"를 때리라고 한 것도 이 때문이다.

공적으로 떡을 만지게 된다면 손에 묻은 떡고물은 반드시 그 자리에서 털어내고, 사적인 자리에서는 깨끗한 손이 되어야 한다. 공직에 있으면서 백성의 땀과 피가 배어 있는 재물을 탐낸다면, 그리고 이러한 부패가 공직 사회에 만연한다면 국민의 의사가 정치와 법에 제대로 반영될 리 만무하다. 권력의 부패는 정치 실종과 나라 붕괴의 지름길이다. 한 나라의 정치와 법이 제대로 서고자 한다면 권력 사다리의 위든 아래든 부패의 고리를 모두 끊어 내는 데서 출발하지 않으면 안 된다.

죄와 벌

정의의 여신 '디케'가 눈을 가린 이유

각국 법원에는 법을 상징하는 정의의 여신상이 세워져 있는 경우가 많다. 보통 두 눈을 가리고 한 손에 저울, 다른 손에 칼을 든 모습이다. 칼은 사법의 권위와 권력을 나타낸다. 저울은 법적 판단에서 편견을 배제한 공평함을, 가린 눈은 사적 편견이나 선입견 없는 공정한 판결을 상징한다. 법이란 사사로움을 배제하고 객관적이고 불편부당해야 한다는 정신을 담는다.

하지만 현실에서 법이 정말 만인에게 치우침 없이 평등하게 행사되고 있다고 생각하는 사람은 그리 많지 않다. 오히려 정의의 여신상은 역사적으로 법이 워낙 사회적 강자에게 유리하게 적용되어 왔기에

옛그림
인문학

신윤복 〈유곽쟁웅〉 《혜원 전신첩》 1805년경

이를 시정하고 공정해야 함을 강조하기 위해 쓰인다고 봐야 한다. 한
국에서는 다른 민주국가에 비해 법의 편향성이 너무 강해서 "유전무
죄, 무전유죄"라는 말이 상식처럼 통한 지가 이미 오래되었다.

신분제 사회였고, 왕권 아래서 권력에 의한 위계질서가 뚜렷했던
조선 시대에 법의 치우침이 더욱 극심했으리라는 점은 쉽게 예상 가
능하다. 신윤복의 풍속화인 〈유곽쟁웅遊廓爭雄〉도 자세히 보면 법 집
행과 관련하여 고개를 갸우뚱하게 만드는 요소가 발견된다. 기본적으
로는 제목처럼 기생이 나오는 술집에서 벌어진 싸움 장면이다.

한바탕 싸움이 벌어진 직후다. 가운데 서서 가슴과 배를 드러내고 있는 이가 싸움의 승자다. 길거리 싸움에서 흔히 볼 수 있듯이 상의를 벗어던지고 힘자랑을 했던 듯하다. 지금은 다시 옷을 추스르는 중인데 의기양양한 자세다. 표정도 '한주먹감도 안 되는 게 까불고 있다'는 식으로 기고만장하다. 왼편의 청년은 흠씬 두들겨 맞고 아직도 제대로 정신을 못 차리고 있다. 얼마나 호되게 당했는지 상투가 풀어지려 한다. 오른편으로 친구인 듯한 사람이 주워든 갓은 두 동강이 난 상태고, 그도 옷에 온통 흙이 묻고 갓도 찌그러져서 함께 봉변을 당한 처지로 보인다.

기생은 긴 담뱃대를 물고 치마를 말아 올린 채 무심한 표정으로 보고 있다. 유곽에서 싸움질은 다반사일 테니 특별히 놀랄 일은 없을 테고, 그저 심심하던 차에 싸움 구경 한번 잘했다는 분위기다. 붉은 옷을 입고 싸움의 당사자 사이를 가로막고 선 이가 별감이다. 관기를 비롯하여 기방을 관할하는 관리로는 포교, 사령 등이 있었는데 별감이 가장 큰 영향력이 있었다고 한다.

그런데 자세히 관찰하면 상식적으로 납득되지 않는 구석이 있다. 상황을 보면 중앙의 웃통을 벗어젖힌 사내가 거의 일방적으로 폭력을 행사했다는 것을 알 수 있다. 그러면 관리가 나타났을 때 처벌이 두려워 도망가거나 최소한 잔뜩 긴장하고 있어야 당연하다. 하지만 어찌 된 게 아주 떳떳한 자세다. 처벌 따위는 전혀 안중에도 없다는 식으로 느긋하게 옷을 걸친다. 오히려 피해자가 기를 펴지 못한다. 별감도 가

해자를 바라보며 호통을 치고 상황을 정리해야 하는데, 오히려 그에게 다가가지 못하도록 보호하는 자세다. 갓을 줍는 사내도 사태가 예상 외로 이상한 방향으로 흘러가고 있음을 감지했는지 제대로 항의조차 못하고 기가 죽어 있다.

공정하게 법을 집행하는 태도로 보이지 않는다. 예상할 수 있는 배경이 몇 개 있다. 중앙의 사내가 힘깨나 있는 집안의 일원이어서 안하무인으로 행동해도 관리의 보호를 받는 것일 수 있다. 혹은 평소에 별감이 뒷배를 봐줄 정도로 사적 이익으로 연결되었는지도 모른다. 어느 쪽이든 이미 사태의 결과를 알고 있기에 현장에 온 관리 앞에서도 한 치의 망설임도 없이 온몸으로 거드름을 피우는 중이리라.

법이 표방하는 바와 전혀 맞지 않는 현실이다. 고대 국가에서 법이 만들어질 때부터 공정성은 흔들리지 않는 원칙으로서 강조되어 왔다. 제자백가 가운데 공정하고 엄격한 법 집행을 통해 세상을 안정시키고 나라를 부강하게 만들 수 있다고 주장한 대표적인 사상으로 단연 법가가 첫손 꼽힌다. 법가 사상을 집대성한 한비는 『한비자』의 「유도有度」 편에서 법의 가장 중요한 원칙으로 공평무사함을 강조한다.

법을 가지고 나라를 다스리는 것은 지극히 쉬울 따름입니다. 법은 귀한 사람이라 하여 아첨하지 않고 먹줄은 나무가 휘었다 하여 굽혀가며 잴 수 없습니다. 법을 적용하는 데는 지식이 많은 자라 해도 변명할 수 없으며 용기 있는 자라 해도 감히 다툴 수 없습니다. 그 지은 죄를 벌하는 데는 중신이라 하여 피할 수 없고 선행을 상 주는 데는 서민이라 하여 빠뜨릴 수 없습니다.

법을 집행할 때 상대의 귀하고 천함을 따지지 않으면 나라는 손쉽게 제자리를 잡는다. 목수가 사용하는 먹줄이 언제나 곧은 선을 그리듯이 법 역시 강한 힘을 가진 자나 높은 학식을 자랑하는 자를 가리지 않는다. 부자든 가난하든, 귀족이든 평민이든, 권력이 있든 없든 동일하게 적용함으로써 사악한 행위를 방지할 수 있다는 것이다.

하지만 현실은 신윤복이 〈유곽쟁웅〉에서 슬쩍 비틀고 있듯이 신분과 부, 권력과의 거리에 따라 법이 차별적으로 적용된다. 상대에 따라 휘어질 뿐만 아니라 마치 고무줄처럼 늘어나고 줄어들기도 한다. 연작 풍속화라고 할 수 있는 〈주사거배酒肆擧盃〉에서도 비슷한 양상이 나타난다.

언뜻 보면 그저 술집에서 양반들이 술을 한잔 걸치는 모습이다. 하지만 술집이라고 하기에는 분위기가 묘하다. 먼저 주막치고는 집이 너무 번듯하다. 보통 주막이면 일반 백성이 드나들기에 이보다는 허름하기 마련이다. 그런데 대문과 담에 기와를 얹어서 꽤 그럴듯하다. 또한 허가 받고 영업을 하는 유곽이라고 보기도 어렵다. 이 정도 차려입은 양반들이 찾아 왔으면 벌써 기생들이 버선발로 뛰쳐나와 한 팔씩 붙잡고 부산을 떨어야 마땅하다. 그런데 술을 퍼주는 여인 말고는 어디에도 없다.

신윤복 〈주사거배〉《혜원 전신첩》 1805년경

그러고 보면 술자리임에도 불구하고 참으로 어색한 분위기라는 점이 신경에 거슬린다. 심지어 긴장된 기운까지 풍긴다. 흥겨운 술자리라면 술상에 마주 앉아 주거니 받거니 해야 할 텐데 어색하게 서 있고, 그나마 별감 복장의 사내만 형식적으로 한 잔 걸치는 중이다. 게다가 술을 따르는 여인이나 받아 마시는 별감, 주변의 사내들, 하다못해 이 장면을 옆에서 지켜보는 하인조차 어느 한 사람 웃는 얼굴이 없다.

여러모로 짐작할 때 불법으로 몰래 술을 제조해서 파는 집이 아닐까 싶다. 양반이나 중인들을 대상으로 술과 기녀를 제공하고 폭리를 취하는 불법 영업장 말이다. 별감이 두 명의 관리와 뾰족한 두건을 쓴 오른편의 나장까지 대동하고 단속을 나온 길인 듯하다. 하지만 단속에는 별로 관심이 없어 보인다. 별감 뒤편의 수염이 덥수룩한 사내의 동작이 수상쩍다. 도포 한쪽을 걷어붙이고 손을 바지춤 안으로 집어넣는다. 눈치를 살피는 표정까지 고려할 때 아마 준비한 뇌물을 슬쩍 별감에게 찔러주려는 중인가 보다.

혹은 오른편에 갓을 쓴 인물과 나장이 감찰을 나와서 불법 술집에서 뇌물이 오가는 현장을 발견한 장면일 수도 있다. 갓 쓴 사내의 왼손에 든 막대가 별감과 수염이 덥수룩한 사내 쪽을 향하고 있어서 그런 짐작도 얼마든지 가능하다. 어느 쪽이 됐든 신윤복은 불법을 비호하는 관리의 부정한 짓을 풍속화를 매개로 은근슬쩍 드러낸다.

한비가 살던 시대에도 관리들의 불법 행위는 일상다반사였다. 『한비자』의 「간겁시신姦劫弑臣」 편에서 과거의 그릇된 관행과 이를 법으로 바로잡은 사례에 대해 설명한다.

옛날 진秦의 관습으로는 신하들이 법을 무시하고 사적인 이득을 추구했다. 이런 까닭에 나라가 어지러워 군대는 약해지고 군주의 권위도 낮아졌다. 상군商君이 진언하여 변법으로 풍속을 바꾸고 공공의 도를 분명히 밝혀 간악한 일을 고발하는 자에게 상을 주었다. (…) 나라는 잘 다스려지고 군대가 강해졌으며, 영토는 넓어지고 군주의 권위도 높아졌다. 범죄를 숨기는 벌이 무겁고 간악한 일을 고발하는 상이 후했기 때문이다.

옛날 진나라에도 관리들이 관행을 빌미로 법이 금하는 행위를 자행하는 경우가 많아 나라가 혼란스러웠다고 한다. 하지만 상군이 엄격한 법을 시행한 이후 큰 변화가 찾아온다. 상군은 법가의 선구자이자 그 사상을 실행한 대표적 인물인 상앙商鞅을 말한다. 재상을 역임했고 진나라가 전국 시대에 가장 강한 나라로 발돋움하는 데 큰 기여를 한 정치인이다.

지위의 고하를 막론하고 법을 동일하게 적용한 정책으로 유명하다. 태자가 법을 어기자, 그 스승에게 죄를 물어 얼굴에 문신하는 형벌을 내렸다. 태자가 다시 법을 어기자 이번에는 스승의 코를 베어 버리는 형벌이 이어졌다. 형식적으로는 스승을 중형에 처한 것이지만, 실질적으로는 다음에 왕이 될 태자를 처벌한 것이나 마찬가지다.

그만큼 일단 공표된 법에 대해서는 상대가 누구든 엄격하게 적용했다. 백성이든 고위 관리든 죄가 있으면 반드시 처벌 받는다는 점을 깨닫게 하여 기강이 바로 서고 범죄가 줄어들었다고 한다. 나아가서는 나라가 안정되면서 경제적으로 부유해지고 군사적으로 강력해지는 기틀을 마련했다는 평가다.

죄에 대해 법이 공정하지 못하고 집행이 정확하지 못하여 백성이 피해를 보는 사례는 조선에서도 빈번하게 나타났다. 정약용은 『목민심서』의 「금포禁暴」편에서 일선의 수령들이 제대로 된 판결을 내리지 못하고 또한 이를 틈타 관리들의 사악한 행위가 판치는 현실을 고발한다.

큰 옥사가 만연하게 되면 원통한 자가 열이면 아홉은 된다. (…) 사대부가 법률과 관련한 학문에 소홀히 해서, 한시는 잘하되 재판에는 어두운 것이 오늘날의 속된 폐단이다. (…) 옥사가 일어난 곳에는 아전과 군교가 방자하고 횡포해서 집을 부수고 재물을 약탈하여 그 마을이 망하게 되니, 가장 먼저 염려해야 할 일이다.

신윤복이 풍속화를 통해 풍자하고 있듯이 아전과 군교가 공정하게 법을 집행하기는커녕 오히려 불법 행위에 앞장서는 경우가 많다. 여기에 판관으로서 사태를 정확히 파악하고 공정한 판결을 내려야 하는 수령이 전문적 지식이 부족하니 죄와 벌이 일치하지 않는 현상이 자주 벌어진다. 정약용은 형을 집행하는 과정에서 원통한 자가 열이면 아홉이 될 지경이라고 탄식한다.

정작 죄를 지은 자들은 관리들의 비호를 받으며 미꾸라지처럼 빠져나가고, 죄 없는 백성이 뒤집어쓰는 경우가 많다는 것이다. 당연히 신분이 높거나 재산이 많은 자들이 관리나 수령과 결탁하여 법망을 빠져나가서 생기는 문제다. 그래서 정약용은 목민관이 호족과 강성한 자를 단속하는 데 특별한 신경을 써야 함을 강조한다. "지방의 호족이 강제하는 것은 약한 백성에게는 승냥이와 이리이며 호랑이다. 해를 제거하고 양같이 순한 백성을 살려내야만 목민관이라고 말할 수 있다."(「금포禁暴」) 법이 권문세가나 관리의 이해에 휘둘리지 않고 엄격하게 적용될 때 백성도 정상적인 삶을 살 수 있다.

옛그림
인문학

김득신 〈밀희투전〉《긍재전신첩》 19세기 초반

범죄자, 문제 사회가 낳은 괴물

김득신金得臣은 〈밀희투전密戲鬪牋〉에서 풍속화의 대가답게 흥미로운 장면을 연출한다. 네 명의 사내가 방 안에서 투전에 열중하는 중이다. 투전은 길고 두꺼운 종이에 끗수가 적혀 있어서 숫자의 조합을 통해 승부를 보는 도박이다. 제목에서 '몰래 즐긴다'고 하듯이 투전 도박은 불법 행위였다. 왼쪽 벽면을 보면 단속을 피하기 위해 두꺼운 천으로 창을 가려서 불빛이 밖으로 새지 않도록 단단히 조치를 해두었다. 뒤로 술병과 술잔도 있고, 옆에는 요강과 가래를 뱉는 그릇도 놓아두어서 밤샐 작정으로 보인다.

머리에 모두 탕건을 쓰고 있는 것으로 봐서 양반 신분이다. 하지만 복장이 그다지 번듯해 보이지 않아서 지체가 높거나 부유한 집안 출신은 아닌 듯하다. 도박판의 판세가 어떻게 흐르고 있는지는 대략 짐작이 가능하다. 뒤편의 두 사람을 통해 화가가 의도를 드러낸다. 뒤에 있음에도 앞의 두 인물보다 크게 묘사한 점도 그렇고, 표정과 동작도 훨씬 생생해서 이들을 통해 상황을 전달하려는 의도임을 알게 한다.

왼쪽의 안경을 쓴 이의 인상이 일그러져 있어서 이미 상당한 돈을 잃은 모습이다. 그가 돈을 잃을 수밖에 없는 사정이 있다. 오른편 풍채 좋은 사람의 행동거지가 자연스럽지 않다. 눈길은 투전판으로 향하고 있지만 두 손은 슬쩍 뒤로 향한다. 소매에서 슬그머니 숨겨놓은 다른 패를 꺼내는 순간이다. 일종의 사기도박이다. 나머지 두 사람과 한편인지는 분명하지 않지만, 한 사람이 낭패를 보는 상황을 연출한 것으로 봐서 화가는 짜고 치는 도박판을 그리려 의도한 듯하다.

당시에 도박은 처벌이 상당히 무거운 범죄 행위였다. 조선 시대에 현행법, 보통법으로 적용된 중국 명나라 형률서인 『대명률大明律』에 의하면 도박은 중범죄에 해당한다. "재물을 걸고 도박하는 자는 모두 장杖 80대에 처하고 노름판의 재물은 관에 귀속시킨다. 노름판에 널려 있는 것은 모두 속공시킨다. 도박장을 설치한 자도 같은 죄를 받는다." 『대명률』은 유교주의 원칙 아래 만들어진 율서이고 중국의 형률을 집대성했기 때문에 조선에서 실정에 맞지 않는 부분만 고쳐 쓰는 식으로 적용했다. 현실 적용에서 다소 차이가 있을 수는 있겠지만 적어도 기본적으로는 도박을 강력하게 처벌했음을 알 수 있다.

그럼에도 불구하고 조선 시대에 큰 사회적 문제가 되었을 정도로 도박은 상당히 넓게 퍼져 있었다. 토지문서와 집문서를 도박 자금으로 사용하여 가산을 탕진하는 사람들도 적지 않았다고 한다. 김득신의 그림에서 짐작할 수 있듯이 사기도박까지 횡행하고, 워낙 큰 이권이 걸려 있는 불법 행위여서 폭력 집단까지 꼬였음은 불을 보듯 뻔한 일이다. 이래저래 사회와 백성의 삶을 혼란에 빠뜨리는 중대 범죄였고, 강력한 처벌로 막으려 했다.

나라에서 중대한 범죄로 규정하고 상당히 무거운 형벌로 처벌하는 데도 왜 도박이 끊이지 않았을까? 일단 법이 물러서 확대된 것은 아니라고 봐야 한다. 상식적으로 생각할 때 곤장 80대가 장난은 아닐 테니 말이다. 이 정도면 곤죽이 되도록 맞는다는 말이 딱 어울릴 만큼 중한 벌이다. 그렇다고 해서 범죄자 개인의 도덕성 문제라고 보기도 어렵다. 만약 개인의 악한 성격이 가장 중요한 원인이라면 시대에 따라서 도박이 늘거나 주는 것, 혹은 나라나 지역에 따라서 적지 않은 차이가 나타나는 현상을 설명할 길이 없다.

도박은 일확천금을 얻기 위한 행위다. 적발되었을 때 큰 처벌을 받는다는 점까지 감수하면서도 감행할 정도로 순식간에 큰 이득을 주기 때문이다. 물론 대부분은 패가망신을 하고 극소수만이 큰돈을 손에 넣지만 말이다. 왜 큰 위험을 무릅쓰는 범죄 행위를 해서라도 돈을 쥐려 할까? 정상적으로 성실하게 일을 해서 만족할 만한 재산을 쌓을 수 있다면 어느 누가 범죄에 발을 들여놓겠는가. 사회적 조건이 정상적인 방법으로는 도저히 꿈을 이룰 수 없을 때 비정상에 의존하는 경향이 더 자라난다. 대표적인 방법이 바로 도박이고 범죄다. 그러므로 빈부격차가 극심한 사회일수록 도박 범죄가 증가하는 경향을 보인다. 개인의 문제 이상으로 사회적 원인이 작용한다.

도박 범죄만이 아니라 도둑이나 강도와 같은 다른 강력 범죄도 큰 틀에서는 비슷한 맥락으로 이해 가능하다. 정약용은 『목민심서』의 「제해除害」편에서 백성이 도둑이 되는 이유를 분석한다.

> 백성이 도둑이 되는 원인은 여러 가지가 있겠지만 그중에서도 힘 있는 자들에게 착취당하여 살길을 잃은 것이 주요한 것이다. 간사한 호족들이 서로 모여서 횡포를 부리며 고칠 줄 모르는 것을 엄중하게 처단하여 백성을 편안히 살도록 하는 것도 좋은 방법이다.

먹고살 다른 방법이 없어서 범죄에 발을 들여놓게 된다는 이야기다. 단순히 가난하다고 해서 남의 재물을 훔칠 욕심이 생기는 것은 아니다. 차라리 모두 가난하다면 도둑이 늘어날 이유도 별로 없다. 서로 가난하기에 상대에게서 훔칠 재물도 마땅치 않을 테니 말이다. 문제는 일부의 부는 금고와 창고가 터질 정도로 늘어나는데, 다수 백성이 배를 곯을 때 발생한다. '힘 있는 자들'이나 '간사한 호족들'이 횡포와 착취를 통해 부를 축적하는 동안 백성은 날로 가난해지면서 범죄의 유혹이 확산된다는 문제의식이다.

박지원이 『허생전許生傳』을 통해 풀어나가는 이야기도 비슷한 맥락이다. 허생이라는 선비가 한양의 제일 부자인 변씨를 찾아가 돈 만 냥을 빌린다. 이 돈으로 대추, 밤, 감, 배, 석류, 감자, 귤 등을 사들여 나중에 다시 비싼 값으로 팔아 큰돈을 벌어들인다. 이 돈을 갖고 도적 떼가 수천 명이나 몰려 있는 변산의 섬으로 찾아간다.

허생은 대뜸 "자네들은 여편네를 가졌나?", "논밭을 가졌나?"라고 연거푸 묻는다. 그러자 도적들은 "여편네가 있고 논밭이 있을 바엔 무엇이 답답해서 도적질을 하겠소?"라며 비웃는다. 대답이 일리가 있다고 생각하여 도적들에게 장가를 들어 집을 짓고, 소를 사고, 농사를 지으며, 쫓기고 붙들릴 걱정 없이, 길이 잘 먹고 잘 입고 배부르게 살 생각을 하자고 설득한다. 하지만 "어째서 그 짓을 마다하겠소? 다만 돈이 없다오."라는 대답이 돌아온다.

허생은 그들에게 도적질에서 벗어날 방안을 제안한다. "비록 자네들이 지금 양민이 되려 해도 이름이 도적 명부에 실려 있고서 돌아갈 수도 없겠구나. 내가 여기서 기다릴 터이니 자네들은 각각 백 냥씩만 가지고 가서 여편네 한 명, 소 한 마리씩만 데리고 오시오." 허생의 말대로 도적들은 필요한 것들을 마련하여 섬에 도착한 후 나무를 베어 집을 짓고 논과 밭을 개간한다.

그동안 농사를 짓지 않던 땅이라 지력이 풍부하여 어떤 씨앗을

뿌려도 한 줄기에 아홉 이삭씩 여문다. 그해에 3년 먹을 양식을 저장하고 남은 곡식을 팔아 풍족해지면서 도적들은 누구도 범죄에 다시 발을 들여놓을 생각을 하지 않고 양민으로 살아간다. 허생은 변산의 도적 떼들을 양민으로 이끈 경험을 살려 이후 온 나라 안을 두루 돌아다니면서 가난한 사람과 의지할 데 없는 사람들을 고루 구제하는 일을 한다.

결국 조선 땅에 도적이 들끓게 된 이유가 가난과 빈부 격차에 있다는 생각이다. 그동안 여러 차례 왕이 바뀌더라도 조정이 취했던 방식은 토벌대를 보내 잡아들이는 일이었지만 범죄가 줄어들지 않았다. 오히려 조선은 중기를 거쳐 후기로 가면서 도적이 늘어나는 과정이었다. 정약용이나 박지원은 그동안 범죄가 늘어나는 원인을 엉뚱한 데서 찾았으니 해결될 리 만무하다고 한다. 정말 도적을 없애고 각종 범죄를 줄이기 위해서는 백성이 먹고살 길을 마련해주는 데서 활로를 찾아야 한다는 제안이다.

정약용은 다시 『목민심서』에서 사대부와 관리의 잘못이 오히려 사회에 범죄가 늘어나는 원인이라고 한다. 도적이 생기는 이유를 논하면서 그 첫째로 윗사람의 행실이 올바르지 못하기 때문이라고 한다.

수령·감사, 또는 병수사 등이 재물을 탐하는 일을 일삼고 불법을 자행하니, 이들을 대도大盜라고 지칭하게 되었다. 그와 같이 행실이 단정치 못한 사람이 어찌 다른 사람을 바로잡을 수 있겠는가. 도둑들이 행차를 바라보며 "저처럼 의젓하고 지위가 높으며 나라의 은혜를 받고 있으면서도 오히려 도둑질을 하거늘 우리처럼 끼니도 제대로 잇지 못하는 소인배들이 어떻게 앉아서 죽기를 기다리겠는가." 하니 도둑이 어찌 없어질 수 있겠는가.

정약용에 의하면 백성들이 진짜 도둑은 사대부와 관리들이라고 생각한다. 현실에서 범죄로 지목되어 처벌받는 자들은 고작 한두 집의 재산을 터는 작은 도둑이지만 수령이나 관리들은 백성 전체를 대상으로 재물을 빼앗으니 큰 도둑이다. 법의 이름으로 자신을 잡아넣은 자들이야말로 진짜 도둑이라고 생각하는 마당에 범죄가 줄어들기를 바라는 것은 허무맹랑한 기대다.

심지어 범죄를 소탕한다는 군관조차 도둑 위의 도둑이라고 한다. 도둑이 부잣집의 의복이나 기물을 훔친다 하더라도 남의 이목이 두려워서 저자에 내다 팔 수 없기에 군관의 도움을 받는다. "군교들이 대신 팔아서 10분의 6을 도둑에게 주고 10분의 4는 자기가 차지하는 것이 관례처럼 되어 있다." 처음으로 도둑질한 자는 세 번 그 장물을 바치고 나서야 비로소 자기도 차지하게 될 정도로 썩어 있다고 한다. 포도군관이 도둑 떼의 우두머리가 되어 있으니 어느 세월에 범죄가 줄어들겠는가.

강력하게 처벌하면 범죄가 줄어드는가?

범죄와 관련하여 옛날이나 지금이나 강력하게 처벌하면 잦아든다는 생각이 가장 일반적으로 퍼져 있다. 조선 후기의 화가 김윤보金允輔의 〈형정도첩刑政圖帖〉은 범죄에 관한 한 관용을 인정하지 않는 태도를 반영한다. 당시에 범죄 조사와 형 집행에서 사용되는 갖가지 형벌을 담은 연작이다. 다음의 그림은 그 가운데 '주리 틀기' 과정을 보여준다.

의자에 묶어 놓고 허벅지를 비트는 드라마 장면과 달리 김윤보의 그림을 비롯하여 각종 기록화를 보면 바닥에 앉혀 놓고 좌우에서 정강이에 나무를 엇갈려 끼워 비트는 방식이다. 문초 시에 행하여 실토케 하는 고문 방법으로 자주 쓰였다. 뒤편으로 결박한 팔과 머리를 막대에 고정시켜 놓았기 때문에 몸을 뺄 수도 없어서 고통이 고스란히 전달된다. 그림에서도 보이듯이 집행 과정에서 피가 튀고 심하면 힘줄이 끊어지거나 뼈가 부러지기도 한다.

법가는 법에의 절대적 의존은 물론이고 관용 없는 강력한 처벌을 강조한다. 한비는 『한비자』에서 군주가 사랑과 은혜의 정을 베풀기보다는 사람들이 두려워하도록 가혹한 처벌을 실시하라고 한다.

> 매나 채찍의 위협과 재갈 물리는 준비가 없으면 비록 조보라 할지라도 능히 말을 달리게 할 수 없다. (…) 강력한 권세나 상벌의 법이

김윤보 〈주리 틀기〉《형정도첩》19세기

없으면 비록 요와 순이라 할지라도 능히 세상을 잘 다스릴 수 없다. 지금 세상의 군주는 모두 경솔하게 무거운 벌과 엄한 처형을 버리고 사랑과 은혜의 정을 베풀어서 천하에 패왕이 되는 공업을 이루려 하지만 이 또한 기대할 수 없는 것이다.(「간겁시신姦劫弑臣」)

조보는 중국 고대 사회에서 말을 잘 다루기로 유명한 사람이다.

그런데 세상에 둘도 없을 기술자라 해도 재갈과 채찍이 없으면 말을 길들이기 어렵듯이 한 나라의 운영도 마찬가지라고 한다. 중국인들이 태평성대의 이상으로 여기는 요임금, 순임금이어도 처벌에 의존하기 않고는 나라의 안정을 꾀하지 못한다는 것이다.

　백성은 당연히 엄한 형과 무거운 벌을 싫어한다. 반대로 군주와 수령이 백성을 가엾게 여겨 형벌을 가볍게 하는 것을 좋아한다. 하지만 백성을 가여워하는 마음으로 대하면 법이 제대로 서지 않고 나라는 허약해진다. 군주가 세속에 동조하여 백성의 사랑을 받으려는 마음으로 접근해선 안 된다. 오히려 '재갈과 채찍'으로 두려움의 대상이 돼야 하고, 그제야 비로소 나라가 잘 다스려진다. 한비에 의하면 큰 죄에는 큰 벌을, 작은 죄에는 작은 벌을 준다는 사고방식조차 문제다.

> 옛날에 나라를 잘 지키던 순주는 엄중한 형을 가지고 가벼운 죄도 금하게 했으며 견디기 어려운 벌을 가지고 저지르기 쉬운 잘못도 하지 못하게 했다. 그러므로 군자와 소인이 다 같이 바르게 되고 큰 도둑인 도척盜跖도 다 같이 청렴해질 수 있었다.(「수도守道」)

　한비는 자기 의견의 정당성을 공자의 권위를 빌려 보완한다. 「칠술七術」 편에서 길거리에 재를 버린 자를 처벌하는 은나라의 사례를 든다. 일설에 이르기를 "은의 법에 큰길가에 재를 버린 자는 그 손을 자른다."라고 한다. 제자인 자공이 과중하다고 여겨 공자에게 묻는다.

그런데 의외로 공자는 은나라의 법을 두둔한다.

은의 군주야말로 나라를 다스리는 법을 제대로 터득한 사람이라고 한다. 공자에 의하면 길거리에 재를 버리면 반드시 사람의 몸을 더럽힌다. 그 사람이 화를 내면 싸우게 된다. 싸우면 온 집안끼리 서로 살상하는 사태가 벌어진다. "중벌이란 사람들이 싫어하는 것이며 재를 버리지 못하게 하는 일은 사람들이 하기 쉬운 것이다. 사람에게 쉬운 것을 행하게 하여 싫어하는 것에 걸리지 않게 하는 일이 바로 잘 다스리는 길이다." 처음에는 재를 버리는 가벼운 행위지만 결과는 서로 죽이는 사태를 초래할 수 있으므로 작은 일탈 행위에 대해서조차 조기에 무거운 처벌로 막아야 한다는 논리다.

중국 고대 국가인 주周나라에 이르러 처벌이 오형五刑으로 집약된다. 다섯 가지 형벌은 얼굴이나 팔뚝에 문신을 새기는 묵형墨刑, 코를 베는 의형劓刑, 발뒤꿈치를 자르는 비형剕刑, 생식기를 자르는 궁형宮刑, 목을 자르는 대벽형大辟刑이다. 그런데 이 다섯 가지 형벌에 해당되는 죄가 무려 삼천여 가지에 달했다고 한다.

조선에서의 형벌도 출발부터 무거웠기는 마찬가지다. 『태종실록』에 의하면 태종이 "법에 능지의 조항이 있느냐."라고 묻자 황희는 '이전에 거열형으로 능지를 대신했다'고 답한다. 거열형車裂刑은 팔과 다리를 각각 다른 수레에 매어 죄인을 찢어 죽이는 형벌이다. 대답을 들은 후에 태종은 "시골에서 사형을 집행한들 누가 알겠는가. 본보기를 위해 서울의 저잣거리에서 사람들이 보는 앞에서 거열하고 사지를 나누어 지방의 각 도에 보내라."라고 명한다. 삼강오륜을 해치는 죄나 반역죄를 이렇게 처형했다.

하지만 사마천은 『사기』의 「오제본기五帝本紀」에서 강력한 처벌에 대해 비판적 태도를 보인다. 성군으로 불리는 순임금의 사례를 통해 형벌 만능주의를 경계한다.

> 순임금은 오형五刑에 해당하는 죄를 지은 사람은 유배형으로 죄를 낮추어 관대하게 처리하였다. 관가에서는 채찍질로 형을 집행했고, 학교에서는 회초리로 체벌했으며, 고의로 죄를 지은 자가 아니면 돈으로 속죄하도록 했다. 재난이나 과실에 의한 죄는 용서하고, 다만 고의적인 범죄와 중범에는 형벌을 가하도록 했다. 순은 언제나 관리들에게 "신중히 하라, 신중히 하라! 오로지 형벌은 신중히 해야 하느니라!"라고 당부했다.

한비와 달리 반대로 형벌을 가볍게 해야 요임금, 순임금과 같은 태평성대를 이룰 수 있다고 한다. 사마천은 「효문본기孝文本紀」에서 한나라 효문왕의 사례를 들어 형벌보다는 덕으로 나라를 이끌었던 순임금 이야기를 보완한다. 효문왕은 한고조 유방의 아들이다. 왕이 다음과 같은 조서를 내린다. "순의 시대에는 범죄자에게 특수한 색이나 무늬 있는 의관을 착용하게 하여 치욕의 표시로 삼게 했을 뿐인데도 백성들은 법을 범하지 않았다고 들었다. 이는 무슨 연유인가? 다스림이 지극했기 때문이다."

몸에 끔찍한 괴로움을 주는 형벌을 피하고 수치심을 느끼게 하는 정도로도 범죄 걱정이 없는 세상을 만들었다는 것이다. 하지만 지금은 신체에 고통을 주는 육형肉刑이 여러 가지 있어도 범죄가 그치지 않으니 잘못이 형의 가벼움에 있지 않다고 한다. 올바르지 못한 법으로 죄를 다스린다면, 백성에게 해를 끼쳐서 난폭한 짓을 하게 하는 것이기에 오히려 문제를 키우는 격이 된다.

나아가서 백성에게 잘못이 있으면 교화를 실시하기도 전에 형벌을 먼저 가하여, 혹 잘못을 고쳐서 선을 행하고자 해도 그럴 길이 없어서 문제다. "교화의 방법이 훌륭하지 못하여 어리석은 백성이 범죄의 길로 빠지고 있음을 심히 부끄러워하고 있다."라고 반성한다. 이에 따라 조서는 육형을 폐지하라는 명으로 맺는다.

사마천은 「예서禮書」에서 끔찍한 형벌로 두려움을 통해 백성을 통치하려 했던 주왕의 사례도 보탠다. 직언과 직간을 서슴지 않은 신하의 심장을 도려내고, 기름을 칠한 구리 기둥을 숯불 위에 걸쳐 놓고 죄인을 그 위로 걸어가게 한 포락형炮烙刑으로 처벌하는 등 신하와 백성을 공포에 떨게 했다. "그러다 주周나라의 군대가 이르니 주왕의 명령이 아래로 전해지지 않고, 백성들을 군사로 쓸 수가 없었다. 이 어찌 왕명이 엄격하지 못하고 형벌이 준엄하지 못해서였겠는가?" 형벌 중심의 통치가 나라를 멸망으로 이끈다는 경고다.

정약용도 『목민심서』의 「신형愼刑」 편에서 형벌을 신중하게 여기도록 당부한다.

> 형벌로써 백성을 바르게 한다는 것은 최하의 수단이다. 자신을 단속
> 하고 법을 받들어서 장엄하게 임한다면 백성이 법을 범하지 않을 것
> 이니 형벌은 없애 버려도 좋을 것이다. 옛날의 어진 목민관은 반드시
> 형벌을 완화시켰으니 그 아름다운 이름이 역사책에 실려서 길이 빛
> 나고 있다. 한때의 분한 것으로 형장을 남용하는 것은 큰 죄악이다.

그에 따르면 백성을 이끄는 주요 수단이 형벌이어서는 안 된다.
특히 갈수록 처벌을 무겁게 하는 방식으로는 범죄가 줄기는커녕 백성
의 원망만 늘어날 뿐이다. 가혹한 형벌은 국가의 안정에 관하여는 아
무런 도움이 되지 않는다. 순임금이나 효문왕이 그러했듯이 형벌을
완화하고 교화에 힘써야 한다는 권고다.

범죄 이야기만 나오면 거의 자동반사식으로 무조건 법이 물러서
그렇다느니, 웬만한 강력범죄라면 아예 세상과 영원히 단절시켜야 한
다느니 강력 처벌 일변도의 말을 쏟아내는 태도가 통념처럼 자리 잡
은 우리로서는 충분히 경청할 만한 문제의식이다.

전쟁을 어떻게 볼 것인가?

국방은 민생 안정으로부터

동양이든 서양이든 역사서를 집어 들면 전쟁과 관련된 이야기로 가득하다. 어떤 의미에서는 각 국가나 지역의 역사는 전쟁의 역사라고 해도 과언이 아닐 지경이다. 어디 역사책만이겠는가. 국가와 관련된 신화도 피비린내 나는 전쟁을 상징과 비유를 통해 풀어낸 이야기인 경우가 허다하다. 또한 고대 국가의 신전을 장식한 부조에서도 역시 전쟁 장면이 빈번하게 나온다.

역대 군주나 관리, 혹은 지식인들은 한 나라의 흥망성쇠를 결정짓는 가장 중요한 요소로 전쟁을 꼽곤 했다. 군주는 전쟁을 통해 주변 국가를 병합하는 위업을 이룰 때 역사에 길이 남는 이름을 얻었다. 신

강희언 〈사인사예〉《사인삼경》 18세기

하들은 군주가 국가를 운영하면서 가장 힘써야 하는 일로 군사적 대비를 강조하고, 전투에서 필승에 이르는 전법을 제안하는 일에 관심을 기울였다.

귀족계급 내에서는 개인으로서도 무관으로 전쟁에 나아가 전과를 올리는 일이 신분 상승의 주요한 통로로 여겨졌다. 중요한 전쟁의 승리에 혁혁한 공을 세운다면 일약 영웅 대접을 받으며 승진을 향한 탄탄대로에 올라서기 때문이다. 그러하기에 전쟁이 없는 평상시에도 장수로서의 역량을 기르는 데 소홀함이 없어야 했다.

다른 국가에 비해 전쟁을 많이 겪지 않았던 조선 시대는 다소 덜하기는 했다. 무보다 문을 숭상하던 시기였고, 무장보다 문관이 더 빠른 성공의 길을 보장 받았기에 신분이 높은 사대부들은 과거시험에 응시하더라도 문과에 집중했다. 유교 경전에 대한 이해와 정책에 대한 생각을 가다듬어 문과에 장원급제하기를 바랐다. 하지만 집안 배경이 든든하지 못한 양반이나 중인계급은 무과 급제를 통해 무관으로서 신분상승을 꿈꿨다.

하지만 무관이나 문관을 가리지 않고 사대부들은 평소에 활을 쏘며, 한편으로는 국가가 전란에 휩싸이는 비상시를 대비하고, 다른 한편으로는 장부로서의 호연지기를 기르는 경우가 많았다. 강희언姜熙彦의 〈사인사예士人射藝〉는 활쏘기를 통해 심신을 단련하던 조선 선비의 모습을 담는다.

냇가에서 선비들이 활쏘기에 여념이 없다. 소나무 아래에 몇 명이 올라갈 수 있는 단이 만들어져 있어서 평소에 사람들이 자주 찾던 활터인 듯하다. 세 명을 등장시켜 활과 관련된 다양한 동작을 다룬다. 한 사람은 과녁을 향해 막 시위를 당기는 중이다. 팔은 활이 한껏 휘어질 정도로 팽팽하게 시위를 당기고, 눈은 과녁을 날카롭게 노려본다. 오른쪽 선비는 다음 차례에 쏘기 위해 허리에 찬 활 통에서 화살을 하나 꺼낸다. 왼편으로는 양반다리를 한 다리 사이에 활을 끼고 시위를 양쪽 끝에 거는 동작을 한다.

넓은 도포 자락이 활쏘기에 방해가 되지 않도록 팔에는 가죽띠를 두른 모습이다. 조선의 각궁은 소의 뿔과 힘줄, 나무 등을 여러 겹으로 겹쳐 만든 활이기에 탄성이 강한 만큼 활시위를 당기는 게 만만하지 않다. 100미터가 넘는 거리의 과녁까지 날아갈 만큼 시위를 당기는 행위가 수월할 정도면 신체 단련에도 상당한 기여를 했으리라.

골짜기 저편으로 냇물을 따라 올라가면 몇 명의 아낙네가 빨래하는 모습이 보인다. 자칫 딱딱하기 쉬운 그림에 잔잔한 재미를 불어넣는다. 굳이 이 장면을 넣은 것은 단지 화면 구성상의 재미만이 아니라, 조선의 아낙네들에게 빨래가 일상이듯이 선비들에게도 활쏘기를 통한 심신단련과 자기수양이 일상이라는 점을 강조한 의도인지도 모른다.

당시의 사대부 중에는 평소에 활쏘기로 스스로를 단련하고, 무과 시험을 통해 유능한 무관을 길러내면 전쟁에 충분히 대비하는 셈이라고 생각하는 경우가 적지 않았다. 전쟁이 벌어지면 일반 병졸이야 백성으로부터 무작위로 징집하면 될 일이라고 여기면서 말이다. 하지만 조선 시대에도 강한 군대의 핵심은 백성에 있다는 문제의식을 가진 문신이 드물게 있다. 조선 중기의 유학자이자 정치가인 이이李珥가 대표적이다. 『동호문답東湖問答』에서 전쟁 대비에 허술한 현실을 비판한다.

> 교활한 사람일지라도 만일 생업을 가지고 살아갈 수 있다면, 누가 기꺼이 스스로 흩어져 떠돌아다니는 고생을 취하겠습니까? 일족절린의 근심만 없고 자신이 병역에만 응할 수 있다면, 백성의 생업을 즐겨 하는 것은 물과 불에서 구제되는 것 같은 일인데, 어찌 모두 병역을 기피할 이유가 있겠습니까?

병역을 기피하고 도망가는 사람이 많아져서 군사력이 갈수록 약해지고 있다는 진단이다. 백성이 지나치게 무거운 세금·군포·용역 등에 견디지 못하여 도망가기 때문이다. 이이에 의하면 어떤 사람이 도망가면 그 일족과 이웃 사람에게 세금·군포·용역을 다시 부담시킨다. 그러면 다시 이들이 버티지 못하고 마을을 떠난다.

각종 부세 때문에 가뜩이나 먹고살기 어려운 처지에 병역을 대신하는 군포까지 무겁게 어깨를 짓누르고, 여기에 도망간 친족의 부담까지 떠안아야 하는 처지니 도저히 견디기 어렵다. 상황이 이러하니 행여 전란이라도 일어나면 맥없이 당할 도리밖에 없다. 국방을 튼튼히 하고 강한 나라로 거듭나고 싶다면 백성의 삶을 안정시키는 데서 출발해야 한다.

옛날 월越나라 왕 구천句踐은 오천 명의 군사로 미약한 나라를 다스렸습니다. 그러나 십 년을 기르고 가르치니 마침내 나라가 부강해져서 강한 적군을 멸망시켰습니다. 하물며 우리는 당당히 만 대의 전차를 가질 만한 나라이기에 기르고 가르치는 도를 다하면, 어찌 국가가 태평하고 민생이 풍족하여 풍속을 크게 진흥시키는 공효가 없겠습니까?

고전에서 보는 군사력의 비결

우리 역사에서 강력한 군사력으로 가장 유명했던 나라로 고구려를 꼽는 데 이견을 달 사람은 별로 없다. 무용총의 〈기마도〉는 고구려가 군사적으로 강했던 이유의 일단을 보여준다. 무용총은 중국 길림성에 있는 고구려 고분이다. 우리에게 잘 알려진, 고구려 무사들의 사냥 광경을 담은 〈수렵도〉의 바로 왼편에 있는 그림이다. 화가는 말의 머리부터 몸통과 다리를 거쳐 말발굽에 이르기까지 균형이나 각 부분의 특징을 상당히 능숙하게 묘사한다. 또한 뒷발을 웅크리고 앞발을 내딛는 모습인데, 막 속력을 내어 뛰쳐나가기 직전의 동작을 솜씨 있게 잡

무용총 〈기마도〉 부분, 5세기

아내서 〈수렵도〉의 기마도 가운데 회화적 완성도가 가장 뛰어나다.

이 그림에서 고구려의 강한 군사력을 엿볼 수 있는 몇 가지 요소를 찾을 수 있다. 먼저 생각보다 활의 크기가 상당히 작고, 자세히 보면 활의 가운데 부분이 겹으로 되어 있다. 실제로 고구려의 기마병이 사용하던 활의 크기는 80센티 정도였다고 하니 중국이나 서양의 긴 활에 비해 볼품없어 보인다. 하지만 기마병의 활은 작아야 실전에서 유용한 사용이 가능하다. 긴 활은 말을 타고 달리는 상태에서도 기동성을 발휘하며 편리하게 사용하는 데 많은 제한이 따르기 때문이다.

고구려의 활은 맥궁貊弓으로 불렸는데, 작지만 충분한 위력과 사정거리를 자랑한다. 짧지만 목제 활대에 여러 겹의 뿔과 힘줄을 덧대어 만들어서 탄성이 상당하다. 소의 뿔은 나가는 힘, 소의 힘줄은 당기는 힘을 증가시킨다. 몽골 기마병의 활과 비슷하다. 역사 기록을 봐도 고구려는 활과 관련된 이야기가 많다. 고구려 시조인 주몽朱蒙의 이름은 '활을 잘 쏘는 사람'이라는 부여식 표기에서 온다.

또한 고구려와 관련해 가장 오래된 기록인, 중국 진수陳壽 『삼국지三國志-위서魏書』의 「동이전東夷傳」 가운데 고구려를 다루면서 "좋은 활을 생산했는데, 이른바 맥궁이 바로 그것"이라고 한다. 김부식金富軾의 『삼국사기三國史記』에서도 "들에서 사냥을 하는데, 주몽은 활을 잘 쏜다 하여 그에게는 화살을 적게 주었는데도 주몽이 잡은 짐승이 매우 많았다."라고 한다.

말도 언뜻 사람의 크기에 비해 상당히 작아 보인다. 혹시 화가의 미숙함으로 비례에 맞지 않게 그렸다고 생각할지 모르겠다. 하지만 실제로 고구려와 몽골 기병의 말은 상당히 작았다. 대략 130~150센티미만의 작은 말이었는데 오히려 전투마로서 더 큰 위력을 발휘했다. 「동이전」에서도 "이곳의 말은 모두 작아서 산을 올라가는 데 편리하다."라고 한다. 지구력이 강하고 산악 지역이든 평야든 가리지 않고 기동력을 살리기에 적합한 말이다. 몽골이 세계 대제국을 건설할 당시에 이 말을 이용하여 하루 평균 120킬로미터에서 최고 200킬로미터의 기동력을 발휘했을 정도다.

게다가 고구려 기마병은 중기병과 경기병으로 나뉘는데, 중기병은 상당히 무거운 장비를 갖추어야 한다. 고구려 쌍영총 벽화인 〈개마무사〉를 보면 기병이 투구·경갑·견갑·상박갑·대퇴갑의 중무장을 했을 뿐만 아니라 말도 몸 전체를 갑옷으로 감싸서 상당한 무게가 불가피하다. 고구려와 몽골의 말은 이러한 무게를 견디며 장거리를 신속하게 이동하기에 적합하다. 고구려 군대가 자주 사용하던 전술을 보면 낮과 저녁에 각각 병력의 40퍼센트씩을, 야습으로 병력의 20퍼센트를 사용하여 쉴 새 없이 적 진영을 몰아쳤다고 하는데, 이를 위해서는 지구력과 기동력을 가진 이 말이 적합했으리라.

고구려는 기마술에서도 뛰어나다. 병사의 수로 보면 고구려는 중국의 상대가 되지 않는다. 그럼에도 불구하고 위력을 발휘한 데는 기마병의 뛰어난 능력이 큰 역할을 한다. 무용총 〈수렵도〉 윗부분을 보면 달아나는 두 마리 사슴의 반대 방향으로 달리며 돌아서서 활을 쏘는 모습이 나온다. 그림의 과장된 표현이 아니다. 고구려 덕흥리 고분의 벽화 중 〈기마궁술대회〉를 보면 몸 돌려 쏘기, 땅에 있는 물건 줍기, 몸 숨기기 등 다양한 기마술을 평가하는 장면이 나온다.

진수의 『삼국지-위서』의 「동이전」을 보면 상당 부분 고구려를 폄하하는 내용이 많지만, 그 와중에도 고구려의 강한 군사력을 인정하는 내용이 심심찮게 나온다. "그 나라 사람들은 기력이 있고, 전투에 익숙하며, 옥저와 동예를 모두 그들에게 복속시켰다."라고 한다. 고구려의 왕, 궁宮을 소개하면서도 "힘이 있고 용감했으며, 안장을 놓고 말달리는 것에 익숙하고, 사냥과 활쏘기를 잘했다."라고 평한다. 궁이 중국 땅 요동을 공격하는 사례를 다루면서도 "요동을 침입하여 관리와 백성들을 살해했다. 채풍은 가볍게 무장한 관리와 병사들로 추격하여 토벌하려고 했지만, 싸움에서 패하여 죽었다."라고 한다.

군사 전략과 용병술이라는 면에서도 고구려는 초기부터 상당히 세련된 모습을 보인다. 김부식의 『삼국사기』에 기록된, 기원전 9년에 주몽의 맏아들인 유리왕琉璃王이 흉노족을 공격한 이야기를 봐도 그러하다. 유리왕이 흉노족인 선비鮮卑가 험한 지세를 믿고 노략질을 일삼으니 걱정이라고 하자 신하인 부분노가 대책을 제시한다. 선비는 지세가 험하고 수비가 견고하며, 사람들이 용맹하기에 힘으로 싸워서는 승산이 적다고 한다. 적을 허술하게 만들기 위해 위장한 배반자를 만들어 그들에게 고구려가 작고 군사력이 허약해 겁을 내고 움직이지 못한다고 알려 방비를 하지 않도록 사전 작업을 하게 한다.

제가 그 틈을 타 정예 군사를 거느리고 지름길로 가서 산림에 의지해 그들의 성을 노리고 있겠습니다. 이때 왕께서 허술한 군사로 하여금 그들의 성 남쪽으로 출동하게 하시면 저들은 반드시 성을 비워두고 멀리 쫓아올 것입니다. 그러면 저는 정예병을 이끌어 그 성에 달려 들어가고, 왕께서는 친히 용맹한 기병을 거느리시어, 그들을 양쪽에서 협공하게 되면 이길 수 있을 것입니다.

첩자를 이용하여 적을 속이는 전술, 약한 군대를 동원하여 적의 본대를 성에서 끌어내는 유인 전술, 선발대·예비병·정예병, 보병·기병 등으로 구분 배치하여 때로는 분산 공격을 하고 때로는 협공을 하는 전술 등 다양한 방법을 유기적으로 혼합하여 실제의 전투를 승리로 이끈다. 뛰어난 전술과 용병술을 이용하여 유리왕 시기에 군사 이만 명이라는 작은 병력을 갖고 흉노만이 아니라 서쪽으로 양맥을 멸망시키고, 한의 현을 습격해 빼앗는다.

앞의 〈기마도〉가 있는 무용총이 만들어진 5세기의 대부분은 장수왕長壽王이 고구려를 통치하던 시기다. 당시 중국의 패권을 다투는 나라들과 거래할 정도의 위상을 차지한다. 예를 들어 위나라가 연나라를 공격해 위태롭고 절박한 사정이 되자 연나라 왕은 고구려에 잠시 의탁했다가 후일 일어날 것을 도모한다. 실제로 연나라 왕이 군사 수만 명을 거느리고 와서 보호를 부탁하고 장수왕은 이를 맞아들인다. 이에 위나라 왕이 고구려가 조칙을 어겼다 하여 칠 것을 논의하고 기병을 출동시키려 했는데, 신하들이 만류해 그만둘 정도로 상당히 위협적인 군사력과 국력을 갖고 있었다. 장수왕 63년에는 왕이 군사 삼만 명을 거느리고 백제를 침공해 왕도인 한성을 함락시키고 백제 왕 부여경扶餘慶을 죽인다.

그렇다고 해서 고구려가 무조건 군사의 힘만으로 움직였던 나라는 아니다. 중국과 마찬가지로 고구려에도 전쟁과 관련하여 유가적인 시각이 상당 부분 퍼졌던 듯하다. 고구려 대무왕大武王 시기에 한의 요동태수가 군사를 거느리고 쳐들어왔다. 왕이 여러 신하들을 모아 전투와 방어 계책을 묻자, 송옥구가 다음과 같이 말한다.

> 제가 듣기로는 덕을 믿는 이는 창성하고, 힘을 믿는 이는 망한다고 했습니다. 지금 중국은 흉년이 들어 도적이 벌떼같이 일어나고 있는데 아무 명분도 없이 군사를 출동시키고 있습니다. (…) 하늘의 이치를 거스르고 사람의 도리에 어긋나는 일이니, 저들의 군사 행동에는 반드시 성과가 없을 것입니다.

배경 설명 없이 내용만 보면 마치 춘추 전국 시대 제자백가의 논쟁 와중에 유가 사상가의 말을 듣는 게 아닌가 하는 착각이 든다. 군사의 힘은 단순히 병사의 숫자나 무기, 혹은 군사 전술의 우수함에서만 오는 게 아니다. 기본적으로 백성의 생활 기반과 처지를 생각하고, 대의명분을 갖추는 데서 승리의 요체를 찾아야 한다. 당시 고구려에는 공자의 『춘추』에 좌씨가 풍부하게 주석을 단 『춘추좌씨전』이 폭넓게 읽히고 있었다고 하니, 통치와 전쟁과 관련한 나름대로의 철학적 문제의식을 담은 내용이라고 봐야 한다.

중국 역사를 통틀어 최고의 군사 전략가로 꼽히는 인물은 단연 제갈량諸葛亮이다. 나관중羅貫中의 『삼국지연의三國志演義』를 통해 유비·관우·장비와 함께 매우 익숙해진 이름이다. 조선 시대에도 삼국지의 주요 인물은 사대부만이 아니라 백성에게도 이미 잘 알려져 있었다. 특히 임진왜란 때 명나라 장수들이 원조의 조건으로 관우의 신전인 관성묘를 전국에 설치해 달라고 요구했고, 조선 조정이 이를 받아들이면서 더욱 친근해졌다. 이와 더불어 『삼국지연의』 내용을 회화적으로 표현한 '삼국지연의도'가 유행했다.

서울역사박물관이 소장하고 있는 작가 미상의 《삼국지연의도》도 그중의 하나다. 〈제갈공명초용병諸葛孔明初用兵〉은 아홉 점의 연작에 포함된 그림이다. 제목 그대로 제갈량이 유비의 삼고초려를 받아들인 후 처음으로 용병술을 발휘한 전투를 담는다. 먼저 관련 사례가 담긴 『삼국지연의』 내용을 보면 다음과 같다.

조조는 백만 대군을 거느리고 허창에 주둔하여 중원을 차지한다. 그는 유비가 신야성에서 수천의 병사를 모집하여 종일토록 훈련한다는 소식을 듣고 맹장 하후돈에게 신야성을 공격하도록 명령을 내린다. 실력이 검증되지 않은 제갈량을 마땅찮게 생각하던 장비가 유비에게 "형님, 왜 제갈량을 불러 적을 막으려 하지 않소?"라며 빈정댄다. 제갈량은 유비로부터 전권을 부여받은 다음, 하후돈의 대군을 상대해 싸우기에 적합하도록 좁은 산지인 박망이라는 곳을 결전 장소로 택한다.

좁고 가파른 길이 있고 주변에 사람 키 높이의 갈대가 우거져 있는 지역이다. 제갈량은 이곳에 복병과 인화물을 숨겨두고 화공을 펼치도록 준비시킨다. 이어서 장수 조자룡에게 적을 유인할 묘책을 알려준다. 보잘 것 없는 조자룡의 선봉 부대를 보자 하후돈은 "유비가

작가 미상 〈제갈공명초용병〉《삼국지연의도》 19세기 후반

결국 이런 허약한 군대를 가지고 나의 강력한 수만 군대를 대적하려 하는 것은 마치 개나 양을 몰아 호랑이나 표범과 싸우려는 것과 같구나."라며 총공격을 명령한다.

조자룡은 제갈량의 계책대로 부하들과 함께 도주했고, 기세가 오른 조조 군대는 박망 비탈까지 추격한다. 이번에는 돌연 유비가 직접 수천의 군사를 이끌고 접전을 벌인다. 마찬가지로 유비가 제갈량의 뜻대로 도주하자 하후돈은 "유비를 사로잡지 않고서는 결코 철수하지 않을 것이다."라고 선언하며 추격을 멈추지 않는다. 어느새 박망의 협소한 길로 들어서는데 갑자기 등 뒤에서 함성이 천지를 진동하고 사방에서 불길이 치솟으며 삽시간에 불바다를 이룬다. 하후돈은 대패를 당한 후 겨우 목숨만을 건져 도망친다.

〈제갈공명초용병〉은 박망에서 하후돈의 군대가 화공을 당하며 도주하는 장면을 담는다. 박망 전투와 관련된 전체 내용을 하나의 그림 안에 넣다보니 어색한 구성이 불가피하다. 산 너머에서 유비와 함께 작전을 지시하고 있는 제갈량의 모습이 보인다. 아래 좁은 골짜기의 갈대와 나무는 이미 온통 붉은색으로 불타오른다. 예상치 않은 화공과 유비군 본대의 총공격에 혼비백산하여 줄행랑치는 하후돈과 조조 군사들의 모습이 초라하다.

제갈량은 자신의 정치사상과 병법을 담은 『장원將苑』에서 전쟁에서 승리하기 위해서는 확고한 병권이 우선되어야 한다고 강조한다.

병권이란 3군, 즉 전군을 자유자재로 사용하여 장수의 권위를 확립하는 관건이다. 장수는 병권을 장악하고 군대를 통제할 수 있고 나서 부대의 작전을 지휘한다. 이는 마치 맹호가 날개를 달고 사방을 날며 부딪치는 국면에 원활히 대처하는 것과 같다. 만약 장수가 병권 장악에 실패하고 군의 대세를 통제할 수 없다면 이는 곧 물고기가 호수나 강을 떠나 해양으로 헤엄치려 하지만 결국 격랑에 밀릴 수밖에 없는 것과 같다.

박망 전투를 보아도 제갈량이 병권을 얼마나 중시하는지 알 수 있다. 그는 이 전투에 앞서 장수들이 지시를 따르지 않을까 걱정하여 유비에게 전권을 부릴 수 있도록 검과 인을 요구한다. 또한 계책을 통해 첫 전투를 승리로 이끌어 장수의 용맹함과 훈련된 군사들의 힘 이상으로 전쟁에서 전략과 전술이 중요하다는 점을 입증함으로써 군사 책략가로서 자신의 실질적인 권위를 획득한다.

유비군이 크게 이기고 돌아오자 제갈량에 대해 불신감이 가득하던 관우와 장비가 "제갈량은 진정 영걸이오!"라며 탄복한다. 제갈량이 수레에 앉은 채 다가오자 관우와 장비가 황급히 말에서 내려 수레 앞에서 절을 하며 권위를 인정한다. 이후 주요 장수들이 제갈량의 계책과 명령에 복종함으로써 병권을 확고히 세우는 계기가 된다.

제갈량 역시 단순히 꾀만 많은 책략가는 아니다. 『장원』을 보면 기본적으로 제자백가의 각종 사상에 깊은 조예를 갖추고 있다. 유교 경전을 비롯하여 제자백가의 가르침을 인용하는 경우가 많다. 오경 중 하나로 꼽히는 『서경書經』을 인용하며 군사의 숫자나 계책 이전에 백성과 병사의 마음을 사로잡는 일이 우선이라는 생각을 거듭 밝힌다. "용병의 관건은 반드시 병사들의 마음을 사로잡고 상벌 제도를 엄정하게 시행하며 문무의 도에 정통하고 강하고 부드러운 전술을 민첩하게 운용하며 예악을 좋아하고 시서를 가까이하며 인의를 지혜와 용기보다 앞세워야 한다."

제갈량의 문제의식은 맹자孟子가 『맹자』의 「공손추公孫丑」 하편에서 강조한 다음 내용과도 일맥상통한다.

'백성들을 보전하는 것은 나라의 땅 경계로 하는 게 아니고, 나라를 견고히 하는 것은 산이나 계곡의 험준함으로 하는 게 아니며 천하에 위세를 떨치는 것은 무기와 갑옷의 훌륭함으로 하는 것이 아니다.' (…) 결국 올바른 나라를 다스리는 임금은 온 천하가 그를 따르는 조건 아래 적의 친척들조차도 적을 공격하게 되는 것이기 때문에, 군자는 전쟁할 필요가 없지만 싸우면 반드시 이기게 된다.

맹자에 의하면 성이 높고 해자가 깊지만 전투에서 패배하는 경우가 얼마든지 있다. 마찬가지로 예리한 무기와 단단한 옷을 갖추고 군량도 풍부하지만 전투가 닥칠 때 병사들이 도망치는 현상도 벌어진다. 또한 유리한 지세를 활용하는 위치에 있다고 승리를 저절로 얻는 것도 아니다. 땅이나 무기의 유리함보다 더 중요한 것은 백성과 병사의 화합이다. 전쟁 자체는 반가운 일이 아니지만, 일단 시작한 전쟁에서 필승을 거두기 위해서는 백성의 마음을 얻는 일이 가장 중요하다.

마음을 움직였다면 그 다음으로 온갖 지혜를 이용한 전투의 계책이 제대로 서야 한다. 전쟁인 이상 전문적인 군사 기술을 익혀야 한다. 승리를 확신할 수 있는 전술 없이 전투에 나서면 전쟁의 패배를 초래하고 병사와 백성 모두에게 재앙이 된다. 좌씨의『춘추좌씨전春秋左氏傳』가운데「희공僖公」상편의 다음 내용은 무능한 전쟁 지휘가 초래하는 재앙을 잘 보여준다.

송나라 왕이 초나라와 홍수에서 전투를 벌인다. 송나라 군대는 이미 정렬했으나, 초나라 군대는 아직도 물을 건너지 못한 상태다. 사마가 "저들은 수가 많고 우리는 수가 적으니, 강을 모두 건너기 전에 치십시오."라고 권하지만 왕이 말을 듣지 않는다. 초나라 군대가 모두 물을 건너고 아직도 정렬하지 않았을 때 또다시 왕에게 공격해야 한다고 말했으나, 왕은 이번에도 듣지 않고 진을 이룬 뒤에야 공격 명령을 내린다.

결국 송나라 군대가 패해서 왕은 다리를 다치고 시종들이 모두 죽는다. 전술에 무능해서 패배를 초래한 점에 대해 송나라 사람이 비난하자 왕은 굽히지 않고 소신을 밝힌다. "군자는 이미 상처를 입은 자를 다시 치지 않으며, 머리가 반백인 자를 사로잡지 않는다. 옛날의 싸움에서는 지세의 험한 것을 이용해서 승리를 구하려 하지 않았다.

과인이 비록 망한 나라의 후예라 하지만, 아직 정렬도 하지 않은 적을 치려고 북을 울리지는 않는다."

전쟁도 군자답게 해야 한다는 논리다. 남의 약점을 이용하는 행위는 군자의 도리가 아니라고 한다. 스스로를 망한 나라의 후예라고 한 말은 송나라가 중국 고대 왕조인 상나라의 후손이기 때문이다. 말 그대로 술수를 부리지 않고 정정당당하게 싸워 이겨야 진정한 전쟁이라고 생각한다. 전투에 나서서 지세를 이용하거나 적의 약한 점을 찾아 공격하는 계책의 강구는 얄팍한 술수에 불과하다는 주장이다.

전쟁은 일반적인 정치와 달리 무력이라는 특수한 수단을 동원한 행위다. 그러므로 일반적인 갈등 상황에서의 설득이나 포용과는 전혀 다른 특수성이 작용한다. 전쟁이라는 국면의 특수성을 인정하고 이에 적합하도록 전략과 전술을 구사할 수 있어야만 승리는 보장된다. 이를 위해서는 군사 전략가가 필요하고, 적어도 사태가 긴급하게 돌아가고 즉각적인 선택과 행동을 필요로 하는 전장에서는 그에게 전적으로 병권을 주어야 한다.

과연 의로운 전쟁이 있는가?

〈지성단제갈제풍志星壇諸葛祭風〉은《삼국지연의도》연작 아홉 점 중 또 다른 그림이다. 삼국지에 나오는 전투 가운데 정점에 해당하는

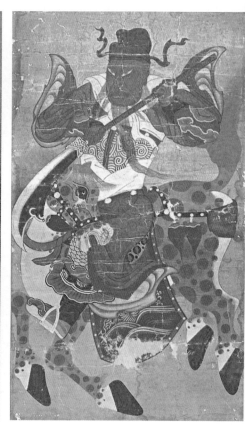

작가 미상 〈지성단제갈제풍〉《삼국지연의도》 19세기 후반　　조선 민화 〈무신도〉

적벽대전을 둘러싼 이야기다. 조조군이 강의 북안에 있고 유비와 손권의 연합군이 남안에 있는 상태에서 화공으로 공격하려는데 문제는 바람이었다. "조조를 깨려면 화공을 써야 하는데, 만사가 갖추어졌으되 오직 동풍이 없도다." 제갈량은 남병산에 칠성단을 쌓아 법술을 부려 삼 일간 동남풍을 불게 한다.

그림은 제단을 차리고 하늘에 비는 장면이다. 아래로는 바람의 방향이 바뀌는 대로 즉각 총공격에 나설 수 있도록 조자룡을 태운 배가 기다리는 중이다. 상단에는 도복을 입고 머리를 풀어헤친 채 하늘에 기원을 올리는 제갈량이 보인다. 주위로는 사람들이 보검과 향로 등을 받쳐 들고 있다. 동서남북 각 방향에서 푸른색, 검은색, 흰색, 붉은색 등 각각의 색으로 구분된 깃발이 펄럭인다.

단지 도술을 부리는 황당한 이야기로만 여길 필요는 없다. 지세를 이용하고, 바람까지를 이용한다는 점에서 하늘의 길을 살핀다는 의미로 이해하면 될 일이다. 나아가서 제갈량은 사람의 마음까지를 읽는다. 『삼국지연의』에 의하면 적벽대전에서 조조의 퇴로를 차단하기 위해 여러 장수들을 나누어 매복시키는데 정작 가장 뛰어난 장수인 관우를 배제한다. 장수들의 마음을 읽어 전술을 세웠기 때문이다.

관우가 "오늘은 왜 내가 빠져 있는가?"라고 거칠게 항의하자 제갈량은 '과거에 조조가 그대를 후대했으니 그대는 반드시 보답하고자 할 것'이기에 조조를 풀어줄 것이라고 한다. 관우가 "만일 놓아준다면 군법으로 처벌하라."라며 자신하자 화용도로 파견한다. 제갈량의 계책대로 화공으로 대군이 무너지고 조조가 도피하던 중 곳곳에서 유비군의 매복 부대를 만나 부하를 잃고 마지막으로 화용도에 도착했을 때는 관우의 부대에게 막혀 절체절명의 순간을 맞이한다. 제갈량이 예측한 대로 조조의 능변과 관우의 인정 때문에 퇴로를 열어준다.

앞의 조선 민화 〈무신도〉는 무를 숭상하는 사람들의 기대를 반영한다. 당당한 모습의 무신이 양손에 언월도를 쥐고 말을 타고 달리고 있다. 눈을 부릅뜨고 입을 꾹 다물고 있어서 불굴의 의지와 용맹함을 드러낸다. 민화는 지배계급인 사대부보다는 일반 백성의 정서와 문화를 반영하는 면이 있다. 무신상은 외부의 어떤 공격에도 흔들리지 않고 백성의 평안한 일상을 지킨다는 의미로 만들어진 민화다. 중국과 조선의 백성들 사이에 퍼진 관우 신앙이나 제갈량을 영웅시하는《삼국지연의도》도 비슷한 의미일 것이다.

제갈량은 어떻게 해서든지 전쟁이 일어나도록 만들어 공을 세우려는, 전쟁을 못해 안달이 난 전쟁광이 아니다. 『장원』에서 전쟁을 오히려 백성의 안정된 삶을 위해 가급적 피해야 하는 대상으로 본다.

옛날에 국가를 잘 다스리는 자는 출병할 필요가 없다고 했다. (…) 옛날에 성인이 나라를 다스릴 때 백성은 편안히 기거하고 즐겁게 생업을 누려 늙도록 서로 싸우지 않았다. 이는 국가를 잘 다스리는 자는 출병할 필요가 없음을 일컫는 것이다.

가장 훌륭한 군주는 전쟁에서 이기는 게 아니라 오히려 출병할 필요가 없도록 만드는 사람이다. 한편으로 자기 나라의 백성이 편안하게 생업을 누리고 가족을 보존하도록 만들기 위해서는 가급적 전쟁을 일으키지 말아야 한다. 다른 한편으로 백성이 안락한 생활을 즐기고 조정을 신뢰하면 그만큼 강한 나라가 되기 때문에 다른 나라가 침략할 수 없다는 점에서 전쟁을 피하게 한다.

진수의 『삼국지-위서』만이 아니라 제갈량도 고구려를 비롯한 동이가 강하기 때문에 함부로 공격해서는 안 된다고 한다. 기본적으로 그들의 민족성은 성격이 급하며 전투적이기 때문에 굴복시키기 어렵다고 한다. 게다가 산을 뒤에 두고 바다를 참호로 삼아 천연적 요충으로 수비를 굳건히 하고 있기 때문에 지세도 중국에 유리하지 않다. 그러므로 쉽게 생각하여 전쟁을 일으켜서는 안 된다고 경고한다.

그런데 가장 위협적인 문제는 거친 전투성과 험한 지세가 아니다. "상하가 화목하여 백성들이 안락하니 함부로 공략할 수가 없다. 만약 상하에 질서가 깨진다면 간첩을 파견하여 이간 공작을 할 수 있다." 워낙 백성의 생활이 안정되어 있고 조정에 대한 백성의 신뢰가 두텁기 때문에 전쟁에서 승리하기 어렵다는 것이다. 유일한 방법이 이간질을 시켜 나라의 질서를 어지럽히는 방법뿐일 정도다. 설사 이간질이 성공한다 해도 그 이후에 군사력으로 해결하기는 어렵다. "덕으로 다스려 귀순하게" 만들고 공격을 해야 굴복시킬 수 있다.

결국 전쟁이 일어나지 않도록 하거나 혹은 불가피하게 벌어진 전쟁에서 이기는 요체는 백성의 생활을 안정시키고 그들의 마음을 얻는 일이다. 제갈량은 병법을 담은 『편의십육책便宜十六策』에서 백성의 "원성을 듣지 못하면 억울한 일을 바로잡을 수 없고" 전쟁에서 승리하기도 어렵다고 한다. 『서경』에서 "하늘은 백성의 눈을 통하여 보고 백성의 귀를 통하여 듣는다."라고 한 말을 인용하며 백성의 마음으로 돌아가라고 거듭 강조한다.

맹자도 비슷한 문제의식을 보인다. 『맹자』의 「진심盡心」 하편에서 전쟁에서 이길 수 있는 방책을 찾기 이전에 전쟁 자체를 어떻게 보아야 하는지에 대해 말한다.

> 『춘추』의 기록에는 "의로운 전쟁이란 없다. 저편이 이편보다는 낫다."라는 기록은 있다. 정벌이란 위의 천자가 아래의 제후를 치는 것이다. 대등한 제후의 나라들은 서로 정벌할 수가 없는 것이다.

기본적으로 의로운 전쟁이란 없다고 할 때 그 전쟁은 타국을 공격하는 행위를 의미한다. 다른 나라를 공격하는 데 어떠한 대의명분을 갖다 붙인다 해도 의로움은 아니다. 춘추 전국 시대만이 아니라 인류 역사의 어떤 시대든 대부분 다른 나라를 공격하면서 그럴듯한 명분을 제시한다. 상대방 집권자가 폭군이라는 이유, 상대방 국민들의 삶이 피폐해졌다는 이유, 나라를 병합하는 것이 서로에게 이익이라는 이유 등 수많은 근거를 들어 공격에 정당성을 부여한다.

하지만 맹자에 의하면 타국에 대한 공격을 정당성으로 포장하기 어렵다. 특히 한 국가 안에서 특정 지역이 반란을 일으켰을 때 정벌할 수는 있지만 제후국 사이의 전쟁은 정벌이라는 이름으로 정당화될 수 없다. 그런데 공격이 의롭지 않다면 반대로 타국의 공격에 대하여 방어하는 전쟁은 불의에 대한 저항이라는 점에서 의로움을 갖는다는 해석이 가능하다.

특히 『맹자』의 「고자告子」 하편에서 병합을 통해 나라의 위세를 떨치려는 정복 전쟁에 대해 단호하게 비판한다. 노魯나라가 제나라를 공격하여 땅을 차지하려 하자 백성들을 재앙에 빠트리지 말라며 만류한다.

주공이 노나라에 봉해졌을 적에 땅이 사방 백 리였소. 땅이 부족했던 것은 아닌데, 백 리로 절제를 한 것이었소. 태공망을 제나라에 봉했을 적에도 역시 땅이 사방 백 리였소. 땅이 부족했던 것은 아닌데, 백 리로 절제를 한 것이었소. 지금 노나라의 영지는 사방 백 리의 다섯 배나 되오. 당신은 참된 덕으로 다스리는 임금이 나타났다면 노나라의 땅을 줄여 주리라 생각하오, 더 늘려 주리라 생각하오?

나라의 규모가 크다고 해서 좋은 나라인 것은 아니다. "땅이 사방백 리만 되면 덕으로 올바로 나라를 다스리는 임금 노릇을 할 수 있습니다."(「양혜왕梁惠王」) 사방 백 리 정도의 규모면 통치자와 백성 사이에 지나치게 먼 거리가 생기지 않고 그만큼 백성과 밀착된 정치가 가능하다. 반대로 규모가 커질수록 백성과의 물리적 거리가 멀어지고, 중간에서 관리나 토호들이 농간을 부려 백성이 수탈을 당할 가능성이 증가한다. 그럼에도 불구하고 패업을 이루려는 군주나 세력들은 대부분 타국을 병합하기 위한 전쟁을 벌여 영토를 넓혀야 나라가 발전할 수 있다는 논리를 펼친다. 하지만 이는 출발부터 그릇된 사고방식이라는 것이다.

맹자에 의하면 여러 나라 사이에 어느 나라가 더 나은 상태라는 판단은 가능하다. 덕을 기반으로 백성을 보살피는 통치와 압제를 일삼는 통치 사이에서 가치판단은 얼마든지 가능하다는 논리다. 의로움까지는 아니라 하더라도 그나마 전쟁을 벌이는 데 필요한 작은 명분이라도 생길 수 있는 가능성은 열어둔다. 맹자는 「양혜왕」 편에서 다른 나라를 공격해도 되는 경우를 제한적으로 인정한다. 전쟁을 통해 연나라를 차지하려는 제나라 선왕에게 맹자가 말한다.

연나라를 차지하여 연나라 백성들이 기뻐한다면 차지하십시오. 옛날 사람 중에도 그렇게 했던 분이 계시는데, 주周나라 무왕武王이 바로 그런 분입니다. 연나라를 차지하여 연나라 백성들이 기뻐하지 않는다면 차지하지 마십시오. 옛날 사람 중에도 그렇게 했던 분이 계시는데, 주나라 문왕文王이 바로 그런 분이십니다.

제나라 선왕이 연나라를 치는 데 고작 오십 일밖에 걸리지 않았다고 자랑을 한다. 하늘이 돕지 않고는 이룰 수 없는 전과인데, 이런 마당에 연나라를 차지하지 않는다면 하늘의 뜻을 저버리는 게 아니냐는 말에 맹자가 대답한 내용이다. 다른 나라를 차지하는 명분이 그나마 설 수 있는 것은 상대 나라 백성이 병합을 원할 때뿐이다. 기존의 군주 아래에서 삶이 파괴될 대로 파괴되어 차라리 다른 나라 군주에 의해 통치되기를 바라는 마음이 백성에게 가득하다면 상관이 없다는 주장이다.

주나라 무왕의 사례가 그러하다. 폭군을 처벌하고 백성을 위로해주는 전쟁이기에, 무왕의 지배를 기뻐했다고 한다. "그곳의 군자들은 선물 광주리에 검은 비단과 누런 비단을 넣어 가지고 와서 주나라 지도자들을 마중하고, 그곳의 낮은 백성들은 한 그릇의 밥이나 한 병의 마실 것을 가지고 와서 주나라 병사들을 마중했네."(「등문공滕文公」) 무왕이 백성들을 물과 불의 고통에서 구해주고 그들을 해치던 자들을 잡아 없애 주었기 때문이다.

양나라 혜왕이 전쟁으로 나라를 넓히고자 하는데 괜찮겠느냐고 물었을 때 맹자가 대답한 내용과도 비슷한 맥락이다. "저들은 백성이 농사지을 시기를 빼앗아 밭을 갈고 김매어 그들의 부모를 부양할 수가 없게 되어, 부모들은 헐벗고 굶주리며 형제와 처자들은 흩어져 살게 될 것입니다. 저들이 자기 백성들을 곤경에 빠뜨렸을 때 임금님이 나서서 정벌한다면 그 누가 임금님을 대적하겠습니까?"

맹자는 각 나라가 전쟁으로 날을 새던 전국 시대에 전쟁 자체에 대해 날선 비판을 던지던 사상가였다. 대부분의 군주나 관리들이 전쟁으로 중국 전체를 통일시켜 전쟁을 없앨 수 있다고 장담하던 때에 이를 비판한다. 서로 죽고 죽이는 전쟁 자체에서 의로움을 발견할 길은 없다. 특히 당시 진나라를 비롯하여 패업을 이루려는 제후들이 벌이던 영토 확장 전쟁을 의로움은 물론이고 최소한의 명분도 없는 전쟁이라고 규정한다.

오직 상대방 나라의 백성이 자신들을 통치해주기를 원할 때만 그나마 제한적으로 명분이 생긴다. 하지만 현실적으로 타국에 의한 지배를 바라는 백성이 어디에 있을 것이며, 설사 있다고 해도 얼마나 있을 것인가. 결국 맹자는 군주들이 전쟁에 나서기보다는 덕으로 통치하여 자기 백성의 삶을 안정시키는 데 초점을 둔다. 그 군주 아래에서 농사꾼이 들에서 밭을 갈기를 바라고, 장사꾼들은 시장에 상품을 건사해 두기를 바라고, 여행자들이 그 나라의 길로 나서기를 바랄 정도로 풍요롭고 평화로운 나라를 만드는 일이 바로 군주가 나아가야 할 길이라는 것이다.

하나를 위한 우리

민족의식의 취약을 비판하다

민족의식은 동일한 혈통과 거주 지역에 의해 저절로 주어진다고 생각하는 경우가 많다. 공통의 혈통·지역·문화에 기초한 민족이 하나의 실체로서 존재하고 이에 기초하여 자연스럽게 국가가 만들어졌다는 사고방식을 상식처럼 여긴다. 단일 민족이라는 자부심을 강조하는 한국 사회에서는 민족과 민족의식을 국가를 이루는 지극히 당연한 전제처럼 이해하는 경향이 더욱 강하다.

하지만 현실에서는 유럽을 비롯한 다수 국가가 단일 민족인 경우는 드물고, 또한 역사적으로도 민족 개념이나 민족 국가 형성 과정이 우리와 상당히 다르다. 대부분의 경우 다양한 혈통과 언어를 가진 집

변박 〈부산진순절도〉 1760년

단이 공동체를 매개로 섞여 살았고, 민족이라는 단위가 중요한 사회적·정치적 주제로 등장하지도 않았다. 그렇기 때문에 역사학에서는 민족을 본래부터 존재하는 실체로 보는 견해와 상상 속에서 만들어진 허구로 보는 견해가 오랜 기간 대립해 왔다.

실체로 보는 입장이든 허구로 보는 입장이든 어쨌든 근대 이후 현대 사회에서 민족주의가 정치의식과 행동에 큰 영향을 주고 있다는 점은 부인하지 않는다. 그리고 민족의식의 강화 계기가 외부 세력에 의한 침략이나 정치·군사적 충돌과 깊은 연관성을 가진다는 점에 대해서도 대체로 공감한다. 유럽의 경우 프랑스 혁명을 계기로 근대 민족국가의 기반을 다진 프랑스가 정복전쟁을 통해 자신의 영향력을 확대하고, 반대로 침략에 대응하는 과정에서 민족의식이 전 유럽으로 확대된다.

우리나라에서의 민족의식도 주변 국가의 침략에 대응하는 과정에서 점차 강화된 측면이 강하다. 하지만 그렇다고 해서 외부 국가와의 군사적 충돌이 저절로 민족의식을 만들어낸다는 의미는 전혀 아니다. 고려와 조선을 거치면서 다른 나라만큼 빈번하지는 않지만 몽골제국의 침입과 일본의 침입 등 국가 전체의 생사가 걸린 큰 침입을 겪었다.

변박卞璞의 〈부산진순절도釜山鎭殉節圖〉는 조선을 뒤흔든 임진왜란의 시작을 알리는 그림이다. 1592년 4월 13일과 14일 이틀에 걸쳐 부산진에서 벌어졌던 왜군과의 전투 장면이다. 일본을 군사적으로 통일한 도요토미 히데요시는 병력 삼십만여 명을 동원하며 조선을 침략

한다. 이 가운데 선봉군 만 팔천여 명이 칠백여 척의 전선에 나눠 타고 부산 앞바다에 도착한다. 왜군의 투항 요구를 거부하고 정발鄭撥과 군사, 백성들은 성을 지킨다. 결사적으로 항전했지만 열 배가 넘는 병력에 총으로 무장한 왜군을 당할 수 없었다. 몇 시간 만에 화살이 떨어지고 정발도 전사하면서 성이 함락된다.

그림을 보면 한눈에 조선군과 왜군 규모의 현격한 차이가 보인다. 성문 위에서 전투를 지휘하는 정발을 중심으로 좌우에 활을 쏘는 병사들이 있지만 열세 분위기가 역력하다. 왜군은 압도적인 병력으로 성을 에워싸고 총이나 활을 쏜다. 바다에는 일본의 군사를 실은 배가 거의 빈틈이 없을 정도로 촘촘하게 계속 밀려들고 있어서 당시의 절박한 상황을 효과적으로 전달한다.

대부분 국가가 주도하여 제작한 회화나 조각은 전투에서의 승리 장면을 담기 마련이다. 정부나 통치세력의 정당성과 우월성을 입증하는 데 초점이 맞춰지기 때문이다. 그런데 이 그림은 패배한 전투를 그렸다는 점에서 특색이 있다. 패배로부터 교훈을 찾으라는 의도일 것이다. 임진왜란 이후에 조정은 외세에 저항하다 순절한 인물들에 대한 대대적인 포상 작업을 했는데, 이 순절도 역시 그 일환이라고 봐야 한다. '순절도'라는 표현을 보더라도 국가가 풍전등화의 위기에 빠졌을 때 목숨 바쳐 충절을 지켰다는 의미를 지녀서 외적의 침략으로부터 교훈을 이끌어내어 민족적 과제를 제시하려는 의도를 읽을 수 있다.

하지만 조선 말기와 일제 강점기의 사학자이자 독립운동가인 신채호申采浩는 고려나 조선의 역사가나 지식인들이 외국의 침략이라는 충격 앞에서도 민족의식을 고취하기는커녕 오히려 민족의식을 갉아먹는 대응을 서슴지 않았다고 비판한다. 『조선상고사朝鮮上古史』의 「총론」에서 이미 고려 시대부터 사대주의에 물들어 민족적 자주성이나 자긍심을 누르는 방향으로 역사서를 저술했다고 한다.

불자 묘청妙淸이 화랑의 사상에다가 음양가의 미신을 보태어 평양에서 거병하여 북벌을 실행하려다가 유교도인 김부식에게 패망하고, 김부식이 이에 사대주의를 근본으로 하여 『삼국사기』를 지은 것이다. 그러므로 동·북 양 부여를 빼버려 조선 문화의 근원을 진흙 속에 묻어버리고, 발해를 버려서 삼국 이래 결정된 문명을 짚 더미에 내던져 버렸다.

고려 초부터 평양에 도읍을 정하고 북부의 옛 영토 회복을 주장하는 세력과 중국에 대한 사대를 국시로 삼아 압록강 이남으로 우리 역사를 제한하려는 유교 세력이 대립하다 김부식을 중심으로 한 사대주의 세력이 승리한 결과로 만들어진 역사서가 『삼국사기』였다는 것이다. 심지어 몽골의 침입으로 나라가 풍비박산이 난 이후에도 사대주의를 오히려 강화하는 서술이 뒤를 이었다고 한다. 외세의 침략이 곧바로 민족의식의 고취로 이어지는 것만은 아니라는 점을 잘 보여주는 사례다.

신채호에 의하면 조선 시대로 접어들어 태종 때는 "조선 사상의 근원이 되는 서운관書雲觀에 보관되어 있던 문서들을 공자의 도에 위배된다고 해서 불태워버렸다." 세종이 역사책에 비상한 관심을 기울이지만,『조선사략』,『고려사』,『고려사절요』 등을 편찬하면서 조선 이전의 각종 실제 기록에 근거하지 않는다. "정작 전대의 실록이 세상에 알려지는 것을 허락하지 않고 규장각 안에 비밀스럽게 보관해 두었다가 임진왜란 때 불타 없어져 버렸다." 여전히 사대주의 관점에 갇혀 우리 스스로를 구차스럽게 서술한다.

> 영국의 역사를 쓰면 영국사가 되어야 하고, 러시아 역사를 쓰면 러시아사가 되어야 하며, 조선의 역사를 쓰면 조선사가 되어야 한다. 그럼에도 불구하고 지금까지 조선에 조선사라 할 만한 조선사가 있었는가 하면, 그렇다고 대답하기가 어렵다. (…) 이전의 조선의 사가들은 언제나 그 쓰는 바 역사를 자기가 목적하는 바를 위하여 희생시켰다.

여기에서 신채호가 말하는 '조선사'는 조선 시대로 한정되지 않고 단군 이래 삼국 시대를 거쳐 조선 시대에 이르는 전 과정을 의미한다. 부여나 고구려, 발해 등을 서술할 때도 중국의 눈치를 살피며 압록강 주변이나 이남 지역으로 제한하는 방식으로 서술했다고 한다. "졸본卒本을 떠다가 성천成川 혹은 영변寧邊에 갖다 놓고, 안시성安市

城을 떠다가 용강龍岡 혹은 안주安州에 갖다 놓으며, 아사산阿斯山을 떠다가 황해도의 구월산九月山을 만들었다."

우리 역사가들이 본래의 땅을 떠다가 압록강 이내의 지역으로 옮겨놓는, 귀신도 하지 못하는 재주를 부렸다는 것이다. 역사를 자기 국민들이 교훈으로 비추어 볼 거울로서 제공하려 하기보다는 사대주의에 빠져 중국의 관점에서 자기 나라의 강토를 조금씩 잘라서 양보함으로써 스스로를 낮추는 방식으로 서술했기 때문이다.

신채호의 지적이 아니라 해도, 조선 시대 지식인과 관리들의 사대주의는 세종대왕의 한글 창제를 반대한 최만리崔萬理의 「상소문」을 봐도 극명하게 나타난다. 최만리는 집현전 수장을 지냈고 당대 최고의 석학으로 사대부들을 대표하는 인물이다.

우리나라는 역대 임금 이래로 큰 나라 중국을 지성으로 섬기고 한결같이 그 제도를 준수하여 지금은 문자와 법률을 같이 쓰고 있습니다. 사정이 그러한데 이제 언문을 창제하시니 놀라지 않을 수가 없습니다. (…) 따로 언문을 만들어 중국을 버리고 스스로 오랑캐와 같아지려고 하니, 이는 이른바 가치 있는 것을 버리고 쓸모없는 것을 취하는 일과 같습니다. 어찌 문명에 큰 누를 끼칠 일이 아니겠습니까.

최만리에 의하면 한글은 중국의 글과 바탕이 다르기에 문제다. 만약 언문이 중국에 흘러 들어가 중국에서 이를 비난하여 논의하는 사람이 있다면 큰 나라를 섬기고 사모함에 비추어 심히 부끄러운 일이라 한다. 중국 주변국 가운데 오직 몽골·서하·여진·일본·서번 같은 오랑캐 무리만이 자기 문자를 가지고 있는데, 한글을 만들어 쓴다면 우리도 같은 오랑캐로 전락한다는 것이다. 그는 '중국의 문화로 인해 오랑캐가 변했지 오랑캐가 중국을 변화시켰다는 말은 듣지 못했다'는 중국의 옛말을 언급하며 중국의 예악과 문물에 충실할 것을 강조한다.

사대주의는 단지 조선 초에 머물지 않는다. 심지어 임진왜란이라는, 나라가 송두리째 일본에게 넘어갈 큰 위기를 겪고도, 민족의식의 고취는커녕 조선의 관리와 지식인 사이에 사대주의 분위기는 여전히 강력한 힘을 발휘한다. 심지어 어떤 면에서는 임진왜란 당시에 명나라의 원조가 있었기에 사대주의적 정서가 더 강화되는 측면조차 나타난다. 사대주의에서 벗어나 민족적 자각과 민족의식의 고취가 나타나는 것은 완연히 쇠락의 길을 걷던 조선 말기와 일제강점기에 접어들어서라고 봐야 한다.

잃어버린 봄을 기다리며

안중식安中植의 〈백악춘효도白岳春曉圖〉는 민족의 아픔을 담은 그림이다. 그는 일제강점기 직전 도화서 화원이었고 고종의 초상화를 그리기도 했다. 조선 후기를 대표하는 장승업의 화풍을 계승한 화가

안중식
〈백악춘효도〉
여름본,
1915년

로 평가된다. 앞에 나온 〈백악춘효도〉를 보면 뒤로 백악, 즉 북한산이 보이고 그 아래로 경복궁과 광화문이 이어진다. 맨 앞으로는 나무 사이에 해태상이 우뚝 서 있다. 하늘은 맑고 경복궁과 북한산 사이에는 이제 막 안개가 걷히는 중이다. 안개가 걷히는 시간이고 광화문도 아직 굳게 닫혀 있어서 이른 새벽임을 알게 한다.

그런데 정작 이 그림이 그려진 때는 여름이다. 울창한 숲이 경복궁을 둘러싸고 있는 풍경도 여름 분위기를 물씬 풍긴다. 그럼에도 불구하고 그림 제목에 '봄'이라는 표현을, 여기에 더해 '새벽'이라는 표현을 넣은 이유는 무엇일까? 우리의 정서에서 봄과 새벽은 미래의 희망을 의미한다. 반대로 겨울과 밤은 예나 지금이나 시련과 고통에 빠진 현실을 상징한다. 여기에 경복궁은 1910년 8월에 국권 피탈로 대한제국이 멸망하기 전까지의 조선을 대표하는 건축물이라는 점에서 이 그림은 은연중에 민족 독립을 향한 희망을 담는다.

특히 이 그림을 그리기 몇 년 전인 1912년에 이미 경복궁이 조선총독부 청사 신축지로 결정되어 있었다고 한다. 화가는 조선을 상징하는 경복궁이 사라지거나 심각하게 훼손될 위험에 처해있음을 알고 있었던 듯하다. 같은 위치에서 동일한 구도로 가을에 한 점 더 남긴 것으로 봐서 안타까운 마음을 담으려 했던 게 아닐까 싶다. 나아가서 하루빨리 국권을 회복하는 봄날과 새벽이 찾아오기를 기원하는 민족의식을 표현했으리라.

신채호 역시 외세에 의해 풍전등화의 위기에 처한 나라의 현실

앞에서 치열한 민족의식에 눈뜬다. 본래 어린 시절에 한문 사숙에서 9세에 『자치통감』을 해독하고, 10세에 한시를 짓고, 14세에 『사서삼경』을 독파했을 정도로 유가 선비로서의 훈련 과정을 겪는다. 하지만 나라를 잃는 상황에서 자주 독립운동의 선봉에 선다. 20대 후반이던 1907년에는 독립운동을 합법적으로 하기 어려워지자 비밀결사인 '신민회'를 조직하고, 결정적으로 국권을 상실하는 1910년에는 안창호 등과 함께 독립운동을 위해 중국으로 망명한다.

『조선상고사』도 중국에서 독립운동을 위해 동지를 규합하고 저술활동을 하던 시기에 쓰기 시작한 역사서다. 이 책의 「총론」에서 역사의 본질을 우리 민족과 외세와의 투쟁의 역사로 인식한다.

> 역사란 무엇인가? 인류 사회의 '아我'와 '비아非我'의 투쟁이 시간적으로 발전하고 공간적으로 확대되는 심적心的 활동의 상태에 관한 기록이다. 세계사란 세계의 인류가 그렇게 되어온 상태의 기록이며, 조선사란 조선민족이 그렇게 되어온 상태의 기록이다. (…) 역사는 '아'와 '비아'의 투쟁 기록이다.

당연히 여기에서 '아'는 자기 민족, '비아'는 역사 속에서 갈등 관계에 있는 타민족이나 국가를 의미한다. 신채호에 의하면 '아'에 대한 '비아'의 접촉이 빈번하고 심할수록 '비아'에 대한 '아'의 투쟁도 더욱 맹렬해진다. 외세에 대항하여 자기 민족을 드러내면 투쟁의 승리자가 되어 미래 역사에서 그 생명을 이어간다. 반대로 외세에 굴복할 때 패배로 인해 역사에 흔적만 남기는 경우가 많다.

역사 자체가 '아'와 '비아'의 투쟁 기록인 이상 민족과 민족의식은 본래적인 실체가 된다. 물론 아주 오랜 옛날로 거슬러 올라가면 민족의 경계가 흐려지는 것은 사실이다. "조선이나 만주나 몽고·터키·헝가리나 핀란드가 3000년 이전에는 하나의 혈족이었다." 하지만 혈족 중 일부는 아시아에 머물거나 혹은 유럽으로 이주하고, 반도·대륙·사막·온대·한대 등 서로 상이한 지역과 기후 조건 속에서 고유한 생활방식을 경험하고 독특한 민족성을 지니게 된다. "환경에 따라서 성립한 민족성"을 갖게 되면서 민족이 형성된다. 신채호는 「대아大我와 소아小我」에서 한층 명확하게 민족의식을 드러낸다.

'대아'는 무엇인가. 곧 '아'의 정신이 그것이며 '아'의 사상이 그것이며 '아'의 목적이 그것이며 '아'의 주의主義가 그것이니, (…) '아'에게 철천지원수가 있으면 온 천하에 칼을 들고 떨쳐 일어나는 이가 모두 '아'이며 '아'에게 결코 잊을 수 없는 큰 치욕이 있으면 온 천하에 총을 들고 모이는 이가 모두 '아'이다.

'소아'는 자신의 신체와 관련된 것을 자기라고 생각하는 사고방식이다. 만약 신체라면 자기 안에 갇히게 되어 온 세상에 두루 나타날수가 없다. 개인의 생명과 함께 사라져 버리는 한시적인 존재가 되어 버린다. 물거품과 같이 허망하며, 부싯돌의 불과 같이 덧없이 소멸하는 '아'에 불과하게 된다.

진정한 '아'인 '대아'는 육체나 물질이 아닌, 정신과 영혼에 해당하는 '아'이다. 정신 중에서도 개인을 넘어서 사회구성원 전체와 유기적으로 연결된다는 점에서 '주의'의 경지까지 올라설 때 진정한 '대아'에 이른다. 국가와 민족의 위기 앞에서 눈물을 흘리고 분노하는 마음이 모두 '대아'이기에 민족의식과 연결된다. 그러하기에 국가와 민족을 위기에 몰아넣는 외세에 대항하여 총과 칼을 들고 일어설 때 진정한 자신을 찾는다.

신채호는 스스로 제시한 '대아'의 길을 걷는다. '삼일 운동'을 통해 민족독립의 함성이 전국을 들썩인 1919년에 상해 임시정부 수립에 참여하여 의정원 의원으로 활동한다. 이후 북경으로 가서 망명 인사와 중국인 유지들로부터 독립군 자금을 모집하는 책임을 맡는다. 1927년에는 비타협적 민족합일전선 '신간회'의 발기인으로 참여한다. 이듬해 자금 마련을 위해 대만으로 가던 중 일본의 기관원에게 체포되고, 10년 실형을 선고받은 후 여순 감옥에 갇힌다. 6년간 감옥에서 고초를 당하다가 57세로 생을 마감한다.

나라가 식민지로 전락할 위기 앞에서 민족의식을 고취하는 일에 일생을 바친 중국의 근대 사상가로는 단연 노신魯迅이 꼽힌다. 자신이 성장 과정에서 겪은 경험을 바탕으로, 문제의식의 변화 과정을 서술한 「자서」에서 왜 문학가로서의 삶을 선택했는지를 밝힌다.

어리석고 약한 국민은 비록 그 체력이 아무리 튼튼하고 아무리 오래 산다 해도 고작 보잘 것 없는 본보기나 그 구경꾼이 될 뿐이 아닌가. (…) 우리가 맨 먼저 해야 할 일은 저들의 정신을 뜯어 고치는 데 있다. 그리고 정신을 뜯어 고치는 데 도움이 되는 것은 문예文藝가 가장 적합하리라는 것이 그때의 내 심정이었다.

노신이 일본 유학 시절 겪은 충격적 경험으로 생긴 문제의식이다. 당시 노일전쟁 중이어서 일본에서 전쟁에 관한 필름을 보게 되는 일이 많았다고 한다. 그러던 중 화면에서 중국인들의 모습을 접한다. 모두 튼튼한 체격이지만 반대로 멍청한 표정으로 묶여 있는 중국인이다. 러시아 군대의 첩자 노릇을 하던 중국인으로 본보기를 보이기 위해 일본군이 목을 자르는 모습이다.

이 장면을 보고 노신은 중국과 중국인이 처한 반식민지 현실에 개탄한다. 아무리 체격이 크고 인구가 많더라도 타민족에게 나라를 사실상 빼앗긴 백성이 당하는 서러움을 목격한 것이다. 노신이 활동한 19세기 말에서 20세기 초까지의 중국 사회는 1840년 아편전쟁 이후 거의 100년 가까이 서양 제국의 지속적 침략으로 반식민지 상태에 빠져 있을 때다.

노신이 보기에 가장 문제는 봉건 사회의 유교적인 폐습과 중국인으로서의 자존감 결여다. 이를 극복할 가장 효과적인 방법으로 찾은 것이 문학이다. 특히 그의 문제의식이 압축적으로 녹아든 소설이 우리에게 잘 알려진 『아Q정전』이다. 주인공 아Q가 도박판에서 돈을 몽땅 잃고 이른바 '정신 승리'로 스스로를 정당화하는 다음 대목이 유명하다.

 자식 놈이 가져간 셈 쳐보아도 역시 석연치 않다. "나는 버러지다."라고 말해 보아도 역시 신통치 않다. 그도 이번만은 실패의 고통을 맛보았다. 하지만 그는 곧 패배를 승리로 돌려 버렸다. 오른손을 들어 힘껏 자기 뺨을 두세 차례 연거푸 때렸다. 얼얼한 게 아프다. 때린 다음에는 기분이 가라앉아 때린 것은 자기고 맞은 것은 다른 사람 같은 기분이 되었다. 이윽고 자기가 남을 때린 것 같아 만족해서 의기양양하게 누워버렸다.

아Q는 주변 사람들의 놀림을 받고, 이번처럼 도박판에서 자기 돈을 다 잃고 나서도 상대에게 분노하거나 자기반성을 통해 극복하려 하지 않는다. 오히려 자기를 학대함으로써 대리만족을 구한다. 현상적으로는 상대로부터 기만이나 억압을 당했으면서도 자기가 승리했다는 정신적 착각으로 대신하려는 사고방식이다.

노신은 주인공 아Q를 통해 영국·프랑스 등의 서구 열강과 일본이라는 새로운 제국주의 세력의 침략적 행위로 거듭 만신창이가 되었으면서도 과거의 영광만을 되뇌며 여전히 자기만족에 빠져 있는 중국과 중국인의 현실을 비판한다. 노예의식은 노예주에게만 있는 게 아니다. 지배와 억압을 넘어서기보다는 이를 현실로 인정하고 온갖 평계와 방법을 동원하여 적응하는 노예도 노예의식에 찌든 존재다. 노신은 반식민지 상태인 나라가 곧 식민지로 전락할 위기인데 아Q나 현실의 중국인은 스스로를 기만해 거짓 승리에 도취해 있다고 비판하며 민족의식 각성을 촉구한다.

깨어 있는 민족의식을 위하여

안중식을 비롯해 20세기 초 전통화단에 큰 영향을 준 장승업張承業의 〈호취도豪鷲圖〉와 〈계도鷄圖〉는 단순한 관찰의 결과는 아니다. 어느 날 문득 나무에 앉아 있는 매나, 바위 위에 올라 목청을 돋우는 닭을 보고 화선지에 옮긴 그림 같지는 않다. 어딘지 모르게 기울어 가던 조선의 현실을 직시하며 당시의 조선인들에게 눈을 부릅뜨고 깨어 있으라고, 두 발로 당당하게 일어서라고 촉구하는 느낌이다.

장승업은 19세기 중반에서 20세기를 몇 년 앞둔 때까지, 일본을 비롯한 외세에 의해 나라의 기둥이 무너져 내리던 시기를 고스란히 겪은 화가다. 화원 집안에서 성장하며 체계적으로 미술을 배웠던 다른 많은 화가와 달리 그는 일찍 부모를 모두 여의고 의탁할 곳 없이 떠돌면서 어깨너머로 그림을 배워야 했다. 그 과정에서 틀에 얽매이지 않은 자유로운 기질은 물론이고 화풍도 기존 문인화의 정돈된 분

장승업 〈호취도〉 19세기 후반　　　　　　　　장승업 〈계도〉 19세기 후반

위기에서 벗어난다. 중국의 화풍까지 흡수하면서 대담하고 호방한 특유의 필치를 만들어낸다.

〈호취도〉는 장승업의 필치가 그대로 살아난다. 나무에 앉은 두 마리 매다. 자유분방하게 휘어진 가지의 모양이 꿈틀거리는 분위기를 전달한다. 농담을 달리하면서 과감하게 붓을 휘둘러 역동적인 느낌이 살아난다. 여기에 더해 매서운 눈으로 주변을 살피는 매의 기상까지 더하여 생동감이 넘친다. 특히 위의 매는 날카로운 발톱을 드러내고, 몸을 뒤틀어 날개를 푸덕이려 하고 있어서 더욱 강한 기운을 불어넣는다. 상단에 쓰여 있는 시의 내용도 그림과 어우러진다. "땅은 넓고 산은 드높아 기운을 보태 주고, 단풍나무 마르고 풀은 유동하나 정신은 깊네."

매가 어려운 상황에서도 굽히지 않는 기상을 상징한다면 〈계도〉의 닭은 희망을 상징한다. 수탉 한 마리가 높은 바위 위에 올라 아래를 응시하는 중이다. 닭은 예로부터 어둠 속에서 새벽을 알리는 빛의 전령을 의미한다. 실제로 새벽을 깨우는 닭의 울음소리를 들으며 하루를 시작하는 경우가 많았다. 그래서 닭은 시대의 어둠을 넘어서려는 의지를 대변한다. "닭의 목을 비틀어도 새벽은 온다."라는 말도 같은 맥락으로 쓰인다.

당시 시대의 어둠은 누가 봐도 외세의 침탈과 이에 제대로 대처하지 못하고 나라의 멸망을 부채질하는 무능한 조선왕조로부터 온다. 어두운 시대에서 벗어나 싱그러운 새벽을 알리는 일은 민족적·사회적 과제와 직결된다. 그리고 날카로운 눈매와 발톱을 보이는 매 그림은 단순한 기대가 아니라 실천적인 의지를 떠올리게 한다. 장승업이 이를 의도하여 그렸는지는 모를 일이다. 하지만 당시의 시대적 배경이나 매와 닭이 상징하는 바를 고려할 때 사회적·민족적 의식과의 연관을 터무니없는 해석으로 치부할 필요는 없다.

일제 강점기로 접어들면서 민족의식은 더욱 뚜렷해진다. 장승업 그림의 날카로운 매 발톱처럼 시퍼렇게 날이 서 있는 신채호의 민족의식도 그 일환이다. 대한민국 임시정부 주석으로 활동한 김구의 『백범일지』에서 강조하는 민족주의 사상도 마찬가지다.

우리 민족은 동일한 언어와 문화 속에서 살아왔다. 특히 통일 신라 이래 천삼백여 년 동안 통합된 국가 형태를 유지해 왔으며, 다른 민족의 끊임없는 침략과 위협에도 불구하고, 민족적 자주성을 지키고 저항하면서 독자적 민족 문화와 체제를 존속시켜 왔다.

민족의 자주성은 외세의 침략에 대응하는 과정에서 가장 중요한 민족적 과제로 자연스럽게 도출된다. 특히 일본 제국주의에 의해 국권을 빼앗긴 상황에서 민족의 한 구성원으로서 자주성을 지키기 위한 독립 투쟁은 선택의 문제가 아니라 필수의 영역이다. 우리 민족의 주권을 강탈한 철천지원수가 있으면 결코 잊을 수 없는 큰 치욕으로 여기고 온 천하에서 칼과 총을 들고 떨쳐 일어나야 한다는 신채호의 결론과 자연스럽게 연결된다.

일제 강점기라는 상황에서 민족독립을 향한 기반으로서 민족의
식이 능동적 역할을 했다는 사실은 누구도 부정할 수 없다. 비록 자력
으로 민족해방에 성공하지는 못했지만, 삼일운동을 비롯하여 일제강
점기 내내 저항을 멈추지 않았던 데는 다양한 갈래의 독립운동 세력
에 의해 고취되고 민중 사이에 광범위하게 퍼진 치열한 민족의식이
큰 역할을 했다.

하지만 민족의식과 민족주의와 관련하여 경계해야 할 점을 놓치
지 않는 지혜도 동시에 필요하다. 민족주의가 자칫 양날의 검이 될 수
있기 때문이다. 이미 신채호의 민족주의에도 칼날이 자신으로 향할
수도 있는 가능성이 엿보인다. 「대아와 소아」의 다음 내용은 우려할
만한 부분도 포함한다.

> '아'가 무공을 사랑하면 천백 년 전에 나라를 세우거나 영토를 확장
> 했던 동명성왕, 부분노, 광개토왕, 을지문덕, 연개소문, 대조영, 최영,
> 이순신이 모두 '아'이다.

나라를 세우거나 외세의 침입에 저항하기 위해 민족주의를 고취
하는 데는 반대할 이유가 전혀 없다. 문제는 '영토의 확장'도 민족의
식 차원에서 정당화되는 점이다. 우리의 입장에서는 영토의 확장이
다른 나라나 민족의 입장에서는 외부의 침입이 될 수 있기에, 민족주

의가 자기 민족의 해방을 위한 무기만이 아니라 자칫 다른 민족에 대한 억압의 도구로도 쓰일 수 있는 가능성이 생겨난다.

특히 이미 식민지에서 벗어났고, 경제적·정치적으로 상당히 의미 있는 위치에 도달한 현재의 한국이라는 조건에서 민족주의의 역할에 대해 균형 잡힌 자세가 필요하다. 한편으로 강대국들 틈새에서 자주성이 훼손될 여지가 여전히 있고, 무엇보다도 반세기 이상 분단 체제가 유지되는 상황에서 민족주의가 적극적 역할을 할 여지가 충분히 있다. 하지만 다른 한편으로 해방 이후 민족주의가 이승만 정권이나 박정희 정권 등 권위주의 정부 아래서 전체주의적 통치를 정당화하는 구실로 이용됐음도 잊지 말아야 한다. 또한 동남아시아 등에서 온 외국인 노동자에 대한 차별과 억압의 근저에 민족 우월의식이 자리하고 있음도 부인하기 어렵다. 유엔이 한국 정부에게 단일 민족 강조 교육을 중단하도록 권고한 것도 이러한 사정과 깊은 관련이 있다.

깨어 있는 민족의식이란 우리 민족의 이익에 대한 무조건적 옹호가 아니다. 민족의식과 민족주의가 주변의 다른 국가나 민족과의 관계 속에서 형성된다는 점을 고려해야 한다. 즉 민족주의는 이해관계가 맞물린 상대가 있는 개념이다. 민족의식을 자민족의 이익을 위해 타민족의 이익을 침해하는 데서 찾아서는 안 된다. 서로의 민족적 자주성 옹호와 공동의 이익 증진이라는 방향 안에서만 진정한 민족의식은 제자리를 잡는다.

공자, 김학주 옮김,『논어』, 서울대학교 출판부, 1995년.

김부식, 이강래 옮김,『삼국사기』, 한길사, 2015년.

김시습,『금오신화』, 소담출판사, 2003년.

김용옥 옮김,『금강경』, 통나무, 2009년.

김용옥,『도올심득 동경대전』, 통나무, 2004년.

노신, 이민수 옮김,『아Q정전(외)』, 혜원출판사, 1994년.

노자, 오강남 옮김,『도덕경』, 현암사, 2009년.

돈연 옮김,『아함경』, 민족사, 1998년.

두보, 장기근 옮김,『두보시선』, 명문당, 2003년.

두유명, 권미숙 옮김,『한 젊은 유학자의 초상』, 통나무, 1998년.

묵자, 김학주 옮김,『묵자』, 명문당, 2003년.

맹자, 김학주 옮김,『맹자』, 서울대학교 출판부, 2013년.

박제가, 박정주 옮김,『북학의』, 서해문집, 2005년.

박지원, 리상호 옮김,『열하일기』, 보리, 2004년.

박지원, 이민수 옮김,『호질, 양반전, 허생전』, 범우사, 1991년.

법구, 장철문 옮김,『법구경』, 아이세움, 2006년.

사마천, 정범진외 옮김,『사기』, 까치, 2005년.

순자, 김학주 옮김,『순자』, 을유문화사, 2014년.

신채호, 박기봉 옮김,『조선상고사』, 비봉출판사, 2009년.

왕양명, 김동휘 옮김,『전습록』, 신원문화사, 2010년.

열자, 김학주 옮김,『열자』, 연암서가, 2013년.

유형원·박지원·박제가, 강만길 외 옮김,『한국의 실학사상』, 삼성출판사, 1993년.

이기동,『논어강설』, 성균관대학교 출판부, 2008년.

이백, 이원섭 옮김,『이백시선』, 현암사, 2012년.

이황·이이, 윤사순·유정동 옮김,『한국의 유학사상』, 삼성출판사, 1997년.

일연, 김원중 옮김,『삼국유사』, 민음사, 2012년.

장자, 김학주 옮김,『장자』, 연암서가, 2013년.

정약용, 노태준 옮김,『목민심서』, 홍신문화사, 2002년.

옛그림
인문학

정인보, 『양명학 연론』, 계명대학교 출판부, 2004년.

좌씨, 권오돈 옮김, 『춘추좌씨전』, 홍신문화사, 1996년.

주희, 최영갑 옮김, 『논어집주』, 펭귄 클래식 코리아, 2011년.

제갈량, 박동석 옮김, 『제갈량집』, 홍익출판사, 1998년.

진수, 김원중 옮김, 『삼국지-위서』, 민음사, 2013년.

최시형, 이규성 옮김, 『최시형의 철학』, 이화여자대학교 출판부, 2011년.

최제우, 최천식 옮김, 『동경대전』, 풀빛, 2018년.

풍우, 김갑수 옮김, 『천인관계론』, 신지서원, 1993년.

한비, 이운구 옮김, 『한비자』, 한길사, 2004년.

사진 출처

옛그림 인문학

초판 인쇄일 2018년 7월 2일
초판 발행일 2018년 7월 9일

지은이 박홍순

발행인 이상만
발행처 마로니에북스
등 록 2003년 4월 14일 제 2003-71호
주 소 (03086) 서울특별시 종로구 대학로 12길 38
대 표 02-741-9191
편집부 02-744-9191
팩 스 02-3673-0260
홈페이지 www.maroniebooks.com

ISBN 978-89-6053-559-6 (03100)

· 이 도서는 한국출판문화산업진흥원 2018년 우수출판 콘텐츠 제작 지원 사업 선정작입니다.
· 이 도서의 국립중앙도서관 출판예정도서목록(CIP)은 서지정보유통지원시스템 홈페이지
  (http://seoji.nl.go.kr)와 국가자료공동목록시스템(http://www.nl.go.kr/kolisnet)에서 이
  용하실 수 있습니다.(CIP제어번호: CIP2018017784)